广东省社会科学基金资助项目

我国青少年体育俱乐部治理研究

刘芳梅 著

北京体育大学出版社

策划编辑　高云智
责任编辑　佟　晖
审稿编辑　李　飞
责任校对　赵红霞
排版制作　李　鹤

图书在版编目（CIP）数据

我国青少年体育俱乐部治理研究 / 刘芳梅著. -- 北京 : 北京体育大学出版社, 2017.11

ISBN 978-7-5644-2808-2

Ⅰ. ①我… Ⅱ. ①刘… Ⅲ. ①青少年－体育－俱乐部－管理－研究－中国 Ⅳ. ①G812.16

中国版本图书馆CIP数据核字(2017)第301895号

我国青少年体育俱乐部治理研究　　刘芳梅　著

出　　版：北京体育大学出版社
地　　址：北京市海淀区信息路48号
邮　　编：100084
邮 购 部：北京体育大学出版社读者服务部 010-62989432
发 行 部：010-62989320
网　　址：http://cbs.bsu.edu.cn
印　　刷：北京京华虎彩印刷有限公司
开　　本：710×1000毫米　1/16
印　　张：13.5
字　　数：249千字
成品尺寸：170×228

2017年12月第1版第1次印刷
定　价：40.00元

编者的话

现阶段，中国的竞技体育已获得辉煌成就，但这并不意味着中国是一个体育强国，因为中国的学校体育与群众体育还处于艰难的发展阶段。中国要从体育大国迈向体育强国，不仅需要竞技体育的飞黄腾达，更需要蓬勃发展的群众体育与学校体育作为坚强后盾。而保障与促进全民族体质健康的关键在于青少年体育的发展，青少年群体拥有强健的体魄是中华民族是否能够拥有不朽生命力的最根本保障。伴随着我国经济社会的快速发展，一方面，人们生活水平在不断提高；另一方面，国民体质健康水平却在逐年下降，尤其是青少年体质健康更令人担忧。资料显示，自1985以来，中国学生体质健康状况呈逐年下降趋势。尤其2000年以来，6~18岁的中学生群体中，肥胖比例高达15%，一些学校的肥胖生比例甚至突破了30%，更有甚者患上了高血压病、高血脂、冠心病、糖尿病等这些与肥胖相关的中老年病症。2006年9月，国家体育总局、教育部、科技部等10个部门联合进行了全国第二次国民体质检测，我国38万名青少年学生的体质检测结果表明，青少年学生身高与体重指标有所提高，肥胖比例增大，初中生近视发生率高达60%，高中生为76%，其他体能指标都呈下降趋势，肥胖与近视已成为影响青少年学生体质健康水平的关键因素。

2006年8月，在中国首届青少年体质健康论坛上，中国工程院院士钟南山指出，“高身材、低体质”让学生显得“外强中弱”，而且高身材的表面现象更容易掩盖体质差的事实。针对青少年体质健康状况的逐年下降，专家认为主要原因有四个方面：（1）运动量严重不足，由于现代化的生活方式对青少年的影响，如家务劳动电气化，上楼乘电梯，出门坐汽车等，致使现在的青少年很少参加体力活动；（2）学校方面，受应试教育的影响，学校片面追求升学率，使学生学业负担过重，学习时间过长，而参加体育锻炼的时间严重不足；（3）家庭方面，父母过分重视孩子的文化课学习，而忽视孩子的身体锻炼；（4）电脑、手机、游戏机的普及，使青少年的休闲娱乐方式发生了重大变化，许多学生周末和假期不愿走出家门，更不愿意参加体育活动。因此要增强青少年体质一定要树立正确的健康意识，要让青少年走出家门和校门，更多一些参加体育锻炼。

青少年是祖国的未来，要保持国家可持续的竞争力，青少年的健康水平应该引起高度重视。为了提高广大青少年的健康水平，国家体育总局把青少年体育工作列为整个体育工作的战略重点，积极探索符合我国国情的新思路和新方法。在认真分析我国青少年体质健康状况的基础上，国家体育总局提出了使用体育彩票公益金创建青少年体育俱乐部的工作思路。1999年，国家体育总局发布了《1999年度体育彩票公益金用于扶持创办青少年俱乐部实施方案》，充分利用和挖掘现有的社会体育资源，建立一种新型的具有社会主义公益性特征的俱乐部，并明确提出创建青少年体育俱乐部的主要任务是以培养青少年体育兴趣和爱好，养成终身体育锻炼的良好习惯，增强青少年体质，并向青少年传授体育运动技能，发现和培养体育人才。2000年，国家体育总局办公厅下发《关于进行青少年体育俱乐部试点工作的通知》决定使用体育彩票公益金，有计划、有步骤地在全国开展创建青少年体育俱乐部试点工作。2007年5月，党中央、国务院又制定下发了《关于加强青少年体育增强青少年体质的意见》，这是站在全局的高度上作出的一项重要决策，充分体现了党中央、国务院对广大青少年身心健康的高度重视，对增强青少年体质、培养中国特色社会主义事业的合格建设者和接班人具有重要而深远的意义。

从2000年开始，国家体育总局在全国范围内试点创建青少年体育俱乐部，经过十多年的发展，俱乐部为广大青少年提供了校外体育锻炼场所、活动与竞赛，在增强青少年体育意识、培养青少年体育兴趣等方面发挥着重要作用。但由于俱乐部是一种新型的非营利组织，没有任何运作经验可以借鉴，也缺乏配套的法规制度，因此，俱乐部在发展中暴露出了诸多问题，在很大程度上归结于组织内部的治理问题。例如，经营管理者对俱乐部性质的不清晰、缺乏与政府合作治理的意识、社会公信力严重缺失、陷入融资困境、缺乏绩效管理与评估体系等，俱乐部低效的内部治理势必会影响俱乐部的健康发展，进而降低体育彩票公益金的使用效率。因此，现阶段应加强对青少年体育俱乐部的治理研究，建立与完善俱乐部绩效管理与评估制度，强化俱乐部与政府合作治理的意识，提升俱乐部的社会公信力。为摆脱融资困境，俱乐部应建立良好的公共关系、完善相关法规政策和管理制度、注重人力资源和信息资源的开发与管理、提高自创收入和社会捐赠的比例等，对俱乐部的生存与发展具有理论指导意义。

本书内容共分为八章：第一章为非营利组织发展概述，第二章为非营利组织治理概述，第三章为我国体育非营利组织发展概述，第四章为我国青少年体育俱乐部发展概述，第五章为我国青少年体育俱乐部与政府合作治理，第六章为我国青少年体育俱乐部社会公信力培育，第七章为我国青少年体育俱乐部融资管理，第八章为我国青少年体育俱乐部绩效管理与评估。对青少年体育俱乐部治理进行研究，旨在为我国青少年体育俱乐部的规范运营与可持续发展提供参考。

序

初识刘芳梅是在2003年的春天，因为研究生调剂我第一次见到她，诚实与踏实是我对她的初始印象。听说她当时已是一名高校教师，按照中国传统观念，女性只要有一份稳定的工作，一个美满幸福的家庭，相夫教子就是最大的满足和追求，但她却不是只满足于现状的人。她为了不断完善自己、吸取更多的知识营养、开拓自己的知识视野而放弃了这种安于现状的想法，毅然决然地选择继续进深造，成为我指导的2003级体育史方向的研究生。求学深造的三年里，她为了减轻家庭负担及培养教育孩子，主动把刚满两周岁的孩子带到学校并留在身边照顾，这种边学习边带孩子的求学艰辛可想而知。然而功夫不负有心人，她艰辛与勤奋的付出最终有了回报，在读研的三年时间里，她按时完成了研究生所有学业，并顺利通过毕业论文答辩获得了硕士学位，一年后她的学位论文被《北京体育大学学报》录用刊登。

研究生毕业后，刘芳梅继续在高校从事教学与科研工作。为了学习更多知识及探究更多问题，她在原来专业学习的基础上又开拓了新的研究领域，潜心致力于青少年体育领域的研究。俗话说“一分耕耘，一分收获”。近年来，她相继在《北京体育大学学报》《广州体育学院学报》《成都体育学院学报》等刊物上发表学术论文共22篇，其中包括6篇专业核心期刊论文，同时还主持和参与了多项省部级课题研究。2017年她又完成了《我国青少年体育俱乐部治理研究》一书的撰写工作，这是她多年来从事这方面研究的成果积累。说实话，她撰写这本书对于一名研读体育史的硕士而言，是具有一定难度和挑战性的，因为研究内容不仅包括体育与教育学科的基本知识，还涉及其他学科的相关理论，撰写工作极为艰难，而她却克服一切困难做到了，这可能是她多年努力学习，从事这方面研究的结果吧！

发展青少年体育俱乐部对促进青少年身心健康与社会稳定有一定的作用与影响，但由于它是一种特殊的非营利性组织，既无管理经验可循，也无管理模式可以借鉴，因此在发展过程中不可避免会出现许多这样或那样的问题，如何去解决及治理？作者在书中既用体育学科的基本理论，又用经济学科及社会学科的相关理论，对非营利组织、非营利组织治理、体育非营利组织、青少年体育俱乐部等概念进行界定，分析我国非营利组织、体育非营利组织、青少年体育俱乐部的治理困境，并针对当前存在的问题提出对策，旨在为我国青少年体育俱乐部的规范运营与可持续发展提供参考。全书研究思路清晰、语言流畅、论证充分、结构完整，是一部极具体育社会价值、教育价值及经济价值的力作，希望通过本书的出版，能为读者更多地了解和研究我国青少年体育俱乐部的建立、发展及治理等问题提供参考，与此同时，也期待她在后继研究中能有更多的成果奉献给世人。

2017年7月1日于广西师范大学体育学院

目录 Contents

第一章 非营利组织发展概述

社会科学理论将人类社会活动分为三大领域，即政治活动领域、经济活动领域与社会活动领域，因此社会也相应包括三大部门，即第一部门为政治活动领域的政府组织，主要职能是进行国家整体规划和制定重大方针政策；第二部门为经济活动领域的营利组织，主要职能是从事生产、运输、贸易等以营利为目的的经济活动；第三部门为社会活动领域的非营利组织，主要职能是在志愿的基础上进行不以营利为目的的公益活动。20世纪80年代，全球政治、经济生活发生了巨大变革，社会组织制度创新成了必然，以志愿求公益的非营利组织作为独立于政府与企业之外的新角色，广泛参与文化、艺术、教育、医疗与社会福利等活动领域，并发挥着自己独特的社会功能。美国学者莱斯特·萨拉蒙认为，由非营利组织所发动的全球性的“社会团体革命”正方兴未艾，它对21世纪所具有的意义，也许如同民族国家的兴起对20世纪所具有的意义一样重大。

第一节　非营利组织的基础理论

当前，无论在经济发达国家还是发展中国家，非营利组织作为现代社会结构的三大支柱之一，为弥补市场失灵、政府失灵发挥着不可替代的作用，主要致力于解决社区建设、地方自治、公共政策等领域的社会问题。虽然非营利组织已成为多元化时代背景下社会发展与改革的重要组织力量，但是到目前为止，世界各国学者对非营利组织的名称、概念界定等基本问题一直是众说纷纭，很难达成共识。

一、非营利组织的概念及特征

非营利组织最早以“第三部门”的称谓出现。美国学者Levitt（1973）针对当时过于简单的社会组织分类，即把社会组织分为公共组织与私人组织两大类，他认为在政府（公共组织）与企业（私人组织）之间还存在大量组织，这些组织往往从事一些政府与企业不愿意做或做不好的事情，他将这类组织统称为“第三部门”，而非营利组织这一名称则来源于美国国内税制（Internal Revenue Code，IRC）对于那些为公共利益服务的团体给予免税优惠的规定，后来被学者们普遍接受而成为最常用的名称。当前，国际上对非营利组织相关名称的使用也是各有千秋，不同国家各有侧重。如联合国在国际法规文件中通常使用“非政府组织”（non-governmental organizations，NGO）；美国倾向于使用“免税组织”（tax-exempt organizations）；英国较常使用“志愿组织”（voluntary organization），其他常用的名称还有“慈善组织”（charitable organizations）、“公民社会组织”（civil society organization，CSO）、“独立部门”（independent sector）等称谓。非营利组织术语称谓的多元性表明各国人们对该领域研究与应用的兴趣及普及化，正如Nielsen（1994）所说：“第三部门的景象虽不是洁净的但却是繁茂的，这不是表明混乱而是生机勃勃。”

（一）非营利组织的概念界定

现阶段，非营利组织这个名词为世界各国的学者广泛使用，但其概念内涵与外延仍然很难统一，学者们从不同角度对该概念进行界定，主要的界定方法有法律界定、特征界定、经济核算界定三种。

1. 法律界定

在美国，通常采用有关法律法规来界定非营利组织。例如，美国联邦税法501（C）（3）规定非营利组织必须满足以下三个条件：（1）该组织的目标完全是为了从事慈善性、教育性、宗教性和科学性的事业，或者是为达到税法明文规定的其他目的；（2）该组织净收入不能用于使私人受惠；（3）该组织不能从事任何政治活动，所从事的主要活动不是为了影响立法，也不干预公开的选举。该项规定所涉及的组织主要有医疗保健机构、宗教机构、慈善机构、科研单位、教育机构、艺术团体等，作为非营利组织，它们必须专心致力于社会公益而非私人所得的目标，不能从事任何政治活动，而且净收益不能分配给股东或个人。根据美国联邦税法第170项规定，当个人或公司向这类机构捐赠时，其捐赠可以从其应缴纳的联邦所得税额中扣除。美国会计学会在《非营利组织会计实务委员会报告》中规定：“有无营利的动机是区分营利与非营利组织的基础，非营利组织必须具有无营利的动机、无个人或个别组织拥有的股权或所有权、组织的权益或所有权不得任意出售或交换、通常都不可或被要求直接地或按比例地给予资金捐助者或赞助人财务上的利益等特征。”

2. 特征界定

当前，世界各国学者较多采用特征界定法来定义非营利组织，主要根据其特征来判断一个组织是否属于非营利组织。美国学者萨拉蒙（Lester M.Salamon）教授在考察全球13个国家的非营利组织后提出其具有的五个关键特征：（1）组织性（Formal organization），即组织必须有法人地位、管理者、组织机构、规章制度、契约权以及经常性的活动等；（2）民间性（Non-governmental），又称非政府性，指组织不是政府及其附属机构，也不隶属于政府或受其支配，但可以接受政府的资金支持；（3）非营利性（Nonprofit Distributing），指不以营利为目的，组织成员不能对所得利润进行分红或分配，盈利必须用于组织的再发展；（4）自治性（Self-governing），有独立的决策与行使权力，能够进行自我管理，有不受外部控制的内部管理程序；（5）志愿性（Voluntary），成员的参与及资源的集中不是强制性的，而是自愿和志愿性的，在管理结构上能够形成志愿者理事会，在实践活动中都有一定比例的志愿者参加。此外，美国学者沃夫（Wolf）也对非营利组织进行了界定，认为具有以下五个特征的组织为非营利组织：（1）组织须具备公益性质，有服务大众的宗旨；（2）具有不以营利为目的的组织结构；（3）有一个使任何个人都不能产生利己行为的管理制度；（4）本身具有合法的免税地位；（5）具有可提供捐赠人减免税的合法地位。日本学者重富真一对亚洲国家的非营利组织进行考察后认为其具有六个主要特征：（1）非政府性；（2）非营利性；（3）自发性；（4）持续性（形式性）；（5）利他险；（6）慈善性。他认为大部分亚洲国家属于发展中国家，救助弱势群体是非营利组织存在与发展的特殊背景，也是组织发展的目的，因此“利他性”是组织的核心特征，其开展活动的主要资金不能来自受益者，而应该主要来源于社会捐赠和受益者之外的其他来源，即慈善性。

3. 经济核算界定

经济核算界定方法认为，判断一个组织是否属于非营利组织，不能仅仅依据组织的形态、名称、特征或者法律地位等，而应当以经济实质为标准，即从组织的收入构成或支出构成来判断。联合国国民经济核算体系将经济活动划分为五大类：金融机构、非金融企业、政府、非营利组织和家庭，在该体系中对非营利组织的界定是，非营利组织的大部分收入不是来自以市场价格出售的商品和服务，而是来自其成员缴纳的会费和支持者的捐赠，如果一个组织一半以上的收入来自以市场价格销售的收入，那么它就是营利部门；而一个组织的资金主要依靠政府的资助则是政府部门；而主要收入来自组织成员缴纳的会费或支持者捐赠的组织才能称其为非营利组织。从这一界定出发，非营利组织与营利性组织的区别主要体现在收入来源的不同，即“它们的绝大部分资财，从出售或供应劳务以外的其他渠道获取”，如有的是政府预算拨款，有的是企业或个人的社会募捐，有的是组织成员缴纳的会费等。美国财务会计准则委员会在《财务会计概念公告》中规定：“非营利组织财务报告的目标中，必须具有以下三个特征：（1）大部分资财来源于资财的供应者，他们不期望收回或据以取得经济上的利益；（2）业务运营的目的，主要不是为了取得利润或利润等同物而提供产品或劳务；（3）没有明确界定的所有者权益及其出售转让或赎回，以及凭借所有权在组织清算解散时分享一定份额的剩余资财。”

（二）非营利组织的特征

美国学者萨拉蒙教授在对非营利组织进行国际比较后提出了五个主要特征，并以此为标准对非营利组织进行界定和划分，他的这一研究成果得到了学术界的普遍认可。

1. 组织性

组织性是指非营利组织必须通过合法注册的途径，确定自身的法律身份和社会地位，必须具备一定的组织形态与制度结构，制定规范与完善的组织章程、管理制度等，而不是临时的或非正式的民众集合体。从法律层面来看，不管是施行登记管理体制的国家，还是备案管理体制的国家，对于非营利组织的成立与管理都有明确的法规制度，只有依法成立的非营利组织才具有合法性地位；从组织层面来看，非营利组织内部应建立相应的基本制度和管理机构，以满足组织经营管理的需要；从操作层面来看，强调非营利组织的组织性特征包含两个逻辑义项：（1）非营利组织的资源主要来源于政府拨款和社会捐赠，而组织性特征更有利于保护捐赠者的合法权益，（2）非营利组织具有公益性，组织性特征为公益目的实现提供了组织制度基础。

2. 民间性

民间性是指非营利组织不是政府及其附属机构，必须是民间组织，是一种由民间自下而上自发建立的组织，在这一点上，是相对于政府而言的，强调了非营利组织与政府组织的不同。非营利组织的民间性主要表现为：（1）非营利组织可以依法自主开展活动，不受政府的左右；（2）非营利组织是一种自治组织，是由具有共同兴趣爱好或者共同意愿的个人（或企业）自愿结合而成的自我管理、自我服务的民间组织。政府是非营利组织的登记管理与业务管理部门，而不是运营部门，不具有官方性质和色彩，不受政府的领导和控制，但政府具有监管、指导与协调的功能。在非营利组织的建立与发展过程中，政府官员不能担任董事会或理事会成员，也不能控制组织的运作，但是可以邀请政府官员参与活动，并接受政府的拨款与政策支持，从而借助政府的资源提升自身的生存与发展能力。然而在现实中，非营利组织到底能享有多大的民间性，与该国的政治环境和公民社会的形成阶段紧密相关。

3. 非营利性

非营利性是非营利组织的核心特征，也是与营利组织相区分的显著特征，营利组织以追求利润最大化为发展目的，而非营利组织以实现社会使命为目的，具有非营利特征，具体表现在以下三个层面：（1）非营利组织以公益使命的实现为目的，非营利性是组织存在的根本宗旨；（2）非营利组织必须遵守“非分配原则”的约束，即组织资产不能被任何个人据为己有，即使在组织解散、撤销或破产时，其剩余资产也不能在组织管理者与成员之间分配，只能将剩余资产转交给政府（或者其他的非营利组织或机构）等具有公共服务使命的组织；（3）盈利不能在组织内部成员之间进行分配，不管这种盈利是来源于捐赠，还是来源于资产的增值，所有盈利都只能用于与组织宗旨和使命相关的公益活动或经营活动。因此，非营利组织可以盈利，但不能以盈利为目的，而只能将盈利作为实现组织宗旨和使命的手段，这是非营利组织与营利组织的根本性区别。

4. 自治性

非营利组织的自治性问题，涉及组织的基本法律及权益保障问题，是组织能否在规范的法律秩序下得以健康发展，政府主管部门能否合法有效地引导和规制的根本问题。自治性是非营利组织保证自我管理、自我监控、自我发展和自负盈亏的根本条件，即组织内部必须建立完善的组织结构、规章制度与治理程序等，以确保组织的独立运营，而不是作为企业、政府或者其他团体的附庸。非营利组织是一个独立的法人机构，在组织决策、组织运作、人事管理、财务管理等方面都具有自主治理的特性，在制定组织决策并付诸实施的过程中，除受政府相关法律法规的约束外，不受其他任何组织或外在力量的约束、控制和干扰，这一特性有利于组织保护政府、社会捐赠企业或个人等利益相关者的权益。

5. 志愿性或公益性

志愿性或公益性是非营利组织与政府组织、营利组织的根本性区别，社会慈善与福利提供是其价值取向，并以此为标准建立组织使命与发展宗旨，这一点完全不同于政府的公平导向和营利组织的效率导向。非营利组织的志愿性或公益性主要表现为：（1）组织成员都是为了一个共同的目标而志愿凝聚在一起；（2）公开性和透明性是非营利组织开展活动的重要特质；（3）非营利组织的行为往往都具有公益性质，是为了满足某类社会成员的需要而开展的。志愿者是非营利组织存在与发展的基础，志愿性依托于个人或企业，但不以他人或企业的收益为目的，而是追求精神层面的升华和满足，也可以说，非营利组织的内部驱动力来自利他主义或互助主义，这些内部驱动力均来自民众的志愿精神。非营利组织所提供的服务和产品一般都具有特殊性，针对特定群体，部分甚至是社会的弱势群体，而组织成员获得的物质回报往往不会高于社会平均水平，有些工作甚至不能获得任何回报。非营利组织所依赖的资源主要源于志愿性贡献，主要包括人力资源的供给及资金物质的捐赠等，其组织成员必须是高度认可组织宗旨和使命，不以物质回报作为工作的衡量标准，志愿贡献时间、精力和物资参与组织活动，以追求个人价值的实现与组织使命的完成。

二、非营利组织的分类

当前，非营利组织在文化、教育与研究、卫生保健、社会服务、环境、慈善、国际交流、商业协会等领域发挥着重要作用，由于该组织的概念内涵及外延比较宽泛且难以统一，因此不论是联合国机构、国际间的非政府组织，还是在世界各国，基于不同的标准会导致非营利组织的分类差别。

1. 西方国家非营利组织的分类

从世界角度来说，非营利机构是一个巨大的制度空间，也包含着形形色色的组织，对非营利组织进行分类，关键问题是分类依据的制定，这也是一个颇有争议的问题。国际非营利组织的分类必须遵循以下两个原则：（1）尽量与各国非营利机构的实际情况相结合；（2）尽量靠近联合国国际标准产业分类体系，以便研究者能充分利用联合国的数据资料进行比较研究。现阶段，国际上比较有影响力的分类标准有联合国国际标准产业分类（ISIC体系）、欧共体经济活动产业分类体系（NACE体系）、免税团体分类体系（NTEE体系）、非营利组织国际分类体系（ICNPO体系）等。

联合国国际标准产业分类体系（the U.N.International Standard Industrial Classification System，简称ISIC体系）将非营利组织划分为3小类15分项，依据该系统，非营利组织可以分为：（1）教育：小学、初中、高中以上、成人教育或其他；（2）健康与社会工作：如健康服务、社会工作等；（3）其他社区社会与个人服务活动，如卫生、商业、贸易、娱乐、新闻、图书馆、运动等。欧洲共同体依据联合国的分类体系，制定了欧共体经济活动分类标准（The European Communities General Industrial Classification of Economic Activities，简称NACE体系）。在此标准中，将非营利组织细分为5类18项：（1）教育，主要包括高中以上、中小学、托儿所等；（2）研究发展；（3）医疗健康，主要包括医院、疗养机构、牙医、兽医等；（4）娱乐文化，主要包括娱乐、图书馆、博物馆、动物园、运动等；（5）其他公共服务，主要包括社会工作、专业协会、宗教组织等。

美国慈善统计中心设计的免税团体分类体系（the National Taxonomy of Exempt Entities，简称NTEE体系），依据美国国内税务局对组织征免税优惠标准可将非营利组织分为非慈善组织与慈善组织两种类型。非慈善组织主要包括俱乐部、合作社及职业团体等为社员或会员服务的互益性组织；慈善组织又可分为非私人基金会组织与私人基金会组织。两种组织最主要的差别就是前者为公共支持型组织，其资金来源有1/3以上来自社会公众，而后者的主要财源并不来自公众。依据国际非营利组织分类标准（The International classification of Nonprofit organization，简称ICNPO 体系），将非营利组织划分为12个大类别：（1）文化与娱乐，主要包括文化、艺术、体育、其他娱乐和社交俱乐部等；（2）教育与研究，主要包括初等教育、中等教育、高等教育及其他教育研究等；（3）卫生保健，主要包括医院和康复、护理之家、心理健康和危机干预、其他卫生保健服务等；（4）社会服务，主要包括应急和救济、收入支持和维持等社会服务；（5）环境，主要包括自然环境、社会环境与动物保护等；（6）发展和住宅，主要包括经济、社会和社区发展、住宅、就业与培训等；（7）法律、倡导与政治，主要包括公民与倡导性组织、诉讼与法律服务、政党组织等；（8）慈善中介与志愿促进，主要包括慈善中介、志愿促进组织与服务等；（9）国际，主要包括国际活动；（10）宗教，主要包括宗教团体与协会等；（11）商业专业协会、工会，主要包括商业协会、专业协会、工会等；（12）其他组织，主要包括为就业者权利提供保障的社团。

2. 我国非营利组织的分类

在国内，众多学者从不同角度对非营利组织进行了分类，但最具影响力的分类体系是由清华大学王名教授提出的（图1-1）。这个体系将非营利组织分为广义与狭义两个层面，广义的非营利组织包括人民团体、未登记或转登记团体（如工商注册等）及狭义的非营利组织，这一分类体系从整体上将政府和营利组织之外的组织归入了非营利组织范畴。狭义的非营利组织包括会员制组织和非会员制组织，会员制组织又分为互益型组织（经济性团体和社会团体）和公益型组织（团体会员型组织和个人会员型组织），其中经济性团体主要包括行业协会、商会职业团体、工会等，社会团体主要包括学会、同学会、联谊会、兴趣团体等；非会员制组织包括运作型组织（运作型基金会和资助型基金会）和实体型社会服务组织（民办非企业单位和国有事业单位），其中民办非企业单位主要包括各种民办的学校、医院、剧团、养老院、研究所等，国有事业单位主要包括各种国有的学校、医院、剧团、养老院等。

在非营利组织的分类体系中，需要对社会团体、基金会、民办非企业单位、互益型组织、公益型组织等相关概念进行解析。社会团体简称社团，也称公民团体，是指“由公民自愿组成，为实现会员共同意愿，按照其章程开展活动的非营利性社会组织”，社会团体在发展中国家拥有较大规模的数量，主要以共同利益、目标和价值为导向开展公益性或者互益性的社会活动，可以分为学术性、行业性、专业性、宗教性和联合性五大类别。基金会是筹集自然人、法人或其他组织捐赠的财产，以社会公益事业为目的，在各个领域里开展各种资助活动或资金运作活动的非会员制组织，如项目型基金会、资助型基金会、联合劝募组织等。民办非企业单位，是指非国有资本采用企业运作方式直接为公众提供社会服务的实体性的非营利组织，包括各种民办的医院、学校、剧团、文化中心、图书馆、博物馆等。互益型组织主要指满足组织成员之间的利益互补，以相互关爱、相互帮助，追求组织成员群体共同利益为活动目标的民间组织，包括爱心协会、病友会、同学会、同乡会、车友会与行业协会等。公益型非营利组织主要指从事公益服务和慈善事业的社会组织，包括各种非营利组织、慈善团体、教会组织、基金会、民间草根社团等。

- 广义非营利组织
  - 人民团体
  - 狭义非营利组织
    - 会员制组织
      - 互益型组织
        - 经济性团体
        - 社会团体
      - 公益型组织
        - 团体会员型组织
        - 个人会员型组织
    - 非会员制组织
      - 运作型组织
        - 运作型基金会
        - 资助型基金
      - 实体型社会服务组织
        - 民办非企业单位
        - 国有事业单位
  - 未登记或转登记团体（如工商注册等）

图1-1　非营利组织的分类体系

三、非营利组织担当的社会角色及功能

（一）非营利组织担当的社会角色

在价值多元、急速变迁的社会中，一个良性运行的社会应该是由政府、企业、非营利组织共同组成的社会结构，政府提供行政资本，企业提供市场资本，而非营利组织提供社会资本。非营利组织在提高人类知识文化水平、提供医疗保健、维持社会公平以及慈善救济等领域发挥着重要作用。Kramer（1981）认为，非营利组织之所以能够展现其独特功能，是因为在社会公共服务领域担当着服务提供者、先驱者、价值维护者、社会教育者、改革与倡导者五种角色（图1-2）。

服务提供者：非营利组织在众多领域提供多样化服务，发挥着公共服务的弥补功能，经常选择提供一些政府或企业不想做、不愿做或者是未涉及的且符合社会大众需要的服务。

先驱者：因为非营利组织具有弹性、功能自发性和民主代表性等特质，因此能够敏感快速地捕捉社会需求，并具有创新构想、因应策略与规划执行的能力，在各行各业发挥着引领社会革新的功能。

价值维护者：非营利组织通过有效运作，倡导并积极参与改革行动以改善社会，主动关怀少数弱势群体，激励民众对社会的关心和参与，并成为社会精英和领袖的培育场所，提供社会大众人格教育与再社会化的机会，进而有助于民主社会理念及各种正面价值观的维护。

社会教育者：非营利组织通过热线电话、网络咨询、出版刊物、举办讲座与活动等途径向社会大众传递有效信息以提供新的观念，促使大众（包括决策者在内）关注社会问题，以弥补学校教育对社会问题关注的不足，并间接影响政府相关部门的政策制定。

改革与倡导者：非营利组织是社会问题的洞察者及政府政策的监督者，一旦发现问题就会参与其中，并通过展开舆论和游说以改变社会大众的传统观念并促成社会态度的变迁，旨在引发政府对已有政策的反思并修正相关的法规制度，促使政府改善或建立合乎社会需要的价值与政策体系。

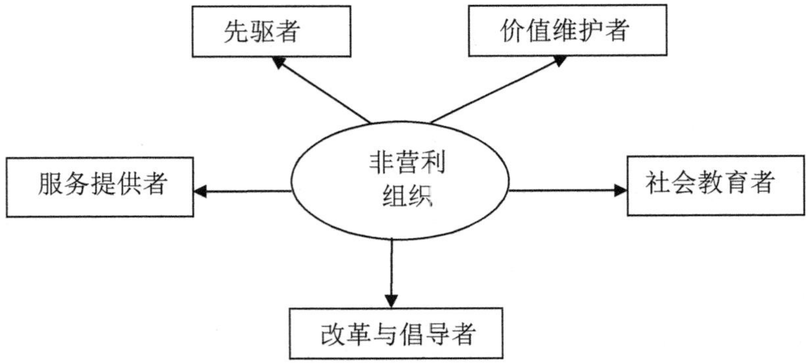

图1-2 非营利组织扮演的社会角色

（二）非营利组织的社会功能

自20世纪70年代以来，非营利组织在全球范围内得到了蓬勃发展，主要包括基金会、慈善组织、学会、协会、研究会、促进会等，在社会福利、医疗保健、社区服务、生态环境、文化艺术、国际合作等领域发挥着重要功能。

1. 提供公益服务以弥补政府功能不足

非营利组织提供公益服务主要体现在以下三个方面：（1）非营利组织通过动用社会资源，按照组织的公益宗旨和理念并遵循对社会所作出的承诺，用于开展各种形式的公益服务。由于非营利组织在一定意义上可理解为社会对于公共事务的一种资源配置，即人们应对社会所需要的某种服务的需求，所以，以捐赠或志愿服务的方式进行“购买”或供给安排，通过非营利组织这样一种制度形式来满足社会对公益服务的需求。如果将非营利组织动员资源的过程理解为“投入”的话，则其开展各种活动的过程就是一种“产出”，是其履行在动员社会资源的过程中对社会所作出的承诺、向社会提供各种公益性社会服务的过程。（2）非营利组织应对各种社会问题，通过提供服务拓展公共空间，维护并增进社会公共利益。当社会问题发生时，自然会损害公共利益。非营利组织因其自发性、志愿性、民间性等特点，能够较好因应各种社会问题，弥补政府失灵和市场失灵的不足，在社会问题发生的各个领域构建社会公益的服务体系，并不断增强其专业化能力，从而维护并增进社会的公共利益。（3）非营利组织通过接受政府委托或参与政府采购，加入政府公共服务体系，拓展公共服务空间并提高其效率，同时形成与政府公共服务之间助力互补、合作互动、共同发展的关系。通过接受政府委托、参与政府采购，非营利组织在吸纳一定的公共资金用于公益服务的同时，也接受政府的相应评估和监管，并发挥其优势，形成与政府在相关公共服务领域的合作伙伴关系。美国是典型的社会管理型国家，管理体制趋向于“小政府，大社会”。在社会事务日益增多的情况下，联邦政府通过出资与提供政策支持，将公共服务委托给非营利组织，不仅有助于政府机构的精简，也有助于提高这些公共服务的供给效率，而不是通过扩大政府雇员规模，增设政府服务机构来大力推动社会服务。非营利组织在生存与发展的过程中，并不排除同行的激烈竞争，为征得政府与社会公众的信任，必须降低成本、提高服务质量及树立公正高效的形象以提高社会公信力，才能使政府相信其合作能力，以获得个人或企业的捐赠及社会公众提供的志愿服务，从而保持蓬勃的生命力。

2. 动员社会资源，提高社会福利

相对于企业和政府而言，非营利组织有一个重要的社会功能就是动员社会资源。主要表现在两个方面：（1）通过各种慈善性、公益性的募款活动吸纳各种社会捐赠，从而动员社会的慈善捐赠资源；（2）发动来自社会各个方面的志愿者参与到各种慈善公益活动或互助公益活动中，从而动员社会的志愿服务资源。通常情况下，慈善捐赠和志愿服务并不是企业和政府所能动员的社会资源。企业的营利性活动能够创造财富并以雇佣劳动的形式大规模吸纳就业，政府的科层体制能够强制纳税并形成庞大的公务员体系，而非营利组织则依靠其富于公益、志愿、博爱、慈善的宗旨和理念感动社会，通过其独特的社会功能影响社会及改善人类，因而能够动员巨大的慈善捐赠和志愿服务。虽然非营利组织具有的非政府性和非营利性限制了它们像政府那样通过强制征税获取公共资源，也限制了它们像企业那样通过生产经营获取市场资源，但是，由于它们所具有的志愿性、公益性及非营利性等属性，赋予了它们动员社会资源的能力与空间。通过动员社会资源，非营利组织向社会表达它们致力于社会公益的宗旨和理念，获得社会公众的信任，并因此得以筹集来自社会的财力资源（捐赠）和人力资源（志愿者），从而用于各种社会公益活动。现代社会的多元格局致使人口构成的日益复杂，政府无力为全体社会成员提供公共服务，尤其是社会的弱势群体，如下岗工人、老年人、残疾人、儿童、妇女、少数民族等，他们希望得到政府的广泛关注与帮助，但是政府的能力与资金都是有限的。因此，在世界各国，非营利组织由于规模小、灵活性大、数量众多且普及面较广，能够较好地完成这一使命。非营利组织对社会基层事务尤为敏感，通常为社会弱势群体或边缘性群体提供服务。例如在美国，有专门为心脏病人服务的非营利组织、有为白血病人服务的非营利组织，还有消费者运动、环境保护运动等，这些组织为特殊群体或特殊社会问题提供高质量的服务，为提高社会福利、推动社会进步做出了重要贡献。

3. 参与社会协调与治理，丰富社区居民的生活方式

参与社会协调与治理，不再是政府部门的专权，非营利组织也发挥着重要作用，主要表现在三个方面：（1）作为公民自发的组织形式，非营利组织是表达民意、传达民情、实现民权、维护民生的最为直接的一种制度安排。在现代社会，公民通过自主自愿行使结社权，将具有共同需要的利益诉求与权利意识形成集体意志，并通过组建社会组织并形成在社会公共空间的话语权参与社会公共事务，进而影响社会过程。（2）非营利组织以志愿参与、利他互助、慈善公益等理念实现良性的人际沟通，在人与人、人与社会、人与自然之间搭建理解、对话、互动的桥梁，有助于化解人际沟通与交流的各种矛盾和冲突。（3）非营利组织通过开展有益的社会活动，帮助其成员实现人生价值或更广泛的公益价值，因为非营利组织所关注的公益事业往往带有社会或人类普世的价值观意义。例如，在社区建设中，公益活动是吸引居民参与社区建设的一个有效凝聚点，居民参与公益活动有助于居民间亲密关系和社区归属感的形成，也是丰富居民生活方式的一条重要途径。

4. 政策倡导与影响

在立法和公共政策的倡导方面，非营利组织也发挥着积极作用，主要体现在三个方面：（1）作为推动社会公益事业的主体，非营利组织积极参与相关立法和公共政策的制定过程。（2）作为特定群体特别是弱势群体的代言人，非营利组织表达他们的利益诉求和政策主张，努力在立法和公共政策过程中谋求实现更广泛的社会公正。（3）非营利组织通过媒体和社会舆论关注相关立法和公共政策的实施过程及其效果，倡导和影响政策结果的公益性和普惠性。一些非营利组织还以公众参与的形式直接介入政策实施过程，成为政策的监督者甚至执行者，积极影响政府公共政策的决策，在某种程度上反映了非营利组织对于社会政治过程和公共决策过程的影响力。非营利组织生成于社会的公共空间，通过动员社会资源、提供公益服务、推动社会协调并参与社会治理而形成一定程度的公权力，从而对立法和公共政策过程施加一定的影响。非营利组织的政策倡导和影响功能对现代公共管理提出了挑战，要求政府与非营利组织之间建立合作伙伴关系，以共同促进社会的和谐稳定发展。

5. 缓解就业压力，维护社会秩序

非营利组织是增加就业人数、缓解就业压力、推动经济发展的一支不可忽视的力量。非营利组织不仅弥补了政府在社会管理中资金不足及功能欠缺的状况，而且在政府和企业无力或不愿出资的项目上发挥了巨大作用。尤其在当前我国就业压力明显加剧的情况下，非营利组织通过为弱势群体人员提供更多的就业岗位、技术培训、免费服务等来帮助弱势群体，可以较好地解决就业问题。另外，非营利组织有利于社会秩序的维护，对社会的和谐稳定具有重要作用。（1）非营利组织是依法成立的志愿性组织，它的活动范围是在法律框架下进行的，而且是出于自觉自愿的一种活动，因此，非营利组织自身具有极强的自律性，这种自律性决定了其必然成为社会秩序的维护者、社会稳定的助推器；（2）非营利组织从事的是一些政府和企业无力或者不愿意从事的工作，而且可以在一定程度上关注一些特殊群体，使他们感受到社会的温暖，从而减少社会矛盾的发生及促进社会的和谐稳定。

第二节　我国非营利组织发展概况

一、非营利组织兴起的社会背景

与西方经济发达国家相比较，我国非营利组织起步较晚且发展缓慢，尤其在改革开放以前，非营利组织发展呈现规模较小、影响力较弱的特征。一直到20世纪80年代以后，我国非营利组织作为独立于政府和企业之外的社会力量登上历史舞台，在社会福利、医疗保健、社区服务、生态环境、国际合作等领域发挥着积极作用，这也是国家经济社会发展的内在需求与必然结果。非营利组织的快速发展，有着其深刻的国际及国内的经济社会背景。

（一）国际层面的宏观背景

20世纪80年代前后，国际社会发生了一系列影响深远的事变，如苏联解体、东欧剧变、国际共产主义运动出现低潮、东西方两极冷战局面的结束等，这些改变打破了“二战”后长达半个世纪世界秩序的平衡状态。国际社会发生的大变动、大改组，美国成为唯一的超级大国，但构建新秩序的喜悦很快消失，美国陷入了伊拉克、阿富汗等局部战争的泥潭，单边主义外交在四处碰壁的过程中渐显力不从心。欧洲在几轮磋商与整合之后，欧盟国家在经济与外交等层面实现了相对统一，构建了更加强势的欧元区大厦。中国、印度、巴西、俄罗斯、南非等新兴经济体保持了平稳快速发展的势头，世界进入了地缘政治版图深刻调整、多元利益格局深刻变化、经济社会形态深刻变革的多极化时代。在这样的宏观背景下，经济发达国家的福利制度危机与社会治理结构危机交织在一起。由政府包揽提供的社会福利保障体系面临巨大挑战，社会公共服务的刚性需求与政府支付能力不足形成强烈反差，政府失灵现象普遍存在于福利国家的经济社会生活层面；垄断资本与金融寡头结成的国家治理联盟面临着中产阶级崛起的挑战，突出表现在社会组织对政府主导社会事务产生质疑，提出参与慈善公益和社会管理的强烈愿望，公民社会形态的日趋成熟，为非营利组织的快速发展提供了重大机遇。

（二）国内的经济社会背景

我国非营利组织是伴随着改革开放的步伐发展的。中华人民共和国成立后，我国效仿苏联政府管理模式而建立了计划经济体制，国家几乎掌握了所有的人力、物力及财力资源，形成了一元化的强势政府管理职能。每个社会成员都要高度依赖计划体制派生的单位制度、户籍制度和福利制度，这种“大政府、小社会”的大一统政府管理体制，极大压缩了社会组织的生存与发展空间。即使当时存在的工会、妇联等社会组织，在组织架构、经费来源和活动领域等方面都要受制于政府并依赖政府，带有鲜明的官民二重性，从严格意义上看并不是真正的非营利组织，非营利组织基本被排除在社会结构制度之外。中国真正意义上的非营利组织，是在党的十一届三中全会，特别是1992年邓小平南巡讲话以后，在国内一系列政治经济体制改革的基础上才得以发展。

1. 政治体制改革

政治体制改革，就是在社会主义政治总格局和权力结构形式不变的前提下，对政权组织、政治组织的相互关系及其运行机制的调整和完善。其主要内容包括领导体制、行政机构、行政法规等方面的改革，是国家政治制度的完善和发展，目的在于调整部分社会关系，提高政治与行政管理工作的效能，促进社会经济、文化教育等事业的发展。在党的十一届三中全会以来，中国在进行社会主义经济体制改革的同时，也开展了政治体制改革，但政治体制改革跟不上经济体制改革的步伐。尤其在市场经济体制建立后，经济领域深刻变革所释放的巨大能量作用于上层建筑，外化为社会结构形态的一系列变化，社会转型期的诸多问题开始显现出来，例如贫富差距的拉大、区域发展的不平衡、社会阶层间的利益碰撞、资源环境约束加剧等，使原有的国家社会管理模式产生松动并逐步瓦解，长期推行的由政府大包大揽提供公共产品和服务的行为方式难以适应多样化的社会需求，促使国家政治体制的改革成为必然。其主要内容是建设社会主义民主政治，其最终目的是为了在党的领导下和社会主义制度下更好地发展社会生产力，充分发挥社会主义制度的优越性；其长期目标是建立高度民主，法制完备、富有效率、充满活力的社会主义政治体制。在国家政治体制改革的前提下，非营利组织作为社会治理的新生力量日益受到人们的重视，也得到国家认可，社会功能需求成为非营利组织快速发展的重要原因。

2. 经济体制改革

经济体制改革是按照生产关系一定要适应生产力性质这一客观规律的要求，对不适应社会生产力发展的国民经济管理制度和管理方式进行的改革。在中国，大规模的经济体制改革开始于1978年中共十一届三中全会，其基本目标是把高度集中的计划经济体制改革成为社会主义市场经济体制。主要体现在四个方面：（1）在所有制方面，实行以公有制为主体、多种所有制经济共同发展的经济制度，调整和完善所有制结构，推行公有制实现形式的多样化；（2）在分配方面，实行以按劳分配为主体、多种分配形式并存的制度；（3）建立农村家庭联产承包责任制，进一步完善双层经营体制；（4）加快国有企业改革、建立城市现代企业制度。另外，在宏观调控方面，对计划、财政、税收、金融、物价、劳动和社会保障等体制进行系列配套改革。城乡经济体制改革快速推进，所有制结构发生重大变化，由原来的单一国有经济和集体经济转向多种经济成分并存，极大地改变了个人依附单位、单位依附国家的组织结构，特别是国有企业用工制度改革，促使职工身份由单位人变成了社会人。在这样的宏观背景下，原有的运行模式也要进行相应变革，个人获得生存发展的社会资源需要新的沟通连接机制，政府维护良好的市场秩序需要新的运行模式来协调，国家管理社会的组织方式需要进行新的整合，开放化、市场化、多元化成为必然的社会结构趋势，这为非营利组织介入社会管理创造了必要的经济与制度基础。

二、非营利组织的发展演变

我国是一个历史悠久的文明古国，良好的文化传统培育了深厚的慈善、自主、互助和志愿精神，在这种优秀文化传承的影响下，非营利组织在我国有着悠久的历史，经历了一个从产生、发展到逐步成长的漫长过程。早期的民间组织可以追溯到辛亥革命后的民国时期，综合考量非营利组织一百多年的历史沿革，大致可以分为四个阶段：

（一）第一阶段：萌芽发育阶段（1911—1948年）

在旧中国半封建半殖民地的社会条件下，军阀割据、国家分裂，国力衰微、民生凋敝，非营利组织以慈善救济为主、民间结社活动为辅的名义开始萌芽。明末清初以后，东南沿海地区商业较为发达，且与外国交往比较频繁，行业性组织、基督教救助组织等现代意义的民间非营利组织开始建立与传播。百日维新之后，国内学术氛围异常活跃，回国的留学生为介绍西方新思想而创办了一些民间公益组织，如学术性组织、文艺性组织、会党或秘密结社等非营利组织。民间参政意识在这一时期得到了极大发展，非营利组织多以民办阅报会、阅书社、学会等形式出现，到了19世纪末，上海拥有全国数量最多的中外报刊出版机构、广学会等，还有邮政、电报、公共图书馆、戏院等公共场所。归国华人华侨和外国友好人士对这一时期的非营利组织发展起到了重要的推动作用，他们出于爱国或慈善之心，在国内开创了一大批民间非营利组织，其中最具影响力的是华侨联合会。到了中华人民共和国成立前期，政府当局对民间组织的管理进行了相关规定，如1932年国民党政府公布了《修正民众团体组织方案》，在此项法规中强调了非营利组织对于国民党的绝对服从和中央统一管理原则，并规定了这些组织要遵守的原则和申请登记程序。1942年，共产党也制定了关于非营利组织的管理方案，规定了非营利组织的自愿原则、经费自筹原则、公益原则和登记原则等。

（二）第二阶段：曲折发展阶段（1949—1977年）

1949年中华人民共和国成立，党和政府对原有的民间组织进行了清理整顿，取缔了一大批所谓的“封建组织”和“反动组织”，并将一部分民间组织转化为政党组织，大大缩减了非营利组织的规模。1950年9月，政务院颁布《社会团体登记暂行办法》，用“社会团体”的概念来定义民间组织，并从国家政权层面初步建立与规范民间社团的管理体系。从1950年到1960年代中期，这一时期非营利组织的规模有了较大发展，据统计，1965年的全国性社会团体，由解放初的44个增长到近100个，地方性社会团体发展到6000多个。但是，从严格的意义来说，这一时期的非营利组织在某种程度上属于各级党政机关的附属部门，与党政机关融为一体，被纳入了正式的科层制结构和管理中，缺乏独立性。因为这一时期的中国，是一个高度集权的大一统国家，政府几乎掌握与控制着所有的社会资源，政府长期扮演着全能政府的角色。在经济领域，国家实行高度集中的计划经济体制，担负着配置社会资源的职责；在社会领域，实行严格的行政控制，严重抑制了社会组织的发育成长，因此这一时期所谓的纯民间组织几乎没有任何自我生存和发展的空间和环境。伴随着1966年开始的“文化大革命”，这一时期民间组织的发展基本停滞，在此之前已经成立的社会团体遭到了很大程度的破坏，新的社会团体也难以成立，民间组织的发展遭到了前所未有的冲击。

（三）第三阶段：恢复发展阶段（1978—1991年）

1978年，十一届三中全会的召开，标志着中国改革开放伟大进程的开始，我国进入了政治经济体制、科技体制、教育体制、文化体制的大变革、大调整时期。在农村实行家庭联产承包责任制，在城市建立现代化的企业制度，国家经济体制经历着从计划经济到市场经济的转变。改革开放打开了中国的大门，中国积极参与国际领域的竞争与合作，促使我国经济社会市场化程度的不断提高，很多领域的制度设计实现了与国际接轨。伴随着中外经济文化交流的不断扩大，西方国家的非营利组织逐渐进入中国的社会管理领域，得到了政府决策层与社会公众的广泛认可，政府为非营利组织的发展提供了更加宽松的制度环境。新兴的民间组织在我国政治、经济、社会发展等层面发挥着重要作用：在政治层面，它属于非政府组织，具备非营利组织的基本特征，作为政府失灵的职能补充发挥着重要作用；在经济层面，它属于国民经济再分配机制的重要组成部分，在完善公共服务、扩大就业、促进社会公平等方面发挥积极作用；在社会层面，它属于补充国家社会治理薄弱环节和空白的一种全新组织，在帮扶弱势群体、促进共同富裕、关注重大事件、缓和化解社会矛盾，促进社会和谐方面体现其公益属性。1989年10月，国务院颁布了《社会团体登记管理条例》，建立了社团的“双重管理体制”，把社团管理直接置于党政机关的严密控制之下。在整个20世纪80年代，中国社团获得了空前发展，主要表现为社团数量的快速增长。1989年，全国性社团增加到1600多个，是1978年的16倍，地方性社团则增加到20万个，是1978年的33倍。

（四）第四阶段：规范与快速发展阶段（1992年—至今）

20世纪90年代初期，政府对全国社团进行规范管理，对已有社团进行复查登记或清理整顿，据统计，截止到1992年，符合登记规范的全国性社团有1200个，比原来减少了400多个，地方性社团有18万个，比原来减少了2万多个。从1993年开始，受当时国际国内宏观环境的影响，中国社团迅速增长，到1995年底全国社团达到20万。伴随着社团数量的增加，凸现的问题也日益增多，因此，国务院于1998年修订了《社会团体登记管理条例》，再次开展社团的清理整顿工作，取缔了一批违规社团，全国社团的总数明显减少，截止到1998年，全国社团减至16.5万个。20世纪90年代以后，民办非企业单位（非营利组织的一个组成部分）也得到了快速发展，在完善公共服务、提供社会福利等方面发挥着积极作用。1998年10月，国务院发布了《民办非企业单位登记管理暂行条例》，对全国民办非企业单位进行规范管理。到2002年底，通过民政部门统一登记确认的各级民办非企业单位达到9.3万家。此外，在这一时期，我国基金会（非营利组织的一个组成部分）也获得了飞速发展。1981年，我国第一个基金会——中国儿童少年基金会正式成立。1988年，国务院颁布了《基金会管理办法》。据中国人民银行1999年的统计数据，全国基金会总资产达50亿元，从事社会公益资助约40亿元。1999年，国务院确定基金会的登记管理统一归口民政部门，中国人民银行不再参与管理。进入

21世纪之后，政府改革的进一步深化，市场经济的逐步完善，社会阶层与利益格局的分化，公众参与和政治民主进程的加快，以及伴随互联网、移动通信等技术信息革命的突飞猛进，均从不同侧面增大了公民对于结社及社会服务的需求，这些优势条件进一步促进了我国非营利组织的快速发展。据统计，截至2015年3月底，全国共有社会组织61.3万个，同比增长10.9%。其中社会团体31.2万个，基金会4190个，民办非企业单位29.7万个。这些组织承接了部分政府职能，开辟了新的公共活动领域，在一定程度上满足了社会需求，它们在教育、扶贫、救灾、妇幼保护、环保、就业、消费者权益保护等方面发挥着重大作用。

第二章 非营利组织治理概述

20世纪80年代，全球社会结构出现了一次重大的组织创新。非营利组织，在“政府失灵”与“市场失灵”问题日益凸显的条件下，作为社会结构的一个重要组织部分，致力于解决在公共服务、社区建设、社会福利、环保就业等领域的社会问题。随着非营利组织在社会各领域的不断发展，诸如组织效率低下、资金不足、自律能力欠缺、监督不力、社会责任缺失、内部人控制等自身治理问题也层出不穷，严重影响了组织的社会服务水平，部分组织甚至沦为少数人谋取私利的工具，这些后果极度扭曲了非营利组织的公益使命，引发了社会各界的广泛关注。另外，组织还面临外界环境的巨大压力，例如，因非营利组织的数量增多而导致政府划拨资金的不断缩减、同行之间为了争夺社会捐赠资源而导致日趋激烈的竞争等。在内外双重压力下，非营利组织必须重视内部治理问题，通过健全组织结构、建立与完善组织制度，引导组织遵守国家法律法规和社会公德，严格行业自律、规范从业行为及承担起社会责任，以增强组织透明度和提高组织公信力。只有组织治理水平的提高，才能保证组织的规范运营与发展壮大。

第一节　治理与非营利组织治理

治理是组织实现其目标的必备手段与途径，可以说，一切组织及行业领域都需要治理，公司需要治理，政府需要治理，非营利组织同样也需要治理。治理的目的是在各种不同的制度关系中运用权力去引导、控制和规范公民的各种活动以最大限度地增进公共利益。在治理理念下政府应转变观念与转化职能，以减少对社会的管理和控制，转移部分可以市场化、社会化的政府职能，促使公共事物的主体多元化。非营利组织参与社会公共事务的管理及提供服务，以弥补政府职能的不足；参与市场运作提供产品与服务，以弥补市场职能的空缺或不足，进而促进市民社会的形成与发展。随着全球化与信息化的发展，非营利组织日益发展壮大，既可以提高社会公共事务的管理效能，也可以增加公共物品供给的数量，非营利组织治理已成为治理研究领域的重要板块。

一、治理理论兴起的原因

治理理论是20世纪70年代以来世界范围内公共领域深刻变革和公共行政学科发展的产物，作为一种崭新理论，到20世纪90年代基本形成。治理理论的兴起既有社会发展客观需要的现实因素，也有社会科学发展内在规律作用的理论因素。具体而言，可以从以下两个方面理解。

1. 政府职能面临着巨大挑战

第二次世界大战后，在西方国家，由于福利国家的过度发展，政府被视为“超级保姆”，职能扩张、机构臃肿、服务低效、财政困难等问题普遍存在，社会分裂和文化分裂同时出现，公民无法对公共管理过程实施有效监督，政府难以预测自己的行为后果，日趋陷入财政危机、信任危机和管理危机三重危机并发的境地。与此同时，在一些发展中国家，随着全球化、区域一体化的逐步深入，传统主权观念受到冲击，一些国家的政府纷纷垮台。对此，联合国及其他国际组织和国际社会的和平力量，以推动这些国家建立良好治理为目的，要求这些国家进行必要的改革，其中包括引入自由主义的市场经济体制，推进与之相适应的社会政治结构的改革，如政治合法性、发展社会组织和提高行政效率等。这两股改革潮流的发展，经过20世纪70年代的重新界定政府与市场的关系、80年代的科层组织运行机制的改革，到20世纪90年代逐渐汇集形成一股重新探索国家和社会公共事务管理模式的巨大浪潮。可以说在这一时期，世界各国从管理理念和改革实践两个层面，以治理和善治为指导，掀起了轰轰烈烈的政府改革和公共管理部门的再造运动。

2. 政府组织结构面临着巨大挑战

众所周知，从近代以来，以家庭、非正式群体和小村落占支配地位为特征的农业社会，让渡给了以大规模的、正式的、复杂的政治组织和经济组织占支配地位为特征的工业社会和现代社会。伴随着工业化和现代化的进程，整个社会变成了一个高度组织化的社会。特别是在第二次世界大战以后，随着国家干预和福利国家的兴起，政府的职能日益扩张，政府的规模不断扩大，政府的权力日益膨胀，官僚组织几乎渗透到社会的每一个角落。虽然政府在推动经济社会发展、政治经济变革、解决和管理社会问题、促进人类生活质量的提高等方面都起到不可缺少的作用。但是，从另一方面来看，官僚体制在其发展过程中也表现出很多负面效应。传统上，官僚体制是指那种具有层级节制、合理化的权责结构、人员依才能任职、人员以竞争方式选任、厉行法治的政府制度。但随着政府组织的日益官僚化，其有效性逐渐减弱，而走向了它的反面，政府越来越成为无能的、腐败的、无效率的、不负责任的代名词。从理论上看，官僚体制本身存在着不可克服的矛盾，这些矛盾主要表现为：官僚体系的封闭性与民主社会的开放性之间的矛盾；政府权力的强化与社会创造力弱化之间的矛盾；政府权力的膨胀与其控制力减弱之间的矛盾；规则的普遍性与问题的特殊性之间的矛盾；权力机构的非人性化与人民群众对人性化管理需求之间的矛盾；专业化分工与部门协调之间的矛盾；政府行为的非竞争性与市场条件下竞争性加剧之间的矛盾。由于这些矛盾的大量存在，导致了政府管理缺乏灵活性和回应性，忽视民众需求，缺乏活力和责任感，权力被滥用，政治合法性降低等。

官僚体制本身存在的内在矛盾在缺乏相应的外部制约的情况下，其弊端和负面影响逐渐扩大。从整个世界范围内来看，随着官僚体制固有的弊端日渐突出，致使政府在很大程度上不仅不能成为推动发展的积极力量和变革的主导力量，而且越来越成为发展和变革的阻力。自1980年以来，由于全球经济趋向衰退，政府税收锐减，政府可用资源减少。与此同时，政府面临着来自社会各方面越来越大的压力，诸如提高公共服务质量、增加公共物品数量等，政府自身存在的问题与社会对政府的要求日益增多形成了鲜明的反差，各国政府遭到普遍的抨击。面对这种困境，西方政府在20世纪80年代之前均进行了不同程度的政府改革，但始终效果不佳。自20世纪80年代特别是90年代以来，西方各国以新管理主义理论为指导，倡导建立“企业型政府”，开始了大规模的政府再造运动。

二、治理的概念及特征

“治理”（governance）一词源自拉丁语gubernare，释义为统治、控制和操纵，早期属于政治学领域的专业术语，主要用于国家政治活动和公共事务管理中。治理的目的是创造有利于秩序维持及集体行动的条件，因而与政府的管理行为并无多大差异，因此在这一阶段，“治理”与“统治”两个名词可以互换使用。但从20世纪90年代以来，西方政治学家、经济学家赋予“治理”新的含义，其内涵与外延跨越了该词传统的经典释义，其涵义也与“统治”一词相去甚远，而且也扩大了它的应用范围，除了在政治学领域的应用之外，治理还被用在经济领域、社会学领域、地理学等领域。这个观点也得到了治理理论创始人罗西瑙的认同，他指出：“治理不同于统治，它是一种有共同目标支持的活动，这些管理活动的主体未必是政府，也无须依靠国家的强制力来实现。”1995年，联合国全球治理委员会在《我们的全球伙伴关系》研究报告中指出：“治理是个人、私人或公共机构管理其公共事务的诸多方式的总和，它是使相互冲突的或不同的利益得以调和并采取联合行动的持续过程。它既包括有权迫使人们服从的正式制度和规则，也包括人民和机构同意的或以为符合其利益的各种非正式的制度安排。”该治理定义包含了四个逻辑义项：（1）治理不是一整套规则，也不是一种活动，而是一个过程；（2）治理过程的基础不是控制，而是协调；（3）治理既涉及公共部门，也包括私人部门；（4）治理不是一种正式制度，而是持续互动。罗茨也认为，治理意味着“统治的含义有了新的变化，意味着一种新的统治过程，意味着有序统治的条件已经不同以前，或是用新的方法来统治社会”。

治理的新释义旨在与政府行政“统治”一词相区分，主要体现在以下三个方面的特征：（1）治理主体的多元化。传统行政“统治”的主体主要是政府，而“治理”的主体可以是政府，也可以是其他各种类型的社会组织、市场组织、志愿组织或非营利组织等，即政府不是国家唯一的权力机构，各种社会组织或营利组织只要在国家法律法规政策的允许下，也可以拥有该领域的管理权力。随着世界各国社会经济的发展、政治民主化的推进、教育文化水平的提高、各种社会组织的创立与发展、国家对社会公共事务权力的分解等，其他各种治理主体在提供公共服务和解决社会问题等方面发挥着重要作用；（2）治理的互动性。治理的互动性，是区别于政府行政统治的管理模式而言的。行政统治是以政府为权力中心，以行政命令为主要管理方式，权力的走向是自上而下的。在这种管理模式中，社会民众永远处于被动地位，也是权力支配的客体，而治理的权力运行是主体与客体基于共同目标双向互动的过程。政府的统治管理是运用政治权威，通过制定与实施政策，采用行政、法律等强制手段，对社会公共事务进行单向度的管理。而治理则是采用灵活多样的方式与手段，例如合作、协商、伙伴关系等多种方式，通过与治理客体进行沟通、互动与协商，以达到对公共事务有效治理的目的。（3）治理客体的广泛性与针对性。治理主体的多元化决定了治理客体的广泛性，在社会政治、经济、文化、教育、环保等各个领域所涉及的公共事务与活动，无不是治理的对象。但治理客体的广泛性与大政府时代大包大揽的政府职能是截然不同的，治理主体有着明确的治理对象与客体，它具有针对性。在整个社会体系中，按照国家与社会相分离、政府与市场清晰的边界、公域与私域的区分，不同治理主体对应着不同的治理客体，发挥着各自的作用。这既是治理理论的本质所在，也是有效治理的根本保证，而且还体现了社会分层治理的理念与社会分工的原则。治理的目标则是治理主体运用权力去引导、控制和规范利益相关者的各种活动与行为，以最大限度地增进公共利益或提供公共服务。

三、非营利组织治理的概念及特征

（一）非营利组织治理的概念诠释

早期的学者们主要以市场失灵、政府失灵或福利国家危机等理论观点，来解释非营利组织成长的社会背景，但是在非营利组织发展过程面临日益增多的问题，寻找组织发展的理论支撑已成为研究者亟待关注的问题。治理研究的兴起，为非营利组织的发展提供了理论基础。美国学者Young（1993）在其著作《非营利组织的治理、领导与管理：来自研究与实践的新洞察》中指出：“治理已经成为非营利组织能否有效运作的首要课题。”非营利组织治理的概念最早产生于高等教育领域，Wood（1996）指出，当学校的行政人员未能解决其与教授团、学生或其他利益相关者之纷争时，学校的治理董事会通常有权介入其中，最终以仲裁者的身份解决纷争，可见“治理”的含义远远超过“行政”“管理”以及“执行”等概念。美国学者萨拉蒙教授从社会责任的角度对非营利组织治理进行概念界定，他认为独立性与自治性是非营利组织治理的基础，同时合理、规范与完善的组织结构是有效治理的保证，使其有能力对组织实施控制并承担公共责任，并强调董事会及其执行机构拥有组织的最高权力，以正确配置组织的权力、责任、义务及组织的决策程序。近年来，中国学者也逐渐深入研究非营利组织治理问题。例如，我国学者陈林通过借鉴公司治理理论，认为非营利组织治理是一个协调控制组织各利益相关者相互之间关系的制度或过程，必须以所有权、受益权与控制权分离为基础，以利益相关者协同为重心、以委托－代理关系为主线、以公共责任为依归、以加强信息披露与透明度为原则，并为社会团体、民办非企业单位及基金会构建了治理的基本结构。学者赵黎青认为，非营利组织治理是针对组织所有需要执行的职能整体来说，这些组织职能的行使，既涉及内部的关系，又涉及同外部组织的关系。

（二）非营利组织治理的主要特征

Gies & Shafritz（1990）以非营利组织治理功能为视角指出："治理是一种监督与管理的功能，当一群人为了组织目标共同筹组法人团体时，治理的功能便已产生。通常来说，非营利组织治理是指董事会为了治理免税组织所采取的集体行动，身为董事会成员，董事们应针对组织的有关事务表达自己的态度、信念及价值。"虽然非营利组织的诸多治理功能与营利组织是相似的，但治理与管理还是有很多区分，它具有以下三个主要特征。

1. 治理的核心是实现组织使命

组织使命是指该组织在社会中所处的地位、承担的义务以及扮演的角色。组织使命是一种广泛的意向，体现了组织的根本目的，它既是反映社会对本组织的要求，也体现着组织的创办者或高层领导人的追求与抱负。因此，对非营利组织治理来说，首先需要明确组织使命，保证组织成员对组织使命取得认识上的一致，形成共同语言及价值观，以便协同行动。对董事会而言，其主要任务是遵循并捍卫该使命，以引领组织制订正确的战略目标、规划并组织实施。

2. 履行良善管理者的职责

良善管理者主要包含三层含义：（1）管理者本身必须深受委托者的信赖与信任，并竭尽所能做好每件事情；（2）要求管理者应以"明智与忠诚的管理者"的心态行事，全心全意认同出资者及提供服务的事项；（3）管理者要为崇高的道德目标服务，即管理者必须履行应有的道德义务与职责。若从良善管理者的内涵来看，董事会的角色无非就是受托者，应竭尽所能为所服务的组织效命，并以明智与忠诚立场为利益相关者服务。

3. 制定正确合理的治理结构

非营利组织治理在于制定、协调与控制组织的相关制度，主要包括如何配置和行使控制权、如何设计和实施激励机制、如何监督和评价决策机构与高层管理人员等，这些职能能否有效实施与执行，取决于正确合理的治理结构，这种治理结构主要是针对组织内部的分权及相关利益者之间的制衡，它应该由组织决策机构、执行管理机构及监督机构这三部分内容所构成。有效的治理能够为组织提供一种良性运行机制，以防止权力的滥用，确保组织最高利益与目标的实现。

第二节　非营利组织治理的理论基础

科学规范的治理结构是提高组织运作效率的必要条件，非营利组织治理主要包括内部治理与外部治理两个重要组成部分，要达成高效治理目的，需要根据非营利组织的主要特征，并结合治理的相关理论，如产权理论、委托－代理理论、利益相关者理论、资源依赖理论等，正确分析非营利组织的治理结构，建立权责统一、相互制约及运转协调的制度体系，确保组织科学规范运营，以保障利益相关者的权益，发挥组织的职能作用。

一、产权理论

产权是组织实现外部效应内部化，从而使资源在市场机制的调节下达到最优配置的一种社会工具。新制度经济学理论表明，产权越明晰，组织越能充分发挥制度功能，任何产权制度安排或是产权结构的改变，将会影响资源配置的效率。产权经济学家Amen A.Alchain（1965）认为产权是通过社会强制实现的对某种经济物品的多种用途进行选择的权利，产权具有可分离性、可分割性和可转让性等特征，这些属性使现代股份公司的生产活动成为可能，产权主要包括所有权、经营权、交易权、收益权及资产处置权五种形式。当前，在公司治理中，存在所有权与经营权分离理论，即两权分离理论，这个理论是美国学者Adlph Berlet 等人在其经典著作《现代企业与私有财产》中首次提出。他们通过对美国200家大公司的产权状况进行研究，发现大多数公司是由股东大会产生的董事会经营管理，而不是由股东自己经营，股东通过行使选举权来间接地影响公司资本的运营和公司的决策。所有权包括剩余控制权（指在契约中没有特别规定的决策权活动）与剩余索取权（是对企业收入在扣除所有的固定合同支付余额的要求权），这两种所有权对公司制企业来说没有太大意义，因为公司的剩余控制权与剩余索取权的归属主体是一致的，即公司的股东。而非营利组织治理比一般的公司治理更为复杂，因为它具有三权分离（剩余索取权、剩余控制权与经营权）的产权结构特征，具体表现在以下几个方面。

（一）组织所有权主体的缺位

非营利组织的资产主要来源于政府拨款、企业或个人捐赠等途径，另外，还享有政府税收减免的优惠政策。社会捐赠者自愿捐献一定的私有资产用于公益事业，在捐赠过程中，捐赠行为一经发生，这笔资产已经因契约关系和公共税收因素的加入而不再具有私有财产的性质，捐赠人已经与资产脱离关系，因此，捐赠人不能成为组织资产所有者。非营利组织作为公益运作形式的法人，是公益资产的代理运作者，但不享有出售、转让和赎回等产权权益；任何单位或个人均不得将资产用于公益以外的其他目的；不得侵占、私分或者挪用组织资产，资产必须用于章程规定的业务活动；不得在会员或者其他人员中进行分配。即组织拥有章程规定或者捐赠者指定目的以内的公益经营权，但不具有所有权，正是由于非营利组织所有权主体的缺位，使其更容易获得政府的财政拨款及社会大众的捐赠。

（二）组织不享有剩余索取权

传统企业的产权形式主要包括业主制与合伙制，不管是哪一种形式，企业所有权、经营权与剩余索取权都归出资人共同所有，他们共同管理、共同分享剩余或共同承担亏损，对企业债务也承担无限责任。随着企业资本社会化程度的不断提高，有限责任公司和股份有限公司等公司制企业逐渐取代了传统的产权形式。公司制企业的运作方式是，股东投资（物质资本或金融资本），将资产委托给公司运营，拥有剩余索取权，公司负责资产运营，但股东（委托人）具有明确的监督权限，其运作理论是委托－代理理论。非营利组织产权的特殊性在于出资人、代理人及受益人的分离，因而导致组织所有权、受益权及剩余索取权主体的缺位。因此，法律明确规定非营利组织不得享有剩余索取权，组织盈余必须用于公益事业。

（三）组织受益权缺乏明确主体

非营利组织以实现公益使命为宗旨，其使命陈述也是承诺社会责任的一种体现，虽然组织受益人具有一定的范围，但具体的受益人却指向不特定个体，因此可以说，组织受益权主体并不是实际的受益群体。例如，为救助失学儿童而创办的非营利组织，从理论上来说，在其承诺范围内的失学儿童都构成理论上的受益人，但实际得到救助的只是其中的一部分，能否成为实际受益人群体受到很多因素的影响，比如信息传达范围、可行性、救助能力等诸多因素，只要不违背使命，组织可以行使对受益人的选择权。非营利组织理论上的收益人，或者承诺范围内所涉及的所有符合条件的群体，是一个虚拟的主体，实际受益群体只是其中不特定指向的一部分，并且这一部分受益群体处在不断变化之中，不能作为组织受益权的主体。因此，非营利组织收益权主体的不明确，必然带来这一权益实现机制的诸多问题。

二、委托－代理理论

在现代公司治理“两权分离理论”（所有权与经营权分离）的基础上促成了委托－代理理论的形成，即指向所有者与经营者之间的委托－代理关系。Jenson和Meckling（1976）认为委托－代理关系是一个人或一些人（委托人）委托其他人（代理人），根据委托人利益从事某些活动，并相应授予代理人某些决策权的契约关系。该理论是公司治理结构中所要解决的核心问题，即如何使具有自身独立利益的代理人来维护委托人利益。该理论还提出：“代理问题不仅仅存在于资本所有者和企业最高决策者之间，这种代理关系还存在于一切组织、一切合作性活动中，存在于组织的每一个管理层级上。”斯蒂格利茨将委托－代理关系定义为：“委托人如何设计一个补偿系统（一个契约）来驱动代理人为委托人的利益行动。”虽然不同学者对委托－代理关系的定义各有侧重，但从不同的角度揭示了这种关系的共性。（1）委托－代理关系产生于某种活动中一方与另一方的授权关系，当A授权于B从事某种活动时，两者之间的契约关系便发生了，A是委托人，B是代理人；（2）委托人和代理人之间通常存在信息不对称性；（3）代理人的行为将影响委托人的利益；（4）为保障委托人的权益，需要设计代理人激励制度，以减少代理人的机会主义和道德风险。显然，委托代理关系的核心是在信息不对称的情况下，如何使具有个人利益的代理人最大限度地按照委托人的利益行事，防止其采取机会主义行为。

委托－代理问题在现实经济生活中普遍存在，这一问题产生的原因主要是：在委托人和代理人之间，存在授权契约的不完全性、环境的不确定性以及信息的不对称性等，代理人对自己的能力、努力程度、有无机会主义行为等态度及享赋条件有比较清晰的认识，而委托人则难以通过观察来掌握代理人活动前的相关信息与行为。环境的不确定性是指产出受多方面因素的影响，既包括代理人的努力程度，也包括其他一些不可控的随机因素，委托人无法根据产出来推断代理人的实际努力程度。最后由于契约是不完全的，委托人不可能将所有未知条件下的权力、责任、利益都做出相应的规定，不完善或欠缺的权力与责任的配置势必会导致代理人产生机会主义行为。因此，现实的授权契约关系中，代理人通常可能选择道德风险和逆向选择两种形式，以降低努力程度或采用其他机会主义行为来获得一些额外利益。道德风险是指代理人利用事后信息的不对称、不确定性以及契约的不完全性而采取的不利于委托人的行为；逆向选择是指代理人利用事前信息的非对称性所进行的不利于委托人的决策选择。

为解决委托－代理问题，确保委托人的利益，委托人必须设计一套有效的制衡机制规范和约束代理人的行为，以降低委托风险和代理成本。正是由于委托代理制度的存在，在所有权与经营权分离的基础上促使了公司治理结构的产生。如前所述，非营利组织“三权分离”的产权特征决定了其治理结构同样也符合委托－代理理论的特征，当捐助者将资金或资源捐赠给非营利组织，当会员大会将组织权力赋予董事会，相应的委托－代理关系就已产生。而且非营利组织还存在双重代理关系：董事会仅仅代表道德上的所有权而对所有的利益相关者负责，行使组织的决策权和控制权，他们与非营利组织真正的所有者之间是一种委托代理关系；另外，董事会和执行层之间存在代理关系，由于组织产权的特殊性，为了防止组织执行层（代理人）的机会主义和道德风险，董事会（委托人）必须对其进行监督，承担组织控制者的角色。但是在非营利组织实际运作中，由于授权契约双方的目标不可能完全统一，需要组织加以协调，可组织信息的不对称性、契约的不完全性以及环境的不确定性等因素又使得这种协调无法低成本进行，因此，如何通过建立有效的治理结构对代理人进行激励和约束极为重要。

三、利益相关者理论

1963年，美国斯坦福大学一个研究小组首次提出利益相关者理论，并将利益相关者定义为“对企业来说存在这样一些利益群体，如果没有他们的支持，企业就无法生存”。后来，学者们从不同的角度对利益相关者做出了相应界定，其中以弗里曼、纳斯等人的观点最具代表性，也得到了学界的广泛认同。他们分别从广义与狭义的角度对利益相关者的概念进行界定。广义利益相关者的定义为：“泛指所有影响公司经营活动或者受公司经营活动影响的自然人或社会团体。”狭义利益相关者的定义为：“特指与公司有直接联系的或在公司下了‘赌注’的自然人或社会团体。”利益相关者理论最初应用于公司治理，该理论指引下的公司治理结构就成为债权人、股东、职工等利益相关者之间有关公司经营与权利的配置机制，是对以股东中心主义、董事会中心主义的委托－代理关系的挑战，使公司治理问题不再局限于所有者与经营者之间的关系，而强调公司治理是由各利益相关者组成的一个系统。布莱尔（1996）提出，公司应该承认利益相关者的所有权并吸收利益相关者参与公司治理，股东主权治理制度将被利益相关者治理制度所取代。从20世纪80年代以来，部分国家还赋予利益相关者的权益以法律保障。1983年，美国宾夕法尼亚州于首次以法律的形式授权公司董事做出决策时，得考虑股东以外团体的利益。至今，美国已有29个州的公司法规定：“经理为利益相关者服务，而不仅仅是为股东服务。”

利益相关者理论为营利组织的发展提供了有力的支撑，同样也适用于非营利组织的治理研究。由于非营利组织不以营利、而以提供公共服务为目的，利益相关者主要包括委托人、董事会、经营者、志愿者、受益人等群体，庞大的利益相关者群体决定了组织社会责任的复杂性，既要符合捐赠者的要求、满足受益者的需求，同时还要考虑政府以及其他社会公众的规定与要求，如此众多的责任之间难免产生矛盾和冲突。此外，非营利组织所有权主体的缺位，也决定了利益相关者参与治理的必要性，因此，建立以利益相关者为需求导向的共同治理、相互制约的治理结构与机制极为重要：（1）有利于完善组织内部治理结构，降低代理成本；（2）有利于营造良好的外部治理环境，有利实现公益使命和公共责任的承担。利益相关者参与非营利组织治理的方式主要体现在两方面：（1）以内部利益相关者的身份参与董事会、监事会等机构，主要目的是参与组织内部治理；（2）外部的利益相关者参与组织的外部监督机构，以体现组织的公益使命和民主价值，促进组织健康及规范发展。

四、资源依赖理论

资源依赖理论的理论渊源是社会交换理论，爱默生等人认为社会交换是针对他人做出报答性的反应而发生，反之就不发生，这种交换行为的发生必须具备两个条件：（1）行为主体应该采取积极的策略，只有通过互动才能达成目标；（2）通过交换才能实现权力的分化，构建个体之间、个体与群体之间的权力关系结构，行为主体才能获得自身需要的资源。因此，组织间的关系逐渐演化为一种基于资源交换的权力关系，社会交换理论的发展也进一步促进了资源依赖理论的形成。资源依赖理论的萌芽可以追溯到1949年美国学者塞尔兹尼克对田纳西流域管理项目的研究，田纳西流域当局是美国最大的公共机构，在公共工程项目的管理实践中，因工程建设的需要而新设的组织对当地原有组织构成资源性威胁，遭到原有组织的抵制和排挤。田纳西流域管理局为了解决这个难题，采取吸纳当地组织精英加入新设组织的策略，实施权力与利益共享的办法。塞尔兹尼克指出组织的独立控制与社会嵌入之间的两难困境，他认为外界环境是组织障碍的重要来源，组织的发展壮大必须摆脱外界环境的制约。

吉登斯认为“资源”是使事情发生的能力，而科尔曼指出，“资源”是能够满足人们需要的物品和非物品，由资源的定义可以看出，资源在行动者的目标达成和利益实现中的作用。资源依赖理论的基本假设是：“没有任何一个组织是完全可以自给自足的，所有组织的生存与发展都需要与环境进行交互作用以获取资源，从而促使组织对外部环境的依赖，资源的稀缺性和重要性决定了组织依赖性的本质和范围。”Jeffrey & Salancik将组织视为在激烈的竞争环境中为求生存而不断整合资源，成为资源的集聚地，凡对资源的拥有、获得或决定资源的用途均为控制资源的方式，并提供权力或施加影响的手段。环境对组织施加影响的能力来自组织的资源依赖，影响的程度决定资源集中与分散的程度。组织的行为能力与它获取资源的能力有关，在其他因素不变的情况下，组织所获资源的数量及能力决定了组织行为的成败。获取资源的主要方式有：通过组织自律，对外宣传等方式获取资源；采取纵向合并或横向联合等战略，纵向合并战略可以减少对核心资源和环境的依赖，横向联合战略可以应对环境的变化及降低不确定性。另外，组织还可以通过政府的行政权力来获取资源，如接受政府规制及政府赋予其合法性，通过合法的方式获得政府拨款及政策支持等。

与营利组织不同，非营利组织具有并行不悖的资源动员开发系统和服务提供系统。因为非营利组织的资金主要来自政府拨款、企业或个人捐赠、境外资助、自创收入、会员费等，组织获取资源的数量并不直接依赖于它所提供的产品和服务，大部分组织提供的产品和服务都是低偿甚至无偿的。非营利组织一方面需要投入大量的人力、物力、财力等资源进行社会募捐；另一方面，组织必须将所获资源合理有效地服务于公益使命，提供公共产品和服务。因此，相对于企业，非营利组织更容易受环境的影响，更需要严格的治理机制以确保组织使命的实现，并且必须保证治理手段的合法性，需要比企业更详细、更准确的信息披露，并通过这一治理机制来支持组织的活动并获得组织发展所需要的资源。

五、公共问责理论

非营利组织的发展资金主要来源于政府拨款、社会捐赠及自创收入等，而且在法规政策允许的范围内享有减免税优惠，其身份已经不再属于单纯的民间组织，而具有某些公共部门的性质。因此，非营利组织所承担的责任不仅有契约责任，也包含了社会责任，必须接受社会民众的公共问责。对“问责”概念的界定，不同学者各有千秋。美国学者Kearns（1996）将问责定义为：“向高层权威负责并交待说明资源去向和效果，处理的是有关监督和报告的机制，这种问责通过清楚的法规命令和正式的程序、监督与强制来达成，采用的是‘命令与控制’的定义方式，所包含的是外部监督、辩护、奖惩与控制等意义，其主要内容包括法律问责、协商问责、裁量问责和预期问责。”在问责理论的早期发展中，主要指向针对掌握公共权力的政府部门而言的公共责任。公共责任是指政府及管理当局作为代理人接受公共资源的所有者——社会公众的委托对公共资源进行管理和经营，并且负有不断提高公共资源使用效率和效果的责任。它是一种在政府与公众间的动态社会经济关系，主要包括公共财务责任、公共管理责任和公共社会责任三种形态。

早期的非营利组织问责，主要是政府针对慈善信任提出的一套监督机制。非营利组织问责机制的后继发展，则与组织从事商业经营密切相关，因为社会大众认识到组织商业活动透明度的重要性，因此将问责作为一种重要的监督工具与途径，用以审计组织商业化活动的合法性。关于非营利组织的问责内容，Leat（1988）认为包括四个方面：适当运用资金的财务问责（fiscal accountability）、遵守适当程序与规则的过程问责（process accountability）、确保工作质量与行动效果的计划问责（program accountability）以及重视工作相关性与适当性的优先性问责（accountability for priorities），这四个方面也被称为“问责的阶梯”。委托人为了应对代理人机会主义行为的重要手段之一就是建立公共问责机制，问责机制建立的主要目的主要包括三个方面：（1）问责机制通过责任目标清晰地表达了委托人的期望，为评价代理人的业绩提供了明确的标准，也为代理人的努力提供了明确的方向，可以一定程度上降低代理人与委托人之间的激励不相容；（2）问责机制通过代理人报告其责任目标履行情况，减少信息不对称程度；（3）问责机制根据代理人的业绩进行奖励或处罚，可以减少代理人的激励不相容程度。

依据前述分析来看，非营利组织问责的实质是，组织向利益相关者提供财务报告，接受为基于共同一致的期望实施指定委托责任的要求，以保证组织自身的健康发展。当然，对非营利组织的问责不仅局限于组织对法律法规的遵守，更重要的是对公共利益与公共信任的责任维持。这种问责超越了早期的技术性问责及外部环境的监督制约（他律），同时也包括了组织的自觉责任意识（自律）及对利益相关者（政府、社会公众、新闻媒体、捐助者、董事成员、志愿者等）承诺的社会性问责或公共问责。因此，非营利组织面对如此多样的问责对象，所涉及的问责面包括了公共信息的揭露、法律与管制的遵守、董事会的监督与信托责任、组织效能、募款伦理与廉洁、对利益相关者的响应、组织使命的正当性、利益冲突的避免与解决以及公共资源的管理等，相比较公共部门与企业来说，非营利组织的问责机制显得更为复杂与不易。

第三节　非营利组织治理机制与机构

由于非营利组织具有特殊的产权结构，不仅表现为所有权与经营权的两权分离，同时也存在着所有权、剩余索取权、剩余控制权的三权分离，因此，非营利组织治理比公司治理更具复杂性。当前，西方经济发达国家的非营利组织治理主要包括内部治理与外部治理两个部分，良好的治理效率才能保证组织内部的分权与制衡、才能促进组织自律与公信力建设、才能实现组织目标和完成公益使命，只有保证组织高效率的运作和取得高效益的结果，才能促进组织的可持续发展，高效的治理是决定组织能否生存与发展的根本。

一、非营利组织治理机制

（一）非营利组织内部治理

由于非营利组织在运作过程中，可以获得政府、社会或个人的分权或授权，使组织拥有一部分公共权力或私人权力，为组织治理提供了一定的权力基础。从组织发展的本质上来说，组织治理就是内部权力的分配过程。根据利益相关者理论的分析，非营利组织内部治理参与主体主要包括捐赠者、受益人、创办者、志愿者、管理人员和其他雇员等。由于非营利组织存在所有权、剩余索取权、剩余控制权三权分离的特殊产权结构，因而导致内部治理参与主体间的多重委托－代理关系：一方面，相比较企业来说，非营利组织的委托人更为宽泛与复杂，主要包括政府、捐助者、受益者等部门或群体；另一方面，由于利益驱动以及信息不对称等因素，可能会导致代理人产生逆向选择和道德风险等问题。因此，非营利组织内部治理的重点是，建立对代理人有效激励和监督约束的制度，使代理人维护委托人的利益。当前，非营利组织内部治理研究主要是以具有独立法人地位的董事会为对象，从组织非分配约束、缺少客观绩效指标等特征出发，研究董事会的法律地位、权力结构以及董事、经理与捐资者激励制度相容等内容。与公司治理相类似，非营利组织内部治理机制实质是各权力机关相互间的权利制衡关系，具体表现为某种组织结构和制度安排。非营利组织内部治理结构是否合理，董事会与监事会的功能能否正常发挥等都将直接影响到组织治理效果，也决定着组织的社会公信度。非营利组织的内部治理也离不开外部的制度环境，良好的治理环境能确保组织的健康发展，因而需要构建有效的政府监管、行业协会、出资人以及利益相关者等外部监督机制。从总体上来说，合理有效的治理结构在于更好地促进公益使命的实现，主要体现在以下几个方面：（1）在治理活动层次上，是实现组织目标的根本保证，也是治理主体应当遵循的基本行为准则；（2）在法律规范层次上，是克服法律规范有限性的工具，可以在一定程度上弥补法规制度的不足。非营利组织内部各机构之间需要通过明确的权责划分而形成相互制衡、相互协调的关系，接受外部监督，使组织相关者的利益得到平衡和保护，以保证非营利组织平稳、健康发展，最终完成组织使命以实现组织目标。

（二）非营利组织外部治理

公司治理主要以市场价格机制发挥作用，而非营利组织受“无所有者”和“非分配约束”两方面的制约，因此，在组织外部治理层面，社会信任机制起着主导作用。捐赠者愿意把资金捐给非营利组织开展公益事业，消费者愿意接受非营利组织提供的产品和服务。非营利组织提供的产品和服务都具有公益性质，因此，没有有效的资本市场与外部市场来约束组织的管理者。在信任机制作用下，非营利组织享有政府税收减免：一方面，政府对向非营利组织提供捐赠的企业和个人实行税收优惠政策；另一方面，政府对非营利组织提供直接或间接补贴。因此，非营利组织的治理结构或者说内部权力的划分更容易受到外部因素的影响，主要体现在三个方面：（1）来自政府的影响，大多数非营利组织的正常运营依赖于政府的财政拨款与政策支持，经济上与制度上的依赖关系决定了政府意志的渗透，而政府的意志在很大程度上又决定了非营利组织的治理结构和运作方式；（2）来自捐助者的影响，捐助者对非营利组织治理结构的影响，是通过其捐助意图、对捐助资金或物品使用的监管；（3）社会公众和受益者也可以通过他们的公共需求以及其需求的实现程度（满意度）来影响非营利组织的治理。非营利组织具有独特的运作机制，例如，所有者主体的缺位、缺乏高效的市场竞争机制、经营管理无法依赖利润动机等，这些特征决定了组织内部治理与外部治理是同等重要。另外，由于组织的非对称信息特征，决定了信任机制主要依靠组织的社会声誉，而社会声誉的建立主要依赖于组织使命及其履行情况等行为是否符合社会规范。

对非营利组织进行有效的外部治理有利于维护组织的自主性、独立性，保障其合法权益，限制其非法活动，促使其在法制轨道上规范有序的发展。根据利益相关者理论的分析，非营利组织外部治理的主体主要包括政府主管部门、社会捐赠企业或个人、民间评估机构、媒体、社会公众等，因此，外部治理的内容主要有以下几个方面：（1）政府完善相关法律制度。由法律赋予非营利组织独立的法律地位有两方面的意义：通过法律确认和保障非营利组织依法享有并行使一定权利，不受其他机关、团体或个人的非法干预；通过法律规制非营利组织合法行使权利，以避免组织管理者或经营者对社会造成不良影响。（2）改革非营利组织管理体制。政府应逐步转变对非营利组织的认识，改革管理体制，简化非营利组织登记注册的手续，将多数非营利组织纳入法律框架体系下进行有效的规范管理。（3）建立外部监督机制。首先，要建立第三方评估机制，它不仅有利于保障非营利组织遵循民间组织原则，而且有利于促进组织的活力和创新性，提高组织的公信度和效率，使组织更好地服务于社会；其次，还需要加强社会公众监督机制的构建，非营利组织的服务对象主要是社会公众，公众最清楚组织的服务水平和质量，公众的反应能够增强非营利组织的回应性，督促组织及时做出相应的调整。

二、非营利组织治理机构

以会员制为分类依据将世界各国非营利组织分为两大类：英美法系下的会员制非营利组织多注册为社团法人，社员总会为社团的最高权力机构、决议机构及监督机构，并对董事及监察人执行监督职能。社团在性质上为自律法人，社员不能个别行使职权，总会以决议的方式行使权力。当社员人数较多时，往往由该社团的代表机构行使决策权力；而对大陆法系下的非会员制非营利组织来说，多注册为财团法人，由于无社员的存在，因此无法设置独立的权力机关，其组织的决策权只能由组织章程或政府公权力代替，因此财团法人在性质上表现为他律法人。社员总会作为社团法人的最高权力机关，各国法律对其职权与职能的规定不尽相同，但其主要内容包括：制定和修改章程；选举和罢免董事；审议董事会的工作报告和财务报告等。但从总体上来说，不管是会员制的社团法人，还是非会员制的财团法人，其治理机构主要包括决策机构与监督机构两大部分。

（一）非营利组织决策机构（董事会）

非营利组织产权既不具有私有产权的属性，也不同于国家产权的形式，它没有清晰的产权界限，其财产不归属于任何私人组织或者个人，其资产通常是为某一不特定的人群或者是公益目的而设立，并且具有一定程度的排他性。虽然非营利组织产权具有特殊性，但委托代理理论同样适用于非营利组织董事会治理，只是其代理问题更加复杂。董事会作为非营利组织的最高决策机构，在管理学上被赋予了极其重要的功能。因为董事会承担了诸如决定组织使命、制定组织战略规划、监督组织运行、负责组织绩效等职能，是非营利组织治理结构的核心组成部分。那么董事会在非营利组织治理中担当怎样的角色、发挥怎样的功能，以及探讨它的组织结构及职能等内容，为董事会治理提供一个基本框架，对非营利组织的内部运营与健康发展极为重要。

1. 董事会的角色与功能

不管是英美法系下的会员制非营利组织，还是大陆法系下的非会员制非营利组织，都会设立董事会进行内部治理，只是不同在于，社团法人（会员制非营利组织）的董事由全体社员（代表）总会选举产生，而财团法人（非会员制非营利组织）因为没有会员，不能像社团法人那样选举董事，当然也就没有社员总会作为组织的最高决策机关。由于没有社员大会，董事会在财团法人中的作用就更为重要，它身兼两职，既是法人的最高决策机关，又是执行管理机关。一般而言，财团法人的组织及管理办法均有章程规定，因此董事的任免一般也是按照法律和章程的规定来进行。非营利组织的董事会兼具内部管理者与外部决策者等角色于一身，在内部管理层面上，它必须为整个组织谋求福利与利益，并确保既定目标的达成。此外，由于董事会的成员主要来自社会中的其他团体或是与组织有着某种关系的机构，因此，在开放与互动的观点下，董事会除了领导统御的职能外，还应当担任政策的决定者、执行长的授权者、支持者以及资源开发者等角色。具体而言，董事会在对外的关系上主要担当促进者、政治倡导者、缓冲器及价值保护者四种角色，前两者角色属于促进和维持机构与政府之间契约关系，后两者角色则与捍卫机构的自主性有关。

关于非营利组织董事会的功能，Ingram（1988）指出，不管是何种类型的非营利组织，比如社会服务机构、教育机构、健康照顾组织或文化机构等，其董事会都具有维护信托的完整性、设立政策、支持和促进组织发展等管理功能。在维护信托方面，董事会本身即是信托者，被赋予监督组织发展的信任，因而董事们要自我要求达成其任务，而不负社会及政府对其的托付；而在设立政策方面，良好的制度可以让组织有效运作，而董事会必须承担建立组织运作架构的责任，董事会在组织架构上位居重要的关键位置；在支持与促进组织发展上，董事会位居重要的领导地位，虽然平时的行政运作主要都是由执行长、行政主管及职员等在主导，但是董事会是位居幕后的推手，其与组织内其他人员的配合度及工作默契决定了组织的发展。

2. 董事会的运行机制

良好的运行机制是董事会有效治理的必要条件，也是实现组织目标的保障机制，因此，董事会必须拥有一个科学合理的组织结构，必须能够审时度势，具备既合乎时代要求又面向未来的战略决策和规划能力，以确保董事会科学决策的运行机制及功能的正常运转，也是董事会履行其职责的重要途径。

（1）董事会会议

董事会是一种合议体，承担的是集体责任，是以集体的方式履行职权。董事会主要采用民主决策机制，通过民意投票选举产生董事会主席，其职能是管理董事会的相关事务，协调董事会成员之间的关系，确保所有董事会成员各司其职并承担相应的责任，这是权责统一的必然要求。在董事会中任何人不得以强权凌驾于董事会之上，以确保董事会作为一个整体高效运行。董事会会议包括普通会议和特殊会议，普通会议是组织章程规定召开的定期会议，特殊会议则是董事会为了解决一些重大且紧急的问题而召开的会议，而且参加董事会会议的人数一定要符合法定人数。董事会除了讨论常规性的重大事务外，还需要讨论一些影响组织发展的战略性问题，会议议程的安排也将影响董事会的运作效率。董事会决策是一个充满分歧、磋商、妥协及形成统一认识的过程，会议的目标是集思广益，将不同的声音转化为共识而最终形成组织决策。因此，提高董事会的工作效率以确保董事会的科学决策是一个十分复杂而又重要的问题，选择合适的时间和地点，有效集中董事会的集体智慧、高效发挥会议体制的作用等因素极为重要。

（2）各种专业委员会

为了促进董事会工作的专业化，提高董事间信息沟通与处理的有效性，规模较大的非营利组织董事会通常实施委员会制，设置若干专门委员会，有利于强化董事会职能。由于世界各国非营利组织所处的法律环境与治理结构的差异，委员会的设置也有所差异。综合各个国家和地区的非营利组织董事会的治理结构与运作机制来看，董事会下设的专门委员会主要有执行委员会、审计委员会、提名委员会、薪酬委员会、公共政策委员会等，各个专业委员会在董事会的统一监管下运作，并向董事会负责（图2-1）。

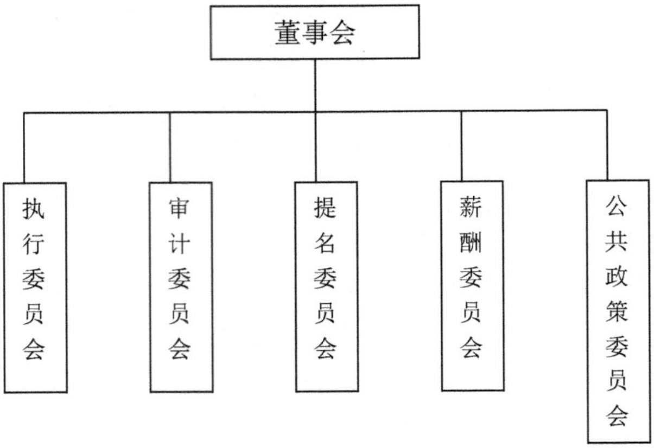

图2-1 董事会结构

①执行委员会

执行委员会是董事会治理的核心，其职能主要有：在董事会不召开会议期间，它代表董事会行使权力；它也是董事会结构中的主要协调机关，确定董事会的行为方式、日程安排及协调其他委员会的活动等。因为执行董事是非营利组织的专业人员，在运作过程中时刻面临组织的日常决策，因而导致执行委员会召开会议的频率远远超过其他委员会。

②审计委员会

在英美法系国家，非营利组织实施单层制董事会模式，在董事会治理结构中设立审计委员会，其职责主要是关注组织内部审计人员及外聘会计师审计的有效性、规范性与准确性，具体表现为：选择推荐独立的外部会计师；确定领导的审计范围及检讨审计结果；检讨组织内部审计与财务控制系统的构成与活动范围；评估公司的财务报告活动（包括代理人报告和年报）以及会计标准和遵循的原则；检查雇员遵守组织政策及相关适用法律的情况。

③提名委员会

提名委员会的职责是向董事会提出担任董事的人选，同时也包括对现有董事会的组成、结构及成员资格进行考察，对执行长及董事会的业绩进行评价。

④薪酬委员会

薪酬委员会的基本职责是：监察高层管理人员的表现及其来源、构成、继承人计划、培养与选择过程；检讨与批准高层管理人员的薪酬和调整。

⑤公共政策委员会

公共政策委员会的职责是审视组织的宗旨、制定组织战略发展规划、确保董事会的延续性和执行总裁的稳定继承和过渡。为此，该委员会对组织执行总裁的工作绩效进行定期评估，评判其是否称职，并且确定其职权、任期和报酬。

3. 董事会的职能

如果从开放系统的视角来看，董事会代表非营利组织相关利益主体行驶法人财产权利，既要致力于组织的内部治理，发挥控制和运作职能，还要关注组织的外部环境，促进组织与外部环境的关联和互动。从世界各国非营利组织董事会治理的经验来看，一般认为董事会的基本责任主要包括对内管理和对外联结两大部分，具体职能表现为确定组织目标和使命、制定战略决策、对执行层的监督和激励、获取外部资源等。

（1）确定组织目标和使命

确定组织目标与使命是董事会治理的首要职责。非营利组织的使命和价值理念不仅决定着组织的特定性质，而且是组织有效管理、成功治理的根基。因此，非营利组织首先必须明确使命，为了满足利益相关者的要求，还需要设置组织目标，通过目标吸引资金和人才，并且为有效实现目标而建立组织机构。董事会自始至终都要贯彻组织章程中所规定的宗旨，除非法律另有规定，否则，董事会不能以任何方式偏离组织成立时所确定的目标。在组织运作过程中，董事会应当定期回顾使命陈述，以确保组织的各项计划和项目能够促进组织使命的完成，确保组织有清晰简明的书面使命陈述，来说明组织的核心价值和存在理由。董事会必须在确定组织目标与目标资源的基础上，建立一个包含社会效益和经济效率的多元绩效监控、衡量框架，这项职责能否有效履行，对非营利组织高效率完成使命有着根本性影响。

（2）制定战略决策

非营利组织治理理论把董事会视作一个工作组，制定战略决策是其工作的核心，因此，为组织制定战略规划、对重大战略问题进行决策是董事会的一项重要责任。董事会治理的战略规划内容主要包括制定组织章程、制定组织战略目标、选拔执行长、审批长期规划、决定组织基本政策等。另外，董事会还需担当战略总执行者与监督者，给予管理层在行政和管理上的建议，但日常行政权应授予执行长及行政机构。Oster（2002）认为非营利组织目标具有多重性且难以评估，组织对环境更为依赖，因此，董事会成员应根据自身的专业知识和社会资源为组织战略规划的制定提供信息、咨询、意见与建议等。董事会必须充分收集和吸纳相关信息有助于科学决策，特别是有些对组织未来发展方向和董事会治理绩效息息相关的信息。同时，董事会还承担着战略监管的职责，必须认真审查组织目标任务与自身资源，批准并监督符合自身资源能力的战略计划、组织金融与物质资产安全、预算制定与评估、高级管理继任者及其报酬标准的确定等重大战略决策，董事会无疑拥有法定的正式控制权和最高权威。

（3）对执行层的监督和激励

由于非营利组织具有三权分离的产权特征，其委托－代理问题比公司治理更为复杂，并且随着组织规模的扩大，其管理层职业化程度也越高。董事会在防止行政人员内部控制方面，由于拥有任命执行长的权力而成为可置信威胁，可以约束行政权力的方向，董事会的控制职能意味着确保高级管理层具有适当的激励机制，并且在面对代理问题时做出正确决策，强调董事会对高级管理层的监管与约束是非营利组织治理的基本主题。董事会作为代理组织，其成员必须具备高水平的专业知识与能力，并采取适当的激励约束机制对执行层进行有效监管。激励是非营利组织治理机制中一个非常重要的环节，这是因为非营利组织委托权与代理权之间是完全分离的，拥有委托权的利益相关者与拥有代理权的管理者之间的利益目标往往不能完全重合，有时甚至截然不同。另外，作为第三部门的非营利组织，由于其具有的“民间性”特征以及“不分配盈余”约束，既没有权力资源的获得也没有物质利益的满足，在监督机制上，非营利组织的“所有者缺位”和“市场缺位”导致了非营利组织的“监督主体”缺位，所有这些因素使得非营利组织往往被看作是缺乏效率的。因此，如何激励非营利组织内部员工，使其行为符合利益相关者的利益，其追求的行为目标与利益相关者一致是至关重要的。

（4）获取外部资源

非营利组织的生存与发展离不开外部组织与环境因素，而董事会治理被视为组织与外部环境产生联系的一种制度安排，因为组织很难直接通过市场交易方式获取自身发展所需的足够资源，因而非市场方式获取资源的能力显得极为重要。资源依赖理论要求董事会对组织所处环境作出反应，并且依据组织重要资源获取最大化为原则选举董事成员，每一成员给董事带来不同的资源与关系，因此董事会的人员组成反映了组织对外部环境的依赖程度与资源的获取能力。非营利组织有效运营需获取对外募款、提升组织公共形象、与政府机关等建立良好关系等三种外部资源：①对外募款，即董事会为组织建立良好的社会资源网络，因为董事会由具有重要资源又真诚支持非营利事业的人士组成，可以通过捐资为组织获取所需的资源，使组织有充裕的经费开展活动。筹募资金既包括董事本人的捐赠，也包括从其他个人、政府、公司和基金会获得的捐赠，或者以低于市场价格获得物品与服务；②提升组织公共形象，作为与社区沟通联系的桥梁，董事需代表组织与外界建立良好的沟通渠道，努力提高组织的公众形象，以确保资源及信息的流入与交换；③与政府等相关利益主体建立良好关系，董事会联结组织与政府等外部环境关系，实现组织存在的合法性，帮助组织从外部获得资源以确保关键资源的获得。董事会是一种社会网络机制，常常由政府、企业、社会名流等多方知名人士组成，他们可能并不直接为非营利组织筹款，但可以动员社会关系网络为组织服务，间接为组织提供资源，并且有利于促进非营利组织与外部环境形成合作、互利的关系。

（二）非营利组织监督机构（监事会）

由于在法律上和实践上的特殊地位以及较强的信息优势，监事会对管理者的监督居于核心地位，其监督权源自对经营者的委托授权，基于业绩或能力的考核，监事会对经营者的任免有最后的决定权，因此监事会监督是强有力的。非营利组织作为自治主体，需要按照结社自由和自主自治的要求，和自然人一样对自己的行为进行自我约束和监督。为了保证董事会在组织章程与法律规定的范围内运作，对董事会进行必要的限制和监督是组织内部治理的关键，但是这种权力的配置会因为各国公权力对非营利组织的介入程度而有所差别。在大陆法国家，非营利组织董事会和执行层的监督一般是通过强制规定设置内部监督机构（监事会）来完成的；在英美法国家，通常不设置监事会，而是借助于其他外部制度和因素，如美国依靠严格的会计准则、全面强制披露制度、禁止内部交易制度、鼓励成员诉讼的程序规则以及发达的新闻监督制度等对非营利组织董事会进行监督。

1. 监事会监督的理论依据——权力制衡理论

权力制衡理论赋予监事会监督权力。西方启蒙思想家孟德斯鸠及其他思想家将权力制衡的基本理论归结为两个基本思想：不受约束的权力必然腐败，绝对的权力导致绝对的腐败；道德约束不了权力，权力只有用权力来约束。这已成为西方社会权力制衡的主流思想，不仅奠定了西方三权分立政治制度形成的理论基础，也对这些国家的公司治理有着深远的影响。在公司治理中，权力制衡理论构成了董事会和监事会制度的理论基础，使监事会制度得以构建并逐步完善，在规范公司经营活动，保护股东合法权益方面发挥着不可替代的作用。当然，非营利组织体现的是公民的结社自由和自主自治的要求，其本身是一个自律性组织，对组织自身的行为进行自我约束和监督。但在所有权、经营权和受益权分离的情况下，组织的自主治理和自我监督需要借鉴公司治理的有效途径来合理分配权力，以通过非营利组织内部制衡机制更好地实现自律。因此，合理的分配权力事关非营利组织的生存与健康发展，组织应当将监督权分配给专门的机关（监事会）行使，以对董事会的经营决策和相关事务的执行进行有效监督。

2. 监事会的角色与职责

在公司治理结构中，监事会是指由股东会选举、全体监事组成的对公司义务活动进行监督和检查的常设机构。但在非营利法人治理中，大陆法系国家迄今尚未将监事会作为组织治理结构中的必设组织，而仅就非营利组织设立监事会提出了相关许可或建议。监事会作为非营利组织的专职监督机构，其基本职能是以出资人代表的身份监督董事和管理者的经营活动，以财务活动为重点，确保董事及管理者正确有效地行使职权，而不是滥用职权；对于违反法律法规、组织章程及损害组织利益的行为，监事会有权要求纠正。非营利组织出资人出于公益目的将其资产捐赠，因此监事会可以代表处于虚拟状态的出资人和社会公众的利益，以董事会和管理层为监督对象，监督非营利组织的一切经营活动，纠正董事会和管理层违反非营利组织章程的越轨行为。为了完成其监督职能，监事会人员必须列席董事会会议，以便了解决策内容，向社会公众报告监督情况和必要的信息，具体内容包括监督并评估非营利组织董事法律、法规的遵循情况和职责履行情况；监督非营利组织财务状况，包括对组织的财务会计报表进行查核，由自己或聘请专业人员审核公司的财务会计报告（资产负债表、损益表、财产情况变化表及有关的会计资料和财务安排等）；向董事会反馈社会公众意愿、劳动保护等要求。特别是当董事、高层管理人员的行为损害法人和社会公众的利益时，监事会作为监督机构，有责任维护法人和社会公众的利益，并对这些行为依法干预，要求董事、高层管理人员予以纠正；年终向社会公众提交关于董事会工作现状的分析评估报告，并提出奖惩、任免建议。

3. 监事任职资格和任期

由于监事会不是非营利组织的必设机构，因此世界各国对于监事的选任规定也不能统一。通常来说，社团法人的监事由社团大会决议进行选任，财团法人的监事由捐赠人所提出的捐赠章程规定，但是当监事严重不履行职责、无能力参加监事会工作或者以其他方式严重损害财团利益，或者该监事自身进入破产程序时，法院应该根据利害关系人的请求予以任免监事。为了保证非营利组织监事会监督功能的发挥，各国对监事的资格条件有着严格的限制，如日本《特定非营利活动促进法》规定监事不得在特定非营利法人中同时担任董事或者工作人员。一般来说，监事人员的资格条件与董事人选的资格条件基本相同，例如，是否具备民事行为能力、是否拥有良好的品行记录、是否与组织存在较为清晰的关系等都是监事人选的基本资格。与董事设定任期一样，监事也设立相应的任期限定，但和董事的任期不能一致，双方的选任时间可适当错开，方式可以灵活，从而防止双方同进共退的态势，避免监事会成为摆设。如果任期较短，可以避免监事和董事合谋，但容易导致监事的责任感不强，失去监督的功能；如果任期过长，虽有利于增强监事的责任感，但容易造成监事和董事合谋的可能，将损害非营利组织和利益相关者的权益。

第四节　我国非营利组织治理现状

无论在经济发达国家还是发展中国家，非营利组织致力于各种社会问题的解决，积极参与社区建设、地方自治、文化教育、环境保护等公共管理领域，成为多元化时代社会发展与改革的重要力量。20世纪80年代以后，我国非营利组织建设初具规模，政府、市场与非营利组织功能分化日益明显，共同构成了现代社会结构的三大支柱。现阶段，非营利组织在教育研究、医疗卫生、人道救援、环境卫生等诸多社会领域发挥着重要作用。从总体上分析，主要存在社会团体治理模式、事业单位行政化管理模式、民办非企业单位模式三种类型。但是，由于我国非营利组织有效治理的法制环境、社会基础和氛围不充分，以及内部治理混乱和外部监督不力而导致组织治理存在诸多问题，如相关法律制度欠缺、管理体制不顺、治理结构不合理和治理机制不完善等，具体表现为：信息披露不规范、不及时和不真实；欺骗政府及其他利益相关者；将组织的收益作为利润分配给内部职工；违规进行风险投资而不考虑组织的长远发展；忽视组织自身的公益使命和强烈的社会责任等。

一、非营利组织治理模式

（一）社会团体治理模式

中国改革开放与经济体制转型导致了资源配置体制发生了重大变化，并由此开始了意义深远的社会转型，社会环境的制度变化促进了社团的繁荣发展：无论是宏观的国家与社会关系，还是微观的利益群体多元化；不论是单位制度的瓦解，还是国际交往的加强都为社团的发展扫除了障碍；另外，“自由流动资源”的逐渐形成、“自由活动空间”的日益拓展等都为社团的兴起提供了现实的物质基础。依据1998年国务院颁布的《社会团体登记管理条例》第二条规定，社会团体指由公民或者单位自愿组成，为实现会员共同意愿，按照其章程开展活动的非营利性社会组织。从功能上来看，中国的社会团体主要包括学术性社会团体、行业性社会团体、专业性社会团体和联合性社会团体。

学术性社会团体是指以社会科学与自然科学界专家、学者为主，基于与学术有关的共同意愿和结社宗旨，按照学科或专业，自发、自愿组织起来的社会组织。它是以自由的学术交流、科学普及、咨询服务为主要活动，以同行认可或共识为纽带，促进社会文明进步与科学发展，并为会员提供学术服务的非营利性组织。其主要功能是：通过国内外的学术交流活动，增进同行认可和社会责任的共识；通过广泛参与公众科学传播活动，促进社会文明进步和公众文化素养的提高；在特定领域内为社会管理和经济建设提供中介与咨询服务，参与政府有关公共服务项目的研究和实施，承担社会服务的相关责任，旨在推动学科发展、促进知识创新、培养学术人才、维护会员合法权益、提高公众科学文化素质等，以推动社会进步与经济发展。

行业性社会团体是由同一行业的企事业单位、团体和人员自愿组成的经济性团体，一般以协会、商会等命名。例如，行业性协会是为了避免同行业之间不正当竞争，维护共同利益、进行自我协调、自我约束、自我管理、以自愿形式组成的非营利性社会团体；行业性商会是以流通服务为主的社会团体，通过提供信息来源、沟通贸易渠道，为本行业内企业的产品在国内外流通提供服务。

专业性社会团体，一般是非经济类的，主要由专业人员组成或以专业技术、专门资金，为从事某项事业而成立的团体，一般以协会、促进会、基金会等命名。专业性社会团体主要包括专业人员社会团体和专项事业社会团体两大类，其中专业人员社会团体有消费者协会、书法家协会等，专项事业社会团体主要有基金会、专项技术协会等。专业性社团较侧重以专业实践为导向，重视实践和应用。特点是与职业性结合比较紧密，在社会组织的人力资源建设方面，不是主要为学术研究服务，而是汇集从事具有明显的职业背景的专业人才，如工程师、医师、律师、建筑师等，其主要功能是开展专业课题研究，为政府部门提供决策建议；举办专业研讨会，宣传国家政策；开展职业培训，提高人力资源开发专业人员的素质；开展多种形式的专业国际交流；专业成果为企业、事业单位服务；拓展对企事业和人力资源从业者的专业服务等。

联合性社会团体主要是人群的联合体和学术性、行业性、专用性社会团体的联合体，由相同或不同领域的法人组织或个人为了共同的兴趣、爱好、利益进行横向交流而自愿组成的非营利性社会组织。主要包括联谊类社会团体和联合类社会团体两种，其中联谊类社会团体根据相同人群的需求设置，一般以联谊会命名；联合类社会团体根据相同或不同领域法人组织的需求设置，参照《国民经济行业分类》门类标准设置，一般以联合会、促进会命名。

（二）事业单位行政化管理模式

事业单位是指受国家行政机关领导，没有生产收入，所需经费由公共财政支出，不实行经济核算，主要提供教育、科技、文化、卫生等非物质生产和劳务服务的社会公共组织，事业单位接受政府领导，是表现形式为组织或机构的法人实体。与企业单位相比，事业单位有以下特征：（1）不以营利为目的；（2）财政及其他单位拨入的资金主要不以经济利益的获取为回报。事业单位所从事的事业多是政府职能所派生出来的具体事务，但它却不属于公共行政权力机关，不具有公共行政权力，同类事业单位之间也不能存在领导与被领导的关系，它对于行政区划内的其他部门或个人也不具有行政管理的职能，它只能利用自身的专业知识和专门技术向社会提供诸如教育文化、医疗卫生等方面的服务，专业性服务是事业单位基本的社会职能。事业单位是我国计划经济的产物，中华人民共和国成立以来，担负着国家向社会提供公共物品和准公共物品的重任，其组织性质为非营利性质，大部分资金来源于国家财政或者国家税收，少部分资金来源于组织自创收入、社会捐赠等渠道。从管理体制来说，事业单位按国家预算管理体制，全部资产属于国有，收支按照预算项目设置，财务报告和预算报告按照预算级次汇总编报。在编人员全部由财政资金供养，升迁调动遵循政府部门的规则办理，因此，这样的事业单位具有很强的政府特性。随着我国市场经济体制改革的不断深入、事业单位体制改革的深化与发展，事业单位的经费来源日趋呈现多元化的态势，但来自国家的财政拨款在事业单位的经费中仍然占主导地位。虽然物质资料的供给和需求已经具备了一个基本的市场框架，但公共产品的需求与市场供给还存在极不协调的状况。（1）原有的事业单位与政府部门还保持着千丝万缕的关系，其管理体制和工作效率都还存在许多弊端；（2）在同一领域同时存在两类不同所有制的组织，执行不同的准则规范，提供相同或类似的服务，不利于管理绩效的公平性；（3）宏观或全社会层面还没有一个适宜非营利组织健康发展的环境，需要更多的政策导向。针对我国目前的状况，从改革的趋势来看，建议事业单位与非营利组织实行统一的管理体制与运行机制，建立开放式的政府资助与评估机制，才能促进事业部门与营利部门、事业部门“公立”与“私立”之间的协调发展，经济与社会协调发展的局面才能形成。

（三）民办非企业单位模式

国务院颁布的《民办非企业单位登记管理暂行条例》，将民办非企业单位界定为企业事业单位、社会团体和其他社会力量以及公民个人利用非国有资产举办的，从事非营利性社会服务活动的社会组织。目前，民办非企业单位主要分布在教育、科研、文化、卫生、体育、法律服务、社会福利事业等领域。教育事业中主要有民办幼儿园、小学、中学、民办大专院校等；科学研究事业中主要指民办科研院所、研究机构等；文化事业中主要指民办图书馆、博物馆、艺术演出团体等；卫生事业中主要指民办诊所、医院、疗养院等；体育事业中主要指民办体育场所、俱乐部等；法律服务业中主要指民办合作或合伙律师事务所；社会福利事业中主要指民办福利院、敬老院、婚姻介绍所等。改革开放以来，随着经济和各项社会事业的发展，各种类型的民办非企业单位不断增多，在经济、科技、教育、文化、卫生以及其他社会事务方面发挥了积极的作用，是我国社会主义现代化建设事业中不可缺少的部分。1996年8月，党中央和国务院做出重要决定，对民办非企业单位实行统一归口登记管理体制，由民政部门作为民办非企业单位的统一登记管理机关。明确规定，除了民政部门以外，其他业务部门都无权向民办非企业单位登记和颁发证书。同时，还对民办非企业单位实行双重负责的管理体系，民政部门作为统一登记管理机关，负责民办非企业单位的成立、复查、注销登记、年度检查、行政处罚等。各业务主管单位要负责民办非企业单位成立、变更、注销登记前的审查及思想政治工作、财务活动、人事管理等。

二、非营利组织治理的现存问题

当前，由于我国正处于社会转型时期，非营利组织已成为我国社会经济发展中的一支重要力量，在公共管理中扮演着重要角色。虽然非营利组织正处于快速发展阶段，但由于组织缺乏个人利益所在及提高效率的竞争机制、缺乏有效的激励措施及社会监督、缺乏有效的绩效评估办法等，这些因素导致组织内部与外部治理存在着诸多问题，如相关法律制度欠缺、管理体制不顺、治理结构不合理和治理机制不完善等问题。

（一）相关法规制度欠缺

我国非营利组织治理的法制化程度还很低，法律内容与体系有很多漏洞，与经济发达国家的非营利组织法规制度相比较，还有很大差距。例如，美国与法国的非营利组织的法规多达几十种，而我国非营利组织的法规只有少数几种，在立法体系上不健全，大多数组织权益只能通过《宪法》《公司法》中的一些细小条款得到体现，而没有针对性的法律条文进行限定。立法部门因为并不了解国内外非营利组织发展的具体特点、实际环境、发展障碍、监督问题等因素，因此难以制定合理的法律内容与条款进行限定。我国现行法规内容中，没有非营利组织对应的单行法、实体法，导致组织治理无法可依，组织发展不能正规化与规范化。尽管我国正在积极建立非营利组织相关法规制度，但目前还没有一部统一的、完整的制度出台，只有一些零散的行政性法规。另外，非营利组织在税收法律政策上也不健全，在中国公益事业领域，除了医疗卫生事业已经明确区分营利性和非营利机构外，其他教育、文化、科技、体育、社会福利等领域，仍然存在着民间社会组织营利性和非营利性不分的情况，这些组织混淆了公益法人资格与公益性两个概念，甚至还存在不具有公益法人资格的组织享有免税待遇的现象。

（二）管理体制不顺

当前，我国对非营利组织实行双重管理体制，双重管理是组织登记管理方面的一项重要原则，它在1998年制定的《民办非企业单位登记管理暂行条例》和《社会团体登记管理条例》中做了全面具体的阐述。条例规定：国务院民政部门和县级以上地方各级人民政府民政部门是本级人民政府范围内非营利组织的登记管理部门，登记管理部门负责非营利组织的成立、变更、注销的登记或者备案，对非营利组织实施年度检查，对组织执行条例的情况进行监督检查，对违反条例的行为依法给以处罚。按照规定，国务院有关部门和县级以上地方各级人民政府有关部门、国务院或者县级以上地方各级人民政府授权机构，是有关行业、学科或者业务范围内非营利组织的业务主管单位。业务主管单位负责非营利组织筹备申请、成立登记、变更登记、注销登记前的审查；监督、指导非营利组织遵守宪法、法律、法规和国家政策，依据其章程开展活动；负责非营利组织年度检查的初审；协助登记管理部门及其他有关部门查处非营利组织的违法行为；会同有关部门指导非营利组织的清算事宜。双重管理加强了政府在登记管理方面对非营利组织的监督、管理和限制，并通过分散责任回避了登记管理部门与非营利组织之间的直接冲突，使得非营利组织在通过登记注册成为合法组织之前，必须首先成为政府所属的一定职能机构所需要和能够控制的对象，并受其管理和控制。在非营利组织法规制度尚未建立与健全的情况下，双重管理体制发挥了重要的监管作用，但同时也表现出了明显的过渡性和局限性，具体表现在以下几个方面。

1. 过多的行政干预

由于非营利组织采用双重管理体制，因此导致大多数组织的董事会或理事会成员来源于政府登记部门，或由业务主管部门批准任命或派遣，不是根据组织章程的规定而采用民主选举的方式。其结果是，董事会成员掌管着组织的人事任免权，而剥夺了管理人员对组织管理过程控制的权力。过多的行政干预使得非营利组织成为业务主管部门或者政府的附属机构。从表面上看，非营利组织似乎脱离了政府部门的管制，但实际上依然是领导与被领导的关系：一方面，政府业务主管部门利用拥有资金划拨的权力来掌握非营利组织的行政指挥权；另一方面，由于政府对非营利组织财务上实行过度行政干预，造成组织发展过分依赖政府，缺乏经济的自主性和独立性。

2. 组织成立的限制

从民间组织资格的准入方面来看，我国实行严格的许可主义制度，没有经过许可而成立的非营利组织属于非法组织，它们的活动不受法律保护，而且应当被取缔。双重管理体制对非营利组织的成立设置了严格的门槛，也增加了审查成本和申请成本，对于政府和当事人来说，都是不小的负担。此外，由于非营利组织形式和内容的多元性，容易造成许多非营利组织因找不到主管部门而无法获得登记。而世界其他国家非营利组织的成立，主要采用登报声明制度和登记备案制度，而我国民政部门对于社会团体的成立，采用的是许可批准制的方式，而对于民办非企业单位的成立，采用的是需有相应政府部门作为业务主管部门的登记制度。相比较而言，登报声明制度和登记备案制度将非营利组织的设立权交给了社会，而我国非营利组织的许可批准制，从本质上来说，其权力仍然是政府牢牢掌握着。其严厉的准入制度在很大程度上削弱了非营利组织数量上的发展，因为《民办非企业单位登记管理暂行条例》与《社会团体登记管理条例》对业务主管单位的资格有着很高的要求，通常很难找到一个合适的业务主管单位，从而限制了许多非营利组织的成立。

3. 政府监管的缺位

我国对非营利组织的双重管理制度可以说是具有中国特色的一种制度，既保留着长期计划经济体制的惯性影响，又是中国非营利组织现状下的无奈选择。由于长期计划经济模式下强调国家的主导趋势和刚性体制特征，政府对非营利组织实施严格的管制，非营利组织更多地被视为政府附庸或政府延伸机构的角色，而不是政府平等的合作伙伴。时至今日，在国家与社会的关系上，政府仍然处于绝对的主导地位，居高临下，难以摆脱管制思维，许可制色彩浓厚。政府在一定程度上以工具论的角度看待非营利组织，对非营利组织缺乏信任，或者认为非营利组织是政府执行某种决策的工具，也就是桥梁和纽带，是党和政府整合民意的工具，而没有看到政府组织形式、市场组织形式和非营利组织形式都是基本的社会组织形式。政府的强制、市场的选择、非营利组织提供的慈善和互助满足了人们需要的不同部分和不同层次，三者之间的平衡是一个社会秩序稳定、长治久安的保证。由于我们有过以政治取代行政，以政治运动代替行政管理的历史，行政制度不健全，行政管理的能力和水平不高，特别是由于长期的社会压抑，民间社会缺乏足够的理智和自律，政府对自身管理能力缺乏信心，对非营利组织发展的重要性认识不足，对其自主发展心存疑虑，因此政府有意或无意地对非营利组织以控制为主，过多地干预非营利组织的内部事务，严重妨碍了非营利组织的自主治理。在实际管理中，过多的干预与放任主义现象同时并存。现阶段，大多数地方民政部门没有设置专门的民间组织管理机构，一旦非营利组织批准成立，民政部门就很少履行监管的职责。而业务主管单位有自己的主业，更不能真正落实监管的职责。因此，在实际操作中，不管是登记部门，还是业务主管部门，都缺乏对非营利组织的有效监管，从而造成了政府监管缺位的局面，影响组织的健康发展。

（三）治理机制不完善

现代公司内部治理机制主要包括激励机制、监督机制与决策机制三个部分，通过这三种机制促使公司的代理人（经营者）努力工作，以降低代理成本，避免偷懒、机会主义等道德风险行为。尽管非营利组织与企业在目标和使命层面有着本质区别，但只有通过为社会提供令人满意的产品才能获得生存和发展，在这一点上是共通的。非营利组织为了提高自身竞争力，一方面要不断改进管理方式与方法，以获得更多的社会捐助与政府资助。另一方面，它也要与同行业的其他非营利组织竞争，以赢得更多的市场份额，提高组织自身的造血功能。生存与竞争的压力，迫使它不得不调整和完善组织结构，并开发一套合理有效的内部治理机制来应对偏离组织目标和使命的各种行为，提高组织的社会公信度，以促使组织可持续发展。但是现阶段，由于我国正处于社会转型时期，这一特定环境给非营利组织的发展带来了很多问题，如信息披露不规范、不及时和不真实，欺骗政府及其他利益相关者，将组织的收益作为利润分配给内部职工，忽视组织自身的公益使命和强烈的社会责任等，这一系列问题主要源自组织的决策不规范、激励不足、监督乏力等内外部治理失灵。

1. 决策不规范

董事会作为非营利组织的最高决策机构，不仅拥有领导的职能，还担任政策的决定者、执行长的授权及支持者、资源开发者等角色，其主要职能是确定组织使命、制定战略规划、监督控制组织运行等。其中确定组织使命是董事会职能的核心，以使命为指针，对组织的发展实施战略性指导，积极开展战略规划，并代表公众利益和公益使命对组织实施监督控制。因此，董事会治理是非营利组织治理的核心所在，是为保障董事会科学决策并促成其高效运行的制度安排和机制设计。良好的董事会治理是维护各利益相关者的正当权益、完成组织使命、实现组织目标，并且向社会公众展示组织存在的合法性与价值性的机制保障。但现实中，由于我国非营利组织成长环境的特殊性，董事会的职能并未充分发挥，有些组织没有设立董事会，有些组织只设一名董事长，事情不论大小，都由董事长一人来决定。有些组织虽然设置董事会，但是董事长通常是由出资人一人担任或者由行政管理机关直接任命，其他成员都没有实权，董事会形同虚设，这样的决策机构导致组织治理出现诚信危机、社会责任缺失、组织效率低下等现象，严重影响组织的社会效应。

2. 缺乏使命激励机制

随着非营利组织数量的不断增多，组织内部激励机制已成为组织管理研究的重点问题之一。当前中国，非营利组织在教育、科技、文化、环境保护等领域发挥着重要作用，填补了市场和政府失灵的空白，然而，大多数非营利组织还是面临着如何扩大规模及可持续发展的难题。可以说，我国非营利组织的发展状况不容乐观，其中一个很大原因是吸引不到优秀的人才。对于非营利组织来说，它是基于共同利益、价值观、愿望或使命而自愿结成的团队，组织成员工作的动力是为了在心灵上获得某种满足和享受。组织的成员个人与组织之间缺乏直接的经济利益关系，不以获取最大投资回报率为最终目标，而是以实现其社会使命和共同愿望为宗旨。因此，非营利组织制定有效的激励机制极为重要，激励方式的匮乏会产生严重的激励问题。例如，当前我国一些非营利组织没有制定竞争激励制度，员工缺乏目标鼓舞及自我展示的舞台；一些非营利组织在组织文化上行政单位倾向严重，无法形成服务于社会公益事业所需要的独特组织文化。另外，非营利组织作为公益型组织，以完成崇高的社会使命、实现对社会的问责交代和实现社会效用的最大化为目的，组织的工作人员除了要有组织所需的专业知识和特定技能外，还要有利他的奉献精神，有对组织使命的认同，有对社会强烈的责任感，并始终以完成组织使命为其宗旨和目标。然而，在我国当前的一些非营利组织中，其员工的招聘存在人情关系、裙带关系等问题，在组织领导人的任命上，也存在严重的行政化倾向。组织领导者的任命取决于与上级主管部门的关系，工作人员的招聘则取决于与领导者的关系，这种现象容易造成组织内部的人事纠纷，也有碍于组织使命的完成，而其主要原因是组织在运作过程中没有贯彻崇高的社会使命这一宗旨，缺乏使命激励机制的制定等因素。

3. 监督乏力

近年来，许多非营利组织出现了诸如贪污、腐化等丑恶现象，这与非营利组织的自身定位和功能严重相悖，这类组织在实际运营中的不良经营和不法行为已经严重削弱了公众对此类机构的信任。要重新树立非营利组织的良好公益形象最有效的途径，就是要在组织中建立责任和监督制度，通过既定的制度对组织的行为加以规范，监督其完成应当承担的社会使命。非营利组织的内部监督机制应与外部监督机制有机结合，才能充分发挥自律、他律和互律的有效作用，而且，内部监督机制的建立和完善且有效运行必须以强有力的外部监督机制及竞争氛围为前提。但是，非营利组织本身的特点和所提供服务的特殊性以及我国当前的制度、经济环境，使得非营利组织外部监督机制及竞争氛围严重缺乏，也直接导致非营利组织内部治理监督机制严重乏力。我国非营利组织来自相关政府部门、受赠者以及公众的监督过于形式化，缺乏监督力度。与国外相比，中国非营利组织外部监督体系的差距主要表现在监督主体的监督意识薄弱、监督渠道不畅、发言权不足等几个方面。非营利组织想要不断发展、想要实现其良好的公共职责、想要构建有效的监督体制，就必须要加强内部的自我约束以及外部的社会监督。要完善非营利组织的社会监督，只能通过增强社会公众和社会监督主体的监督意识来实现。

第三章　我国体育非营利组织发展概述

随着我国经济社会的快速发展，在体育大国向体育强国的迈进阶段，全民健身公共服务的需求与日俱增，党与政府也出台了一系列相关政策给予大力支持。党的十八大报告指出："要加快形成政社分开、权责明确、依法自治的现代社会组织体制"；我国全民健身事业"十二五"发展规划提出："要强化体育公共服务职能，构建体育公共服务体系，提高体育公共服务水平"；2012年全国人大第十一届五次会议的《政府工作报告》，把培育与发展社会组织确定为当前和今后深化改革的重点领域和关键环节。近年来，我国体育非营利组织的发展日益壮大，在全民健身工作中发挥着重要作用。但是，由于我国体育社会组织一直以来都存在政社不分、发展缓慢、独立运行能力较弱等诸多问题，因此当前大部分体育非营利组织的运作效果不容乐观，面临着资金不足、人才短缺、内部管理不完善、体育公共服务能力不强、持续发展不足等现实问题。对我国体育非营利组织而言，除了具备美好的动机之外，明确的使命、清晰的目标、正确的策略和卓有成效的管理方式都是组织持续发展的保证，而这些任务的完成都需要组织建立科学合理的运行机制和管理方式。

第一节　体育非营利组织的基础理论

随着改革开放的不断深入、社会经济的持续发展，人们对体育需求的不断增加，但是与此相对应的是我国体育公共服务供给严重不足、供给方式单一，阻碍着我国社会体育的可持续发展。近年来，虽然体育非营利组织作为社会组织中的一个重要类别，在公共体育服务供给方面发挥着重要作用，但是由于中国的特殊国情和体育举国体制，致使体育非营利组织在其发展道路上极其艰难坎坷，面临着来自各方面的巨大挑战。从总体上来说，当前我国体育非营利组织的发展与体育走向社会化的现实还有很大差距，其自主性、独立性和志愿性程度与社会体育发达的国家相比还存在很大差距。因此，深入研究体育非营利组织的基础理论，对促进中国体育非营利组织的健康发展，加快与世界体育的接轨，推动中国社会体育的进一步发展有着十分深远的理论意义。

一、体育非营利组织的概念与分类

（一）体育非营利组织的概念

改革开放以来，随着单位职能的分解、政府大幅度放权以及社会公众对体育需求的日渐强烈，体育社团、体育民办非企业单位、民间体育组织等体育非营利组织得到了较大的发展，逐步成为体育组织架构中的重要组成部分。体育非营利组织研究也逐渐得到学术界的关注，主要涉及其概念、性质、分类、作用、评估等理论研究，还有部分以个案方式进行的实证研究。2002年，学者陈琳在翻译日本非营利组织文献资料时，首次介绍了体育非营利组织这个概念。体育非营利组织是指“在其向所属部门提交的工作目标的记载中包含体育、娱乐、健康、体力方面内容的，从事与体育有关的非营利性活动的法人组织”，这个概念主要强调体育非营利组织是从事与体育有关的、具有法人资格的非营利组织。当前，对于非营利组织的概念和内涵，学术界还没有形成一个统一的认识，学者们各自从不同的角度做出不同的概念界定。魏来（2005）认为体育非营利组织是指以服务大众的体育方面需求如娱乐、健身、身体训练等为宗旨的，独立于政府部门之外的，不以营利为目的的公益性组织。刘欣然等（2007）认为体育非营利组织是一类不以获取利润为目的的非政府的社会组织，在构成方面与政府、市场、社会、体育、公共服务发生着密切联系。王家君（2008）认为体育非营利组织是指不以营利为目的，以促进政府公共体育事业的健康发展和满足民众娱乐健身需要的志愿性组织。张欣（2012）认为体育非营利组织是指通过体育志愿行为提供社会服务，推进公益事业，保障经济和社会全面发展的，独立于政府部门之外的，不以营利为目的的公益性社会组织。上述概念界定虽然立足于不同角度，都有各自的侧重点，但从总体来说，都没有偏离体育非营利组织的非营利性、公益性、志愿性、非政府性等本质规定性。依据非营利组织及体育的本质特征，认为体育非营利组织是不以营利为目的，为社会提供公共或公益体育服务的非政府组织，主要包括体育社会团体、体育基金会、体育民办非企业单位及民间体育组织等。

（二）体育非营利组织的分类

现阶段，“小政府、大社会”是我国政府机构改革的主要目标，“政社分开”“管办分离”是其基本内容与主要途径，外围环境的变化与机制改革，也给体育领域带来了前所未有的冲击。如何使体育管理体制更好地促进现代体育的发展，如何促进竞技体育、学校体育及社会体育的协调发展，是体育管理体制与运行机制亟待解决的问题。1995年《全民健身计划纲要》实施以来，大力推动了社会体育的发展，尤其是社区体育在广大城市兴起与发展以后，社会体育的触角迅速伸向基层社会的每一个角落。社会体育的基本任务之一就是不断扩大群众体育参与量，体育非营利组织由于自身的特点以及参与对象的广泛性，正是扩大体育参与的主要组织形式。从某种程度上来说，体育非营利组织的发育程度是衡量一个国家体育社会化的重要标志。近十年来，我国体育非营利组织发展日益壮大，在全民健身工作中发挥着重要作用。研究表明，截止到2009年，全国性及跨省活动的体育社团11780个，全国性体育社团共93个，体育类民办非企业单位5951个，体育基金会共30个，与2003年相比，数量增长了约2.2倍。虽然学术界从2002年开始关注体育非营利组织在中国的发展，但由于该组织在中国的发展还很不成熟，在其概念、特征及分类上还存在诸多争议。按照其法律身份的不同，中国民政部将非营利组织区分为社会团体、民办非企业单位和基金会，因此，体育非营利组织也相应包括体育社团、体育民办非企业单位、体育基金会三大类别。体育社团主要包括自上而下的省市县（区）三级的体育总会和自下而上的运动项目协会、人群体育协会、体育学会（研究会）等，民办非企业体育单位则主要包括体育俱乐部、联合会等民办非企业服务实体。体育基金会是利用捐赠的财产，目的是从事公益事业，是非营利性的法人，这个概念是在2004年2月国务院重新颁布的《基金会管理条例》中，以法规的形式对体育基金会做出了明确规定。由于当前我国体育基金会的数量非常少且发展缓慢，在此不进行单独讨论，下面主要探讨体育社会团体和体育民办非企业单位的发展现状。

1. 体育社会团体

1998年民政部颁布的《社会团体登记管理条例》第二条规定：社会团体是指中国公民自愿组成，为实现会员共同意愿，按照其章程开展活动的非营利性社会组织。体育社团是社会团体的一种类别，是以体育为目的或活动内容的社会团体。2001年国家体育总局颁布的《全国性体育社会团体管理暂行办法》中指出，体育社会团体主要包括国家体育总局作为业务主管单位以及由国家体育总局发起（或受国家体育总局委托由挂靠单位负责）成立的全国性体育协会、学会、研究会、联谊会、基金会等非营利组织。据此可认为：（1）体育社团是一种社会组织，即执行一定的体育职能，完成特定的体育目标，有计划地组织起来的非营利性的社会群体；（2）体育社团是一种由各级体育局（或与委托挂靠单位）作为业务主管单位审批及管理的，经各级人民政府的民政部门依法核准登记成立的非营利体育组织。体育社团正是适应时代的发展，以一种全新的非行政的联结方式将政府体育行政部门与社会体育组织重新整合起来，在弥补单一行政手段的同时，建立起新的体育运动管理体系，强化对社会的管理。

中国的体育社团是伴随着经济社会改革逐步发展起来的。在改革开放前，中国名义上的体育社团主要是官办社团，它由政府选择，自上而下成立，所需资源主要由政府提供，代表着政府行使某种职能。改革开放以后，随着国家管理体制的改革、政府职能的转变，在政府积极鼓励“从部门管理转向行业管理”的背景下，政府部门直接或间接地建立了很多体育社团，体育社团又出现了另外两种形式，即半官半民体育社团和民间体育社团。这些社团在配置体育资源提供体育服务时弥补了政府失效、市场失灵的不足，成为提供体育社会服务、满足公民多样化体育需求的重要组织形式。半官半民体育社团已不再纯粹是政府行为，社会力量已介入其中，成为调和政府与市场关系的第三方组织，与政府部门关系密切，在各类大型体育活动中发挥着重要作用，成为政府体育行政部门与职能机构的有力助手。它们具有典型的半官半民性，被认为是第二行政体系、国家行政体系的延伸，或者是国家行政的一部分，这些组织也往往被称为半官半民的社团。究其原因，改革的实质是国家的职能转换，部分权力正逐渐移交给社会，这需要包括体育社团在内的社会组织承接自治的运行机制，决定了它承担起满足不同群体体育需要和行政权力下放后体育行业自治管理的重任。

2. 体育民办非企业单位

十八届三中全会指出，创新社会治理机制，激发社会组织活力。随着社会的进步，事关多数人福祉的体育事业也由政府包揽转向了社会组织承接。民办非企业单位指企业事业单位、社会团体和其他社会力量以及公民个人利用非国有资产举办的、从事非营利性社会服务活动的社会组织。体育民办非企业单位是指企业、事业单位、社会团体、其他社会力量和公民个人利用非国有资产举办的，不以营利为目的的，以开展体育活动为主要内容的民办中心、院、社、俱乐部、场、馆等社会组织。2000年10月24日，中华人民共和国民政部与国家体育总局联合发布并施行《体育类民办非企业单位登记审查与管理暂行办法》，该《办法》规定，体育类民办非企业单位主要从事以下五类业务：（1）体育健身的技术指导与服务；（2）体育娱乐与休闲的技术指导、组织与服务等；（3）体育竞赛的表演、组织与服务等；（4）体育人才的培养与技术培训；（5）其他体育活动。《办法》还规定组织获取发展资金的来源主要有以下四个方面：（1）接受捐赠、资助；（2）接受政府、企事业单位、社会团体、其他社会组织和个人的委托项目资金；（3）为社会提供与业务相关的有偿服务所获得的报酬；（4）其他合法收入。在我国，体育民办非企业单位的主要存在形式是青少年体育俱乐部、社区体育俱乐部和各类民办武校等。

在我国体育非营利组织中，体育社团发展最为壮大。体育民办非企业单位实体性较强，通过连续地、经常地向社会提供体育服务谋求自身发展。从中华人民共和国成立到改革开放前，我国实行高度集中的体育管理体制，体育事业是国家的福利事业，体育类社会组织缺乏发展空间，社会力量无法涉足公益或公共体育事业领域，也造成体育民办非企业单位的发展非常缓慢。改革开放以来，随着社会主义市场经济建设的不断加快，公共体育事务也日益增多，政府不可能把体育事务全部纳入服务范畴之内，国家开始倡导与允许社会力量进入体育领域，越来越多的企业、公民个人投身于体育公益事业和其他体育服务活动，打破了过去由国家单独举办体育公共事业的局面，体育民办非企业单位应运而生并得到了迅速发展。纵观其发展历程，体育民办非企业单位的发展大致经历了三个阶段。

（1）萌芽阶段（20世纪80年代至90年代初）

在这一时期，原国家体委针对国家独办体育的弊端并结合体育事业发展的现实情况，为了拓宽办体育的多元渠道，提出了体育社会化的改革方向和相应措施，以此构建全社会共办体育的格局。主要措施包括大力倡导和积极扶持各部门、各行业以及集体、个人自办体育，包括自建活动场所、举办各类竞赛、开展运动训练、传授体育技术等。于是，民办体育俱乐部、民办体育学校、民办体育场馆等体育类民办非企业单位的发展获得一定的制度空间和社会空间，在社会中开始出现国家、社会团体、单位和个人共同投资兴办体育事业的局面。

（2）发展阶段（20世纪90年代初期至1998年底）

20世纪90年代初期，坚持公有制为主体，多种所有制经济共同发展，是我国社会主义初级阶段的一项基本经济制度，要培育和发展社会中介组织。理论上的突破，改革开放的深入，为体育类民办非企业单位的发展创造了政策条件。但由于当时民办非企业单位并没有建立起归口登记的管理体制，各个业务主管部门自行审批，管理比较混乱，在数量上也无法为政府部门掌握。以民办武校为例，相关研究表明，参与审批民办武校的不仅有教育部门、体育部门、武协、各级政府，还有工商部门、旅游部门、民主党派等。

（3）规范管理阶段（1999年至今）

为了规范民办非企业单位的登记管理，保障民办非企业单位的合法权益，1998年10月国务院颁布了《民办非企业单位登记管理暂行条例》。1999年12月，民政部在北京召开了加强民间组织管理工作会议，原民政部长认为正式启动民办非企业单位登记管理工作的时机已基本成熟，并就启动工作做了全面部署。同年，民政部颁布了《民办非企业单位登记暂行办法》《民办非企业单位名称管理暂行规定》《关于开展民办非企业单位复查登记工作的意见》。2000年1月，正式启动全国民办非企业单位的登记工作。为适应体育类民办非企业单位发展的需要，民政部和国家体育总局于2000年11月适时发布了《体育类民办非企业单位登记审查与管理暂行办法》，对体育类民办非企业单位的登记和管理做出了具体规定，体育类民办非企业单位从此纳入法制化、规范化管理的发展轨道。

二、体育非营利组织发展的相关理论

非营利组织在西方发展历史悠久，由于其具有特殊职能，成为帮助政府处理社会问题的伙伴，在促进社会资源公平分配、提供公共产品和公共服务、创造就业机会等方面发挥了重要作用。在初期阶段，非营利组织作为政府与公众的桥梁，得到了较快发展。一方面，政府通过非营利组织了解公众对于某种公共产品和公共服务的要求，并制定相应政策以满足公众的需求；另一方面，公众通过非营利组织向政府反映要求和意见。当前，在政府职能转变时期，体育非营利组织在帮助政府解决公共体育服务问题、促进体育可持续发展等方面起到重要作用。20世纪80年代，西方体育学术界就已介入体育非营利组织研究，其相关理论主要包括新公共服务理论、政府失灵理论、市场失灵理论、市民社会理论、法团主义理论等。

（一）新公共服务理论

各种物品与服务是人类社会所必需的，从经济学的角度，物品具有“公”和“私”之区分。公共物品是指无论个人是否想购买，其利益不可分割地被扩散给社会全体成员的物品；而私人物品是指不同人用同样的价格都可以在市场上购买到的物品。所谓公共服务就是为提供公共物品的服务形式。与私人物品相比，公共物品具有以下几个特征：（1）不可分割性。不可能有任何一个消费者可以单独地或完整地消费一组由政府提供的公共物品；（2）非排他性。公共物品一旦提供，就会有众多的消费者消费，排除其中任何人的消费权利是不可能或无效率的；（3）非竞争性。公共物品一旦提供，一个人对该物品的消费不会减少其他人对该物品的消费机会和数量；（4）外部性。每个消费者无论是否付费，都可以免费使用公共物品，降低成本，获得收益，产生“搭便车”问题。公共物品的上述特征以及投资量大、规模效益大的特点，导致私人企业或市场不愿意提供或者提供也难以有效益，因此通常来说，公共物品由政府或其他公共部门提供。

“公共服务”这一概念最早是由德国社会政策学派杰出代表瓦格纳在19世纪后半叶提出的，他在《财政学》一书中极力主张财政的社会政策作用，大幅度延伸了政府的职能范围。1912年，法国公法学者狄照也对“公共服务”进行了概念界定并将其作为现代公法制度的基础。随后，公共服务逐渐成为公共行政与公共管理研究的核心内容。新公共服务理论是由美国亚利桑那州立大学的登哈特夫妇（Robert B.Denhart & Janet V.Denhart）提出的，该理论是对传统公共管理理论的反思和批判。登哈特在《新公共服务：服务，而不是掌舵》一书中指出，新公共服务是关于公共行政在以公民为中心的治理系统中所扮演的角色的一套理论，公共行政官员在执行公共政策和管理公共组织时，不应为政府掌舵或划桨，而应将重点放在为公民服务和向公民放权上，建立一些具有完善整合力和回应力的公共机构。具体而言，新公共服务理论主要包括以下几个逻辑义项：（1）为公民服务，而不是为顾客服务；（2）公共利益是目标而非副产品；（3）公民权和公民服务比企业家精神更重要；（4）在思想上要具有战略性，在行动上要具有民主性；（5）责任并不是单一的；（6）政府的职能是服务，而不是掌舵；（7）重视人，而不只是重视生产率。新公共服务理论吸收了传统公共行政的合理内容，同时摒弃了新公共管理理论，特别是企业家政府理论的固有缺陷，因此更加适合现代公共社会和公共管理实践的需要。

（二）政府失灵理论

政府失灵也称政府失效，是指政府为弥补市场失灵而采取措施对社会、经济、生活等方面进行干预，但由于其自身的局限性以及受其他客观因素的影响，导致新的问题产生，使社会资源配置效率难以达到最佳状态。换句话说，政府失灵是指政府干预没有达到预期弥补市场失灵的目标，或者说虽然达到了目标，但付出的代价远远超出市场失灵所造成的损失。一般来说，政府失灵主要表现在公共政策失效、公共物品供给的低效率、内部性与政府扩张、寻租与腐败等几个方面：（1）公共政策失效。政府干预经济生活的基本手段主要包括制定与实施公共政策，以政策、法规及行政手段来弥补市场缺陷以纠正市场失灵。公共政策失效与公共政策的制定、执行有关。导致公共政策失败的因素主要包括政治家的偏好、利益集团的影响、执行主体的影响力等；（2）公共物品供给的低效率。为弥补市场失灵，政府在某些领域提供公共物品。但是，受公共物品的供求关系、政府机构自身等因素的影响，会造成公共物品供给的低效率。其原因主要包括监督与竞争机制的缺乏、公共机构的垄断、公共物品供给效率难以量化评估等；（3）内部性与政府扩张。一般来说，内部性导致政府失灵，而外部性则导致市场失灵。所谓内部性指的是部门及政府官员为追求自身利益的最大化而忽视公共利益的最大化，由于官僚不能把利润归为己有，他们的目标往往不是效益的最大化，而是机构及人员规模的最大化，从而增加自己的升迁机遇或发展自己的势力范围；（4）寻租及腐败。寻租是政府干预的副产品，政府干预带来了以“租金”形式出现的经济利益，一切利用行政权力为自己谋财的活动都可以称为寻租活动，政府官员通过花费较低的成本贿赂相关人员从而获取较高的收益或利润。寻租作为一种非生产性的活动，不增加任何新产品或财富，只是改变生产要素的产权关系，把社会财富装进私人腰包，导致资源配置扭曲。政府失灵问题的讨论对于转变政府职能、完善宏观调控、防治腐败、处理政府与市场、政府与社会的关系等具有重要的启发意义。

（三）市场失灵理论

西方经济学家认为，市场失灵是指市场失去效率，即市场低效或无效配置资源的必然结果。市场失灵是在自由放任的基础上，市场经济在其自身的运行过程自发产生的或不可避免的缺陷和弊端。因为市场机制不是万能的，有许多事情它做不好，还有一些事情它做不了，市场机制事实上无法单独发挥全部的经济职能。因此可以说，市场功能与市场失灵共同构成了市场的最基本特性，也是市场基本特性的正反两个方面的表现，相伴随市场经济的发展而存在。如果不强加人为的干预，完全由市场发挥调节经济运行的功能，市场失灵就不可避免。有关市场失灵的思想早在19世纪就已出现，但市场失灵作为经济学术语在1958年才被首次提出。最初几位经济学家，如杰文斯、门格尔、瓦尔拉斯等，他们把市场现象归结为个人选择的结果，并且运用边际效用价值论构建出微观经济学基础。之后，张伯伦、罗宾逊夫人考察了垄断和垄断竞争条件下生产者的行为，并推断出市场失灵的第一个表现——垄断现象。再后来，市场失灵问题得到了一些现代西方经济学家的更深层次研究，市场失灵的范围拓展到外部性、公共物品和信息不完全或不对称等问题上。市场失灵的理论基础是意大利经济学家帕累托所提出“帕累托效率”原理，该原理是指当经济运行处于这样一种状况，即在给定的要素价格下，任何要素投入的重新配置都不可能使总产出量增加，或者在给定的收入分配状况下，任何再分配措施都不可能在不使其他任何人境况变坏的情况下而使一个人的境况较前变好，这时经济运行处于一种最佳状态，也就是处于市场最有效率的状态。否则，市场失效或者市场失灵就会产生。

市场失灵主要表现在以下几个方面：（1）竞争失效。市场依赖竞争而得以繁荣，市场效率的获得有赖于竞争的充分性和有效性程度。但竞争具有否定自身的倾向，因为自由竞争必然会导致垄断或不完全竞争，使市场资源的配置并非总是有效率的。事实上，充分自由的竞争很少存在，很多因素都会导致垄断或不完全竞争，这些因素主要有：巨大的运输成本使得相关市场在地理上受到限制，使得某些货物在特定市场内不存在竞争或只有极有限的竞争；由政府规制导致的垄断；由规模效益递增形成的自然垄断；由于消费者和生产者对市场信息的缺乏或信息不对称而导致的竞争低效率。（2）市场不能有效提供公共产品。公共产品指在消费上不具有竞争性或排斥性的产品，它具有非排斥性和非竞争性两个基本特点。非排斥性是指在技术上没有办法将拒绝为之付款的个人或厂商排除在公共产品的受益范围之内，或者反过来说，个人或厂商即使不愿意接受公共产品，但他也无法拒绝或阻止公共产品产生的利益。这一特点必然产生公共产品消费上的“免费搭车者”，也就是说没有人会主动地为公共产品付费。非竞争性是指某一个人或厂商对公共产品的享用，不排斥、不妨碍其他人或厂商同时享用，也不会减少其他人或厂商享用该种物品的数量和质量，或者说当增加一个消费者时，公共产品供应的边际成本等于零。由于市场价格形成以边际成本为基础，而公共产品的边际成本是零，这意味着公共产品缺少定价基础。因此，以上两个特点决定了自由的市场机制无法有效提供公共产品。（3）外部效应对市场资源配置的扭曲。外部效应是指某些个人或厂商的经济行为影响了其他人或厂商，却没有为之承担应有的成本费用或没有获得应有报酬的现象，也可以说，外部性是未在价格中得以反映的经济交易成本或效益。外部效应分正面外部效应和负面外部效应。正面外部效应又称外部收益，负面外部效应又称外部成本。由于在市场上某一商品的价格是由交易双方的私人边际成本和私人边际收益决定的，没有反映外部效应的存在。如果从整个社会的角度看，考虑到外部收益或外部成本，则外部效应的存在必然引起资源配置的扭曲。即带有负面外部效应的物品的生产和消费总是过多的，也就是资源配置过多；而带有正面外部效应的物品或服务的生产和消费往往是不足的，也即资源配置不足。

（四）市民社会理论

市民社会是国家产生之后，社会有机体必然分离出来的、与政治社会相区别，但又在前国家的不同历史时期与政治社会相互关联、交互影响，在两者之间的合与分中形成的一种社会架构模式。这种社会结构在高度的政治共同体统摄下，操控着社会生活的全部领域，社会的高度政治化，使得整个市民社会浸润在政治国家里，人们根本无法想象没有政治生活的生活。第一次将市民社会从政治社会中分离出来的人是黑格尔，他颠覆了传统市民社会的哲学含义，明确提出了现代意义上的市民社会概念。黑格尔所理解的市民社会是一个区别于家庭关系和公民关系的人与人之间的联合体，社会成员之间不是靠法律调整的公民关系，也不是血缘关系，而是一种需要体系，即个人满足自己物质利益和需要的场所，市民社会为这种利益的追逐提供了稳定的制度保障。马克思在批判与继承已有市民社会理论的基础上，科学地阐明了市民社会与国家的关系，形成了较为完善的现代市民社会理论。马克思以现实历史和社会为基础，从物质实践出发来理解市民社会，认为市民社会是人与人之间的物质交往关系和由这种交往关系所构成的社会生活领域，这一概念论述了市民社会的本质，更加全面、准确地概括出了市民社会中不仅有由需要决定的关系，而且还包括了那些不是由需求直接决定的人与人之间的关系。意大利革命家安东尼奥·葛兰西使市民社会第一次脱离了经济社会，并从上层建筑的角度来审视市民社会。他认为市民社会既有经济基础的领域，也包含上层建筑的领域，并且其上层建筑的一面与政治国家达成了统合。德国哲学家哈贝马斯也认为文化领域是市民社会不可分割的一部分，然而与葛兰西不同的是，他认为市场体系和文化体系作为组成市民社会的两大部分，都是私人自主的领域，其与政治国家构成了对抗的态势而不是统合。哈贝马斯将社会分为经济系统、社会文化系统和政治系统三个子系统，这一分类方法对近现代市民社会的演变具有重大作用。受哈贝马斯的影响，近代市民社会理论将市民社会看作是独立于国家的实体，在这个领域内既包括市场，也包括社会文化领域即非官方的公域，其中由个人与家庭组成的经济领域是市民社会的主体。当市民社会最终摆脱了国家的政治强制控驭时，就标示着市民社会的成熟与自觉。国家与市民社会分化过程的结果，便是二元结构的确立，即作为政治设置的制度空间由国家占据，在此以外则是私域和非官方公域这两大基本的独立领域，即市民社会。当代市民社会理论则为三分法的市民社会理论，认为市民社会介于国家与市场之间，仅为社会文化系统即非官方的公域，它的主体就是民间社团或志愿性社团。20世纪90年代以来，西方市民社会理论越来越倾向于把市民社会看作是私人自治组织的联合体——自治社团，或由自治社团所进行的社会运动。换言之，他们更重视市民社会的组织化和制度化的特征。

（五）法团主义理论

“法团主义”也被称作“合作主义”，作为一种新型的关于国家与社会关系的理论阐释，是由菲利普·斯密特在20世纪70年代末提出的。二战以后，西欧国家一些制度化团体的兴起与发展，使得利益冲突的格局进一步深化，在自由主义基础上建立的政治多元主义无法应对社会团体功能分化所导致的各种利益冲突，利益团体之间的共识极难达成。学者们认为多元主义的政治理念不再适合社会与政治的发展，反而有时阻碍其发展。制度功能的分化趋势要求必须有一个能够协调各方利益的机制，这一机制就是国家。国家——政府以促进社会团体的制度化且将社会团体的利益博弈纳入制度化的轨道上，这种制度设想就被称为是“法团主义”，其本义在于主张政府与社会的合作，同时承认国家与社会有各自独立的空间。法团主义可以被界定为一个利益代表的系统，在此系统中，构成单位被组织成一些单一的、义务性的、非竞争性的、层级有序的、功能有别的有限团体，这些团体由国家认可并被赋予在其同行中的垄断代表权，以此为交换，国家对其领导人的选择和支持实行一定程度的控制。斯密特认为法团主义具有8大特征：（1）国家具有重要地位，它合法参与经济决策，主导工业发展方向，而社会参与则以行业划分的功能团体形式，它们互相承认对方的合法性资格和权利，并相互协商制定有关政策；（2）法团主义的中心任务，是有序地将社会利益组织、集中和传达到国家决策体制中去，因而它主张促进国家和社会团体的制度化合作；

（3）获准的功能团体对相关的公共事务有建议、咨询责任，同时在决策完成后有执行的义务，它还应把本集团的成员完好地组织起来，限制他们的过激行为；（4）获准的团体数量是限定的；（5）社团组织内部具有功能分化的特征；（6）每个行业内的不同代表组织以层级秩序排列，这反映了它们与国家接近的机会和距离；（7）功能团体在自己的领域内享有垄断性代表地位；（8）作为交换，对功能团体的若干事项，国家应有相当程度的控制。

从法团主义的理论视角分析中国的体育非营利组织，无论是其生成路径还是运作模式，在一定程度上符合中国的实际，因为中国的社会团体一直处于政府的监管之下，具有相应的行政级别并在行业管理中处于一定的垄断地位，从而决定了我国体育非营利组织具有法团主义的基本特征。在我国，国家对社会还处于强控制阶段，体育非营利组织生活在一个国家法团主义式的制度环境中，这表现为大量的具有法律身份的体育非营利组织是由政府部门建立的。这种来源上的关联，使得这些组织无论在观念、构成方式、职能、活动方式等方面都与政府保持着千丝万缕的联系，而双重管理体制又是国家对体育非营利组织实施强控制的基本制度安排。因此，中国的体育非营利组织与国家体制有着紧密的制度化联结，一些体育非营利组织利用政府资源获取了垄断地位，但这些具有“官方背景”的体育非营利组织并没有带来国家与社会的分离或社会的自治，而更多的是反映社会对国家的强依附。正是基于以上判断，多数研究者认为，法团主义模式下的体育非营利组织的发展更适合中国。但目前的问题是，政府的力量还是过于强大，而政府与体育非营利组织的合作机制尚未形成。

第二节　我国体育非营利组织发展概况

一、体育非营利组织发展演变

以我国社会组织相关法律法规的颁布实施及群众体育发展的相关通知（意见）为主要脉络，依据时间顺序，将我国体育非营利组织的发展大致分为以下四个主要阶段。

（一）体育非营利组织的萌芽阶段（中华人民共和国成立前）

处于半殖民地半封建社会时期的旧中国，由于新旧不调的社会矛盾与冲突而引发民族焦虑和担忧，促使一些有激情的进步人士渴望群体的团结和互动。1905年，名称不一的体育会在上海商业名流的倡议下率先成立，随后两年各式体育会逐渐增多。1915—1919年，在上海、广东、四川、南京等城市成立了12个体育社团。1924年，在中华业余运动联合会的基础上，正式挂牌成立了第一个全国性体育社团——中华全国体育协进会。1929年4月，《国民体育法》由国民政府正式颁布实施并规定："凡民间体育会之设立，须经该管地方政府立案，并转呈内政部函商训练总监部核准"；"凡体育团体在其预算范围内切实办理，成效卓著者，该管地方政府得视其则政情形，呈请上级主管官厅酌量补助之"。20世纪30年代，国民政府为加强对体育社团的监督管理，依次颁布了《修正民众团体组方案》（1932年）、《体育会组织办法》（1934年）、《各省市县体育会组织条例》（1935年）等法案，以立法的形式规定体育社团应遵守的规则及组织成立的必要程序，且在国民政府的统一监管之下运作。

（二）体育非营利组织的初步发展及衰减阶段（1949-1977年）

中华人民共和国成立之初，面对衰弱的民族体质与复杂的国际国内环境，体育社团被纳入了社会组织建设的轨道。1950年与1951年，政务院、内务部分别颁布《社会团体登记暂行办法》及《社会团体登记暂行办法实施细则》，规定社会团体必须分类报批，并就登记办法及程序、相关事项及处罚等予以规定。中华全国体育总会于1952年在北京成立，是中华人民共和国的全国群众性体育组织，是依法成立的非营利性社团法人。其宗旨是联系、团结运动员和体育工作者，努力发展体育事业，普及群众体育运动，提高全民族的身体素质；不断提高运动技术水平，攀登世界体育高峰；促进社会主义物质文明和精神文明建设，为建设有中国特色的社会主义服务。中华全国体育总会及其活动，接受其业务主管单位（原国家体委）及社团登记机关（民政部）的业务指导和监督管理。中华全国体育总会实行会员制，其团体会员包括省、自治区、直辖市体育总会、全国各单项体育运动协会及行业系统体育协会等。1954年全国成立基层体育协会近8万个，仿效苏联"劳卫制"，推广工间操、广播操等，1955年全国人大审议通过的"一五"计划确立了我国群众体育发展思路是以国家投入为主。截至1956年，包括篮球协会、排球协会在内的17个全国性单项、行业体育协会相继成立。

然而，接下来的三年自然灾害时期（1959—1961年）及十年“文化大革命”时期（1966—1976年），使初步发展起来的体育社团进入了衰减阶段。三年自然灾害时期是指中国从1959年至1961年期间，由于“大跃进运动”以及牺牲农业、发展工业的政策所导致的全国性的粮食短缺和饥荒。在农村，经历过这一时期的农民称之为过苦日子、过粮食关、饿饭年，中华人民共和国官方在1980年代以前则多称其为三年自然灾害，后改称为三年困难时期。“文化大革命”又称“十年动乱”，是指1966年至1976年在中国由毛泽东错误发动和领导、被林彪和江青两个反革命集团利用、给中华民族带来严重灾难的政治运动，给全国人民带来了巨大的灾难。使中华民族五千多年的遗产，大部分毁于一旦，造成了不可估计的文化、经济损失，也使国家政权遭到削弱，民主与法制遭到践踏，严重摧残了教育、文化和科学事业，国家经济发展缓慢，拉大了中国与世界发达国家之间的差距。在这样的社会背景下，体育系统内的领导干部也难逃被冲击和揪斗的命运。1966年7月开始，各省、地、市级体委都停止了正常的工作。1967年3月，“军宣队”（中国人民解放军毛泽东思想宣传队）进驻各级体委，紧接着在1968年，“革命委员会”控制了各地的体育系统，成为临时的权力机构。由于领导干部被批斗，无法再进行正常的组织工作，体育系统陷入了瘫痪状态。当时，搞体育业务工作被认为是为“资产阶级反动路线”服务而遭到批判，人们唯恐避之不及；再者，在扭曲的政治大环境下，体育活动被认为是“资产阶级的享乐思想和行为”，群众体育几乎消失，已经建立的体育社团也被迫停止工作，有些社团甚至被迫解散。

（三）体育非营利组织的恢复发展及提高阶段（1978-2000年）

1978年，党的十一届三中全会拉开了改革开放的序幕，也为体育社团的恢复与发展创造了新的契机。国家体委于1978年与1979年分别颁发了《关于加强城市体育工作的意见》与《关于加强群众体育工作的意见》两个指导性文件，“大跃进”与“文革”时期的惨痛经历，使人们急于寻找释放压力的空间，中断的体育活动逐步恢复，原有的体育组织被重新激活，新的体育组织在逐步创建。1979年成立了14个体育社团，占全国社团总量的23.3%。1980年，中国体育科学学会正式成立。在这一时期，政府鼓励、依靠社会力量发展群众体育的思路得到进一步确立。1981年，国家体委在会议报告中提出“鼓励社会力量和群众自办体育，改变国家包揽体育工作的现象，把民办体育作为国家发展体育的辅助和补充”；1982年，国家体育工作会议提出要“挖掘、整理、继承、提高以武术为主的民族传统体育”；1984年，国家体委下发《关于加强县级体育工作的意见》，并于次年开展体育先进县评选，极大地推动了体育社团的建设。1988年，体育舞蹈、铁人三项等体育社团开创了体育管理体制改革的先河，成为体制改革的“试验田”。1988年，经国务院批准，负责社会组织统一登记注册的社会团体管理司在民政部设立，同时对业务主管部门的审查监督、日常管理等也做了相关规定。1989年，《民办非企业单位登记管理暂行条例》与《社会团体登记管理条例》颁布，社团组织管理框架基本形成，以双重管理为标准，国家先后出台了一系列鼓励与规范社会组织的法律、制度与办法。1995年，国务院印发《全民健身计划纲要》与颁布《中华人民共和国体育法》。《体育法》规定“国家鼓励企事业单位组织、社会团体和公民兴办和支持体育事业”，体育行政权力的下放，调动了个人、集体与社会兴办群众体育的积极性。1997年原国家体委成立了篮管、排管等6个项目中心，项目协会常设办事机构达到了20个。

（四）体育非营利组织的快速发展阶段（2001年以后）

进入21世纪，随着国民经济的快速发展，社会环境的极大改善，政府对社会组织扶持与培育的政策措施得到进一步落实。民政部下发了《关于对部分社团免予社团登记的通知》，对20多个社会组织免于社团登记，间接推动民间体育组织的发展。2000年国家体育总局与民政部联合下发了《体育类非民办企业单位登记审查与管理暂行办法》、2001年颁发了《全国性体育社会团体管理暂行办法》，对体育社团实行分类管理。2002年 7 月，国务院发布《关于进一步加强和改进新时期体育工作的意见》，要求政府职能逐步下移，政府部门不应行使的职能，逐步转移至中介组织与社会团体。2003年颁布的《中华人民共和国行政许可法》第十三条也明确规定：公民、法人或者其他组织能够自主决定的、行业组织或者中介组织能够自律管理的可以不设行政许可。同年实施的《公共文化体育设施条例》，对政府出资建设的公共场地设施应用与维护，服务与管理等都有具体要求，为民间体育组织活动的顺利开展奠定了法制保证与物质保障。2005－2011年，国家体育总局先后实施“民康工程”“农民体育健身工程”与颁发《全民健身条例》；联合财政部、发改委下发了《“十一五”农民体育健身工程建设规划》的通知；公布了《体育事业发展“十二五”规划》。这些法规律条的颁发、健身工程的建设、规划的逐步实施，无疑为体育社团的发展提供了制度保障与拓展了空间。据国家民政部《社会服务发展统计公报》显示，截至2014年，全国依法登记的体育社会团体为20848个，占总数的6.73%，比2010年增加了8006个，年均增加1601个，五年间体育类民办非企业单位年均增加968个，达到11901个，占总数4.08%。

二、体育非营利组织发展的必要性及其困境

随着改革开放的不断深入，我国社会经济的快速发展，人们体育需求的不断增加，但是与此相对应的是我国体育公共服务供给严重不足且供给方式单一，正成为我国社会体育可持续发展的主要障碍。政府应该如何应对这种挑战？根据发达国家经验，解决之道便是改变传统的管理模式，不但要优化政府体育公共服务的供给能力与供给结构，而且要在体育公共服务供给中重新界定政府与社会、政府与市场的关系。2015年5月11日，国务院办公厅正式转发文化部、财政部、新闻出版广电总局、体育总局起草的《关于做好政府向社会力量购买公共文化服务工作的意见》（以下简称《意见》）。《意见》指出，体育作为文化的重要组成部分，具有独特的文化价值和作用。为推进全民健身的国家战略，不断满足人民群众日益增长的体育需求，进一步提高人民身体健康水平，需要政府必须转变公共服务的治理方式（由“划桨型”向“掌舵型”转变），对构建体育公共服务体系具有非常重要的意义。《意见》的出台，是体育总局推动公共体育健康发展，促进全社会持续参与公共体育服务的重要依据，也是把格局上升为国家战略的举措。因此，在我国体育公共服务发展中，需要在政府之外寻找新的组织力量，其重要途径之一便是吸纳与发展各种体育非营利组织参与我国体育公共服务的供给和管理。也就是说，随着我国社会结构的不断优化和体育管理体制改革的不断深入，体育非营利组织在我国体育公共服务发展中必将扮演愈来愈重要的角色。

（一）发展体育非营利组织的必要性

1. 发展体育非营利组织是体育公共服务需求快速增长的需要

2014年，经国家统计局核定的全国经济数据揭晓，全国已经有 8 个省份的人均GDP突破1万美元，包括北京、天津、上海、广东、福建等省份与城市。随着我国经济社会的高速发展，国情现状的日益转换。国家的政府职能也需要及时转换优化，不断提高政府执政能力，使政府能最大程度发挥其作用并有效推进社会的健康有序发展，使其能适应社会主义市场经济的发展规律以及科学发展观的要求。根据发达国家的发展经验，我国已经进入了公共服务的快速扩张时期，在这一阶段，人们的各种公共需求会不断增长，相应也会促进我国经济的快速发展。

在日益繁荣的经济大环境中，我国体育公共服务需求也在快速增长，且不同阶层在体育公共服务供给中表现出明显不同的需求。根据陈东华等人的研究，以政府及企业的高层管理者为代表的上层民众多以高尔夫、网球、赛车、赛马、游泳等运动为主，以办事人员、技术人员为代表的中层民众多以乒乓球、羽毛球等运动为主，下层民众多以投资不多、对器材要求不高的篮球、足球、排球、跑步等运动为主。面对这种复杂的局面，单纯由政府主导的体育公共服务供给模式已经无法满足公众在需求数量和需求结构上的需要。

2015年10月，党的十八大将健康中国上升为国家战略，体育、医疗、卫生等大健康产业将进入蓬勃发展期。中国政府将致力于实现一个宏大的战略目标——全面创建世界最大的健康国家，实现把沉重的医疗负担转化为健身优势服务，把人口大国建设为健康强国，把体育大国发展为体育强国。因此，全民健康就成为经济社会长期持续发展的必然要求与全面建设小康社会的重要目标，全民健身服务体系也就成为实现富民强国的基本保障。借此，全民终身健康对我国体育非营利组织的建设与发展提出了更高的要求。尽管中国提出了“小政府、大社会”的发展理念与模式，并且重视体育非营利组织在体育事业发展中所占据的重要地位，但处于社会转型时期的中国，体育非营利组织数量较少且规模普遍不大，因而无法满足经济发展和人口老龄化加剧而产生的公共体育需求。因为政府体育公共服务的供给能力有限，无法提供丰富的体育公共服务种类，而是主要以场地建设为主，只有部分地区偶尔进行体育技能培训和开展运动竞赛。即便是这几种体育公共服务也是以满足大部分人的需求为目标，很少提供个性化的体育服务。因此，在体育公共服务需求快速增长的情况下，加大体育非营利组织参与我国体育公共服务发展的力度，可以充分发挥不同体育非营利组织的专业技术特点，不断丰富体育公共服务品种，在体育公共服务供给中发挥政府所不能发挥的作用，能够不断满足人们的体育公共服务的多元需求，以促进我国社会体育的可持续发展。

2. 发展体育非营利组织是实现公共体育服务均等化的主要途径

党的十八大报告提出，到2020年人民生活水平全面提高，基本公共服务均等化总体实现。随着我国法制治国政策的逐步深入开展，国民的法律意识、公平意识逐步深入人心。体育公共服务均等化是满足国民体育需求的基本条件，但是现阶段，在全民体育公共服务均等化方面，我国还存在很多不足，如地域间、城乡间、城市中心与城郊间体育公共服务供给的不均衡。2016年4月7日，国家体育总局在江苏常州召开全国基本公共体育服务体系建设现场推进会，明确提出

“十三五”基本公共体育服务体系建设要以增强人民体质、提高人民健康水平为根本目标，实现基本公共体育服务均等化、标准化，推进基本公共体育服务供给多元化和法制化。刘鹏局长认为，体育是国家基本公共服务的重要内容，公共体育服务是由政府主导提供，“十三五”公共体育服务体系建设要牢固树立“创新、协调、绿色、开放、共享”的发展理念，以不断满足人民群众日益增长的体育健身需求为出发点和落脚点，坚持“政府主责、多方合作，保障基本、引导预期，改革创新、完善制度，统筹规划、均衡发展”的工作原则，强化基本公共体育服务保障，提高共建能力和共享水平，努力提升群众的获得感。实现基本公共体育服务均等化，要以保障供给为核心，关键是补齐短板，重点扶持老少边穷地区。实现基本公共体育服务标准化，则要以完善政策和标准为支撑。目前国家体育总局正在加快建立完善有关政策和标准，优化顶层设计，同时将组织研制全民健身中心、社区多功能公共运动场、室外健身器材等单项体育场地设施的国家标准。此外，“十三五”期间还将推进基本公共体育服务供给多元化。坚持开放发展和多元共治，打破区域限制、人群局限、行业区分、部门隔阂，特别是要充分发挥市场和社会力量的作用，构建参与主体多元化、供给渠道多元化、供给内容多元化、供给模式多元化的基本公共体育服务体系建设格局。

在构建和谐社会背景下，我国体育领导层明确提出了“全面认识体育与和谐社会建设的广泛联系，努力促进和谐社会建设，努力倡导和发展社会主义和谐体育”的要求。但是当前我国体育公共服务呈现出明显的非均衡发展状态，主要表现在三个方面：城乡不均衡、区域不均衡、阶层不均衡。体育公共服务均等化的过程实际上就是公共体育资源和社会体育资源逐步由城市向农村、由发达地区向落后地区、由精英阶层向普通民众转移和覆盖的过程。当前体育资源的转移和覆盖主要分为两种，（1）通过制定公共体育政策，引导体育公共服务供给的价值导向，从而决定体育资源的优化配置方向。在推进群众体育城乡和区域协调发展过程中，应大力发展农村地区群众体育，加快建立城乡一体化的公共体育服务体系。积极推动农民体育健身工程、农村文体活动室及社区多功能公共运动场所的建设，实现全国乡镇农民体育健身工程全覆盖。以增强基层体育公共服务能力为重点，实施政策倾斜和投入支持，逐步健全以县（市、区）为中心、乡镇（街道）为基础、方便城乡居民的基本公共体育服务设施网络。虽然政府在体育公共服务均等化建设中发挥着主导作用，但我国毕竟尚处于社会转型时期，经济发展依然是主要任务，各级政府缺乏大规模地、持续地进行体育利益补偿的财力。（2）体育公共服务均等化进程中的阶层不均衡虽然不像其他公共服务那样强烈，但是阶层不均衡的现象依然存在，如果单纯依靠政府组织，在“效率优先、兼顾公平”的发展策略下，妇女、儿童、残疾人士等弱势群体的体育公共服务需求就可能被忽略。在这种情况下，应该充分发挥体育非营利组织的作用，利用志愿者行动等对弱势群体的体育公共服务需求进行重点关注。因此，通过非营利组织吸纳和整合社会资源，特别是城市社会资源支持农村，发达地区社会资源支持落后地区，以谋求政府与社会共同协调促发展，是我国体育公共服务均等化、多元化发展的重要路径。

3. 发展体育非营利组织是弥补政府公共服务供给不足的需要

政府财力直接决定着体育公共服务的供给能力。由于我国体育法规对于政府职责划分不够明确与规范，各级政府间事权层层下移，体育公共服务责任也不断向下转移，而财权和财力却层层上收。由此形成了基层政府体育公共服务职责和能力的严重不对称，体育公共服务投入严重不足。与美国、日本等经济发达国家相比，我国体育公共服务供给严重滞后，公共体育资源无法满足公众最基本的体育需求。虽然学界认为，政府加大对体育公共服务的投入是我国社会体育快速发展的必然条件，但对处于社会转型期我国社会经济还非常落后的现实，短期内大幅度提高体育公共服务投入是不太现实的。20世纪90年代以来，我国开始探讨体育公共服务供给模式的改革，以促进社会体育事业产业化发展，一些营利组织、非营利组织开始进入传统的体育公共事业领域，我国社会体育事业的管理模式和公共服务的供给模式发生了巨大变化，体育公共服务由政府单一供给的中心模式向多元供给模式的转变，政府专控体育资源的格局得以改观，体育资源向市场及民间转移已成为社会体育发展的新动向。因此，应当依照“政府主导、社会参与、市民监督、共建共享”的方式，重视发展非营利体育组织，因为体育非营利组织可以有效缓解“政府失效”和“市场失灵”带来的供需矛盾，在政府和市场都不能有效提供体育物品的领域，体育非营利组织却能够发挥作用。

从公共服务角度看，只有充分发挥体育非营利组织的社会服务职能，调动社会上一切力量关心公益和福利事业的发展，才能形成体育公共服务产品的强大推动力，转化为体育产品供给方的生产力，从而推动社会经济的发展。体育非营利组织由于具有机制上的灵活性，能使得群众广泛参与体育活动和体育公共服务，在社会福利服务领域，满足公民的体育需求以缓解社会矛盾。体育非营利组织利用社会的各种资源把市场和非市场因素进行整合，以社会弱势群体为服务对象，能够减少社会转型期经济发展所带来的负面效应，克服政府职能的局限，增进人际和谐的功能。在维护社会弱势群体权益的同时，呼唤社会公平和正义，达到公民社会和体育市场经济协调发展，促进社会健康发展。尽管与西方经济发达国家较为成熟的体育非营利组织相比，我国的体育非营利组织发展尚处于起步阶段，其生存和发展的环境也存在较大差异，但是，体育非营利组织在公共服务中的重要作用则是不言而喻的。体育非营利组织可以发挥自身特点，利用资金动员、项目合作、志愿服务等模式有效缓解政府在体育公共服务供给中的压力，在一定程度上解决体育公共服务投入不足、社区指导员缺乏等问题，从而推动我国体育公共服务的发展。随着国家致力于构建“小政府、大社会”的新公共管理模式，公众对于体育非营利组织的需求增加，并期望体育非营利组织能够执行部分由政府或企业提供的多种服务职能。服务型政府管理理念的提出，促使体育非营利组织的自主权加大，再加上有限的资源市场和快速增长的体育非营利组织数量，使得大多数体育非营利组织开始面临市场化挑战。尽管近年来我国各种体育非营利组织发展迅速，并开始承担部分公共体育服务职能，但由于体制及政策性障碍，体育非营利组织提供公共体育服务的作用尚不能充分发挥。其主要原因是我国公共体育服务部门管理存在缺位、错位、越位等缺陷，加之民间资本不能顺利介入到公共领域，导致体育公共产品的供给与需求严重脱节，使许多公共体育服务供给成为无效供给，使公共体育服务总量不足的矛盾无法得以消解。

（二）体育非营利组织发展困境

实行政体分离和管办分离是我国体育管理体制改革的目标之一，体育非营利组织将承担更多的体育公共服务职能，这是我国体育事业发展的必然趋势，也是与世界各国体育管理模式的接轨。改革开放以来，特别是实行市场经济体制之后，各类部门单位的职能有所分解，政府的主导力度有所降低，权利大幅下放，加上社会大众对体育健身需求的增长，各类体育非营利组织有了一定的发展。例如，行业体协依托自身资源开展的体育活动及各类民间体育社团或协会的纷纷涌现，都可以在一定程度上满足基层群众的体育需求。然而，由于我国非营利组织管理体制与运行机制存在的种种问题而导致体育非营利组织的发展逐渐边缘化，其体育产品或服务更是受到同行营利组织及社会公众的质疑。

1. 管理体制不合理

由于受非营利组织双重管理体制的影响，体育非营利组织在发展和运作上一直存在官办与民办、上级与下级、专业性与综合性的突出矛盾。双重管理体制是指由登记管理机关和业务主管单位分别行使对非营利组织的监督管理职能，严格规范非营利组织通过登记注册合法化。这种管理体制的重点在于限制发展和分散责任，一方面通过双重的准入门槛限制非营利组织获得合法身份，从而限制其活动和发展；另一方面通过不同政府部门（或政府授权的单位）分别负责的双重体制分散权力，从而分散因非营利组织活动可能带来的政治风险。双重管理体制产生于20世纪80年代，是在计划经济体制下国家对社会团体归口管理实践中形成的一种制度安排，在后继颁布的社会团体、民办非企业单位和基金会的相关法律法规中得以体现与强化。在双重管理体制基础上形成的现行法律政策环境，总体上不利于非营利组织的发展。一方面，双重管理体制过度强调登记注册的审批把关，在限制非营利组织合法化的同时，忽视了对组织的培育发展和监督管理，使大量非营利组织被拒之于合法登记的门槛之外；另一方面，一旦获准登记成为合法的非营利组织则万事大吉，既缺乏必要的政策支持和引导，对其行为的制约和监管也极为有限。

在双重管理体制下，体育非营利组织由民政部门及体育行政部门分别行使监督管理职能。从某种程度上来说，双重管理体制也意味着“多头管理”，极易导致管理实践中的“管理缺位”，即无人管理现象的出现。多头管理表现为政出多门，管理缺位主要表现为业务主管部门的监督管理不到位，致使体育非营利组织在管理中无人问津，在运作过程中一些越轨行为没有得到应有的监督和管理。（1）在管理实践中，这种“多头管理”极易导致管理混乱，由于两个部门在审查标准上会有不同，特别是自由裁量权过大，在具体问题上极易发生分歧，从而引发管理当中的混乱；（2）在管理方式上，业务主管单位不是制定体育非营利组织的活动规范，也不是监督规范的实施情况，而是直接干预、参与甚至操纵体育社团的一切活动，导致体育社团、体育协会失去运营自主权，缺乏竞争和激励机制。这就使体育非营利组织运作效率低下，严重阻碍了体育非营利组织发展的动力和活力，不利于同类组织通过竞争得到发展，丧失了非营利组织产品提供的优质性和高效性。双重管理体制下体育非营利组织暴露出的各种问题，说明我国体育非营利组织需要进一步实体化，需要深化改革体育管理体制，以实现其独立性与自主性，提高体育公共服务产品的质量。

2. 法规制度缺失

完善的法规制度是一个组织成熟的标志，也是促进组织可持续发展的重要保障，体育非营利组织的法规制度包括微观与宏观两个层面。从微观上看，是指组织内部的管理与运行制度，这是组织发展的基础。从宏观上看，主要是国家对这类组织的关注程度，对其发展是否有相应的法规制度予以保障。反观我国体育非营利组织，作为区别于政府与企业的第三部门，其地位明显不如政府与企业两个领域的部门或机构。从当前我国体育非营利组织内部管理层面来说，大部分组织缺乏一套规范合理的制度作为运作基础，管理混乱与人员复杂是组织发展面临的较大问题。具体表现在以下五个方面：（1）存在法规条例不健全及涵盖面不够、操作性不强等问题；（2）组织规章制度不完善，包括人员编制、职称评定、医疗、养老保险等方面均缺乏完善的、相配套的法规与政策，一些会员代表大会、理事会制度等不能有效落实；（3）监管机制缺失及民主决策制度不健全，如人事制度、财务制度缺乏规范性，表现为人事聘用与考核制度不合理、财务不透明、支出管理混乱等；（4）行业自律机制薄弱，缺少组织使命感，极易导致公益腐败现象的发生；（5）评估指标与体系不健全，这在一定程度上削弱了体育非营利组织参与公共服务的积极性和公平性，影响着参与效果。此外，从国家层面来看，我国没有颁布针对体育非营利组织发展的各种法规条例。作为一种制度安排，法律法规具有调控体育公共资源配置的导向功能，健全合理的法律法规是实现体育公共资源合理配置的制度保障。20世纪80年代末期，我国开始重视非营利组织方面的法制建设，一系列相关的政策法规相应地建立起来。例如，1988年颁布实施《基金会管理办法》；1989年颁布《社会团体登记管理条例》；1998年颁布实施《民办非企业单位登记管理暂行条例》；1999年颁布《公益事业捐赠法》等。虽然这些法律法规的实施为推动我国非营利组织的发展起到了重要作用，然而随着社会经济的快速发展，这些法规内容已过于陈旧，并且条款过于抽象，缺少可操作性，远不能满足组织实际发展的需求。同时，由于我国正处于社会转型期，这些政策法规已远远跟不上新形势的要求，也无法满足体育非营利组织的发展，从而导致体育非营利组织地位的合法性仍然存在争议。在体育非营利组织的实际运行过程中，由于地位合法性的问题及权责不清使得组织活动的开展极易受到行政部门或其他社会组织的干预，进而导致体育非营利组织逐渐演变为一个边缘性组织。

3. 资金来源不足

经费是体育非营利组织参与体育公共服务发展的基础。经济发达国家的市场经济体制已经非常完善，体育非营利组织在体育公共服务民营化改革中，获得了一系列的立法支持，可以利用市场经济杠杆进行经费运作，同时政府进行相应的补贴，活动经费比较充足。而我国正处于社会经济转型时期，体育非营利组织发展资金主要来源于政府资助、会费和服务收费、发行彩票、私人捐赠等途径，资金来源不足是制约当前我国体育非营利组织发展的主要原因。（1）政府资助。由于非营利组织的产出主要体现为社会效益，又因其自身存在公益性和非营利性等特点，极易导致组织缺乏有效的资金筹措能力和自我造血能力。在这种情况下，政府资助就显得尤为重要，但当前政府由于财力有限，对非营利组织整体资助水平较低，因而导致部分组织因经费不足而无法租用运动场馆或无法购置必要的运动器材，部分组织由于经费问题，长期无法开展体育公共服务工作。（2）会费和服务收费。这是当前许多体育非营利组织经费来源的主要渠道。例如，各级体育研究学会、体育社团基本都是通过收取会费和服务费来维持运转。但由于当前我国经济发展还比较落后，考虑到大部分人的经济能力，各级体育非营利组织的收费标准都不高，只能满足组织的基本运转。（3）发行彩票。在国外，非营利性组织通过发行彩票募集资金是获取经费的一种重要方式，但我国在奥运金牌战略的影响下，各级政府把彩票收益金的绝大部分用于竞技体育的发展，只有很少一部分被用于全民健身领域，体育非营利组织只能获得其中极小的经费比例。（4）私人捐赠。不论是源于纯利他主义还是非纯利他主义，捐赠的主要动力是通过对公共物品的贡献而产生满足和快乐，但是受传统文化的影响，体育在人们心目中的地位与医疗、教育、环保等领域的重要性还不能同日而语，体育仅是人们锻炼身体的一种方式，还远没有像西方社会那样成为人们的一种生活方式，因此体育组织获取捐赠非常困难。

4. 缺乏社会公信度

公信力是社会公众对一个组织的认可及信任程度，也是社会衡量一个组织优劣的重要尺度。非营利组织公信力体现了组织的理念、诚信和服务质量，也是组织重要的“无形资产”，反映着公众对组织的满意度和可信度。体育非营利组织为社会提供体育公共产品，依靠社会资源的支持，因此要接受社会的监督，服务品质也要符合公众利益。只有获得社会的认可及公众的信任，才可以促使组织得到持续性的社会支持和帮助。体育非营利组织公信力的重要作用主要表现在以下两个方面：（1）有利于体育非营利组织自身的发展。体育非营利组织筹集资金存在先天不足，因为它的资金提供者和受益者是分离的，这就造成了组织筹资困难。并不像政府和企业的资金提供者和受益者是一致的，因为企业可以给资金提供者创造利润来吸引资金，政府可以采用强制手段获得资金。由于我国体育非营利组织起步晚，很多组织的规模比较小，资金筹措能力比较弱，组织管理规范性和透明度较低，使得它们很难得到社会的广泛认同和普遍的社会公信，这样就会造成恶性循环。研究表明，捐赠与体育非营利组织公信力有高度的正相关关系，即捐赠者将自己的财富转交给非营利组织是基于对组织运作能力的信任。因此，体育非营利组织要加强公信力建设，树立良好的社会形象，从而获得更多的支持和捐款，才能吸引更多的优秀人才，以促进组织的可持续发展。（2）有利于政府职能的转变。体育非营利组织的存在是为了弥补“政府失灵”和“市场失灵”，因此部分非营利组织的资金提供者主要是政府，政府通过直接拨款、政府采购、税收减免等方式支持非营利组织的发展，但是，这种类型的组织极易演变为政府的“附属部门”。提升体育非营利组织的公信力，可以在很大程度上解决其经费问题，一方面减轻了政府的负担，另一方面在处理某些事情时也可直接向政府施压，使其改变政策，以提高体育公共服务的供给效率，同时在竞争中也可促进政府职能的转变。现阶段，我国许多体育非营利组织的运作是不公开、不规范的。财务信息不公开，导致公众无法了解资金的使用情况，就会降低公众对体育非营利组织的资金管理和使用的信任度。此外，体育非营利组织资金来源不足，提供的又是公共产品，要生存并发展下去，就必须与企业建立合作关系，实现双赢。但是，由于体育非营利组织追求的是社会效益的最大化，企业追求的是经济利益的最大化，两者的合作必然会有冲突，极易引发公众信任危机。最后，由于非营利组织的服务能力、管理能力、创新能力和可持续发展的能力比较弱，公众对体育非营利组织的认可度普遍偏低。

第四章 我国青少年体育俱乐部发展概述

随着我国社会主义市场经济的全面发展，体育体制改革和学校素质教育的不断深入，青少年体育的重要性日益突出，它不仅是提高青少年儿童全面素质和健康成长不可缺少的重要组成部分，而且对我国群众体育、竞技体育以及体育产业的发展起基础性作用。因此，我国政府非常重视青少年体育工作的开展，并制定了一系列法规政策，以确保青少年儿童在全民健身中为重点实施对象。1999年，国家体育总局颁布《1999年度体育彩票公益金用于扶持创办青少年俱乐部实施方案》，其任务是培养青少年体育兴趣、爱好和终身体育锻炼的习惯，增强青少年体质，并向其传授体育运动技能，发现和培养体育人才。自2000年起，根据国家体育总局下发的《关于进行青少年体育俱乐部试点工作的通知》的指示精神，以体育彩票公益金资助的形式，在全国范围内开展创建青少年体育俱乐部工作。这也是我国在“全民健身计划”实施过程中，为进一步给青少年课外体育活动创设更多的活动空间，促进青少年健康成长而形成的一种新型的体育组织形式。创办青少年体育俱乐部是国家体育总局推出的一项加强青少年体育工作的新举措，也是一项改进未成年人思想道德建设的重要措施，其目的是为吸收广大青少年参加日常体育活动、施展才能及发挥个性，以激发他们参加体育活动的兴趣，探索素质教育的新形式与途径。青少年体育俱乐部的创建还可以扩大体育人口，培养更多的体育骨干，有利于全民健身计划的实施，也有利于发现有天赋的体育苗子，造就高水平的选手，落实奥运争光计划。

第一节 青少年体育俱乐部发展概况

青少年体育是我国群众体育发展的重点，我国政府一直高度重视青少年体育的发展，第八届全国人大四次会议通过的《国民经济和社会发展“九五”计划和2010年远景目标纲要》明确提出要“加强学校体育，改善与提高青少年的身体素质”。从1999年开始，国家体育总局开始利用体育彩票公益金以每年新增500所的速度在全国各地扶持创办青少年体育俱乐部，经过十多年的“试办”与创建，各地青少年体育俱乐部在激发青少年体育兴趣、增强青少年体质及培养竞技体育后备人才等方面发挥了积极作用。从2010年以来，国家、省区、地市三级体育行政部门先后以体育彩票捐赠形式投资3亿多元人民币，在全国共创建5166家各级青少年体育俱乐部，其中国家级3429个，并创建600个国家示范性青少年体育俱乐部，国家体育总局表示今后还将以体育彩票捐赠形式继续支持青少年体育俱乐部的创建和发展。因此可以说，青少年体育俱乐部是在我国市场经济条件下创办的一种新型体育活动的组织形式。

一、创建青少年体育俱乐部的背景

（一）政治背景

从体育大国迈向体育强国，不仅要有竞技体育的辉煌成就，更要有群众体育的蓬勃发展做基础。而作为保障全民族生命健康的关键在于青少年时期的发展，青少年群体拥有强健的体魄是关系到我国能否长盛不衰，并保持旺盛活力的关键，是中华民族是否能够拥有不朽生命力的最根本保障。但事与愿违的是，伴随着我国经济社会的快速发展，而青少年体质却呈现逐年下降的现象，其健康问题受到社会各界的广泛关注。客观来看，受传统观念以及思维方式的影响，当前部分学校、家长对青少年体育的认识存在误区，并直接影响到青少年体育的重视程度：一方面，由于片面注重学习成绩及追求升学率，大部分学校和家长都存在重智育、轻体育的思想观念；另一方面，由于体育场地设备、师资等资源的缺乏，一些学校的体育课和体育活动难以保证。近年来，我国青少年学生的体质健康水平令人担忧，青少年的主要身体素质指标，如耐力、速度、力量等指标呈不断下滑的趋势，超重与肥胖的现象越发明显，视力问题也愈加突出。日益严峻的青少年体质健康问题，促使许多家庭及学校转变培养观念，继而关注青少年体质健康问题。青少年是祖国的未来、民族的希望，是中华民族伟大复兴的后备军，青少年体质健康关乎民族存亡，加强青少年体质健康促进工作刻不容缓！

青少年体育是《全民健身计划》工作的重点，是竞技体育发展和《奥运会争光计划》的基础，也受到“素质教育改革”“新一轮课程改革”的高度关注，它关系到我国体育事业的可持续发展，关系到中华全民族素质的提高，为此，青少年体育工作如何实现新突破，已成为各级体育行政部门高度重视的问题。社会主义制度是我国社会最本质的政治特征，这个制度要求我国体育事业必须将增强人民体质和改善民族素质置于首位，从而为发展青少年体育俱乐部提供强有力的制度支持，俱乐部是我国社会主义制度转型时期推出的社会体育组织的一种新形式，是实现“全民健身计划”的一个重要内容。《中共中央国务院关于深化教育改革全面推进素质教育的决定》指出：“健康体魄是青少年为祖国和人民服务的基本前提，是中国民族旺盛生命力的体现，学校体育要树立健康第一的指导思想，切实加强体育工作。”青少年体育俱乐部是学校体育的延伸，是学校体育、社会体育一体化的初步体现。江泽民在北京视察工作时强调指出，提高国民素质的工作要从青少年抓起。创建青少年体育俱乐部是落实党中央、国务院《关于加强青少年活动场所建设和管理工作的通知》精神的有力措施，是全面实施素质教育、丰富青少年健身活动内容与增强体质健康的有效途径。对执行《体育法》和《教育法》，贯彻落实党的教育方针，促进全民健身活动的开展，提高青少年体质，以及对体育后备人才的培养和竞技水平的提高具有十分重要的意义。

（二）经济背景

1978年实行改革开放以来，中国经济取得了重大成就。1978－1998年，GDP从3624.1亿元增至79552.8亿元，平均每年增长速度为9.71%。其中第一产业增加值平均增长4.96%，第二产业年均增长11.73%，第三产业年均增长10.47%。人均GDP从379元增至6404元，平均每年递增8.28%。1997年，中国经济平均增长速度比世界平均水平高6.5个百分点，比发达国家平均水平高7.3个百分点，中国GDP总量跃居世界第7位。随着第一、第二产业生产效率的提高，促进了第三产业需求的快速增长，在21世纪初期，第三产业的增长率已超过第二产业，尤其是信息服务业、金融保险业、房地产业、教育和科学研究事业的发展更为繁荣。中国经济高度发展、运动理念逐渐普及、国家政策持续支持、资金日益关注，这些都为体育产业提供了良好的发展基础，竞技体育和大众体育产业齐头并进。发展体育产业不仅是壮大国威、展示国力，更是增强人民体质、提供健康娱乐方式，因此政策大力支持、资金蜂拥而至，体育产业的各个环节和领域都有着更好的发展空间。

数据显示，2012年中国体育产业总规模为2595亿元，占GDP比重的0.5%，2015年占GDP比重的0.7%。2014年11月，国务院颁布《关于加快发展体育产业、促进体育消费的若干意见》（46号文），提出到2025年中国体育产业总规模将达到5万亿。根据国家体育总局的统计数据，2015年体育产业增加值约 4000亿；预估计，到2025年全国31个省（区、市）体育产业规模的目标值合计将超过7万亿元。从总体上来看，未来5～10年体育产业将进入高速发展阶段，我国体育行业的良好发展有目共睹。在产业结构上，《国家体育产业统计分类》中将体育产业划分为11个大类，37个中类，52个小类。“46号文”进一步提出要使健身休闲、竞赛表演等体育产业各门类协同发展，产业组织形态和集聚模式更加丰富，产业结构更加合理，体育产品和服务层次更加多样，体育服务在体育产业中的比重显著提升，产业结构不断优化。产业融合上，“46号文”表示要充分发挥体育产业和体育事业良性作用，推进体育产业和其他产业相互融合。由于体育产业本身具有发展潜力大、辐射范围广、关联度高、带动作用强等特征，因此具有与经济社会各领域的多个行业进行交互融合发展的内在属性，可产生较强的乘数效应。青少年体育俱乐部的创建，是发展社会体育产业的重要途径，从而为体育产业的发展提供广阔的消费市场，必将有力地推动体育产业的发展。体育产业将成为我国经济发展的一个新的增长点，体育市场将给社会带来巨大财富。

二、创建青少年体育俱乐部的意义

（一）增强青少年体质，促进其全面发展

党的十六大报告明确提出了全面建设小康社会的奋斗目标：“到2020年，全民族的思想道德素质、科学文化素质和健康素质明显提高，形成比较完善的现代国民教育体系、科技和文化创新体系、全民健身和医疗卫生体系。”因此，如何从青少年全面发展的角度，力争实现“全民族健康素质明显提高，形成比较完善的全民健身体系”这一奋斗目标，是全社会高度关注的一个重要议题。体育作为一种社区大众文化，集娱乐、健身、竞技和审美等功能于一体，理应成为促进青少年自身素质全面发展的一个重要方面。早在1995年颁布的《中华人民共和国体育法》总则第5条规定：“国家对青年、少年、儿童的体育活动给予特殊保障，增

进青年、少年、儿童的身心健康。”作为一种社会化的公益体育组织，青少年体育俱乐部是许多国家发展社会体育运动普遍采用的组织形式，它在组织青少年参加体育活动，丰富青少年学生课余文化生活，推进素质教育等方面起着非常重要的作用。青少年俱乐部通过举办一系列体育活动与竞赛，培养青少年对体育的兴趣，使其养成体育锻炼的习惯，拥有健康的体魄，为德育、智育、美育和劳动教育创造条件，旨在增强青少年体质及促进其全面发展。同时，通过体育锻炼可以提高青少年的生活质量和改善生活方式，培养现代意识，使其具有现代人的竞争意识与能力。

（二）面向全体青少年，促进青少年社会化

学校教育是实现青少年社会化的重要途径，而作为学校教育延伸的社区文化生活的重要载体——青少年体育俱乐部，也发挥着促进青少年社会化的功能。（1）青少年体育俱乐部的创立与发展，很好地贯彻了素质教育中的全面性原则。俱乐部面向全体青少年开展体育活动与竞赛，使每一个青少年都能得到发展。同时，对于一些有运动特长的青少年，可以将俱乐部作为训练基地，在全面教育的基础上进行多年系统训练，从而有利于解决“学训”矛盾。俱乐部在培养青少年掌握运动技能、养成体育锻炼的良好习惯等基本社会化行为的同时，又培养了他们的竞争意识、合作精神和坚强毅力，营造了一种健康向上的人文氛围和成长环境。（2）俱乐部活动对于青少年社会心理健康的培养有着重要的促进作用，青少年通过自愿参加有组织的俱乐部活动，有利于培养经受挫折、勇于进取的主观能动性与自控能力；有利于培养良好的人际关系处理能力，形成健康的个性与心理品质。这种自愿参加的有组织的体育活动也是一种教育活动，俱乐部的场地设施、活动条件、活动环境和气氛等比较优越，也拥有指导教师，有多个项目可供选择，为青少年提供了丰富多样的体育“自助餐”，俱乐部注重自觉自愿开展活动，青少年可以根据自己的爱好选择项目，能充分满足他们对运动的个性需求，实现愉悦身心和完善自我。因此，学校和家长可以充分利用这些条件，解决青少年自身存在的社会适应不足的突出问题。

（三）倡导文明，促进青少年健康生活方式的养成

随着教育的“减负”，青少年的闲暇时间越来越多，结果是，一方面各种辅导班、兴趣班见缝插针，使学生和家长们疲惫不堪；另一方面，对于父母无暇照顾的青少年，玩网络游戏则成为他们业余生活的主要组成部分，网络成瘾已成为

当前困扰青少年身心健康成长的主要问题。网瘾青少年为了满足自己上网的欲望，通宵达旦沉迷于网络虚拟世界，网络成瘾已成为青少年身心健康的新杀手。一方面，网络的过度使用侵占了青少年的学习时间并削弱了学习兴趣，从而严重影响他们的学习成绩；另一方面，网络成瘾导致青少年睡眠时间及体育锻炼的减少，对青少年身心健康造成了许多不良影响， 主要表现在以下三个方面：（1）躯体方面。长时间的沉迷于网络可导致视力下降、肩背肌肉劳损、生物钟紊乱、睡眠节奏紊乱、食欲不振、消化不良、进食过多而活动过少导致肥胖、体能下降、免疫功能下降，停止上网则出现失眠、头痛、注意力不集中、消化不良、恶心厌食等症状。青少年正处在身体发育的关键时期，这些问题均可严重妨碍他们身体的健康成长。（2）心理方面。网瘾患者一旦停止上网便会产生上网的强烈渴望，难以控制对上网的需要或冲动，这种冲动使其不能从事别的活动，工作、学习时注意力不集中、不持久，感到记忆力减退；由于长期的视觉形象思维，使得逻辑思维活动迟钝；沉迷于虚拟世界而对日常工作、学习和生活兴趣减少，与现实疏远，为人冷漠，缺乏时间感，因而不能面对现实，常常处于上网与不敢面对现实的心理冲突之中， 出现情绪低落、悲观、消极等心理症状。（3）行为方面。网瘾患者表现为频繁寻求上网活动的行为，为了能上网，不惜花掉自己的学费、生活费或借款，欺骗父母与老师等，甚至丧失人格和自尊，更为严重者出现偷窃、抢劫等行为。造成这种现象的原因是多方面的，主要有学校因素、家庭因素及社会因素。从社会因素的角度来说，主要是社会领域严重缺乏青少年健康的休闲娱乐场所及活动方式。青少年体育俱乐部的创立，为青少年提供了良好的休闲娱乐场所，同时也倡导了一种健康文明的生活方式。俱乐部通过开展形式多样的、充满活力且富有趣味的体育活动，满足青少年好奇、好动、好玩的天性，能吸引他们投入到体育运动中来，可以愉悦他们的身心，以获得更好的体魄和充沛的精力投入工作和学习，不失为一种健康科学的文化生活方式。

（四）促进青少年社区参与，预防和纠正行为失范

要提高青少年社区参与度，社区活动必须要有吸引力，其最好途径是开发有组织的活动，而不是处于松散状态。目前青少年体育俱乐部作为国家扶持创建的公益性俱乐部，能够提供充足的资源，包括运动场地、运动设施以及必要的办公设施等，因此可以吸引包括青少年在内的社区居民对社区活动的长期参与。另外，青少年犯罪的日趋严重已引起全社会的高度重视，如何有效地预防和控制青少年犯罪，一直都是社会各界关心和探讨的重要议题。青少年的自我控制力较

弱，预防和纠正青少年的偏差行为离不开外部因素的控制，加强社区文化活动建设，是预防和矫正青少年犯罪的一条有效途径。青少年体育俱乐部开展的各种有组织的体育活动，对青少年是一种外在的有效控制，能促使青少年积极地参加健康的文化活动，克服消极情绪，使他们的不良行为得到及时矫正。另外，青少年通过参加俱乐部的各种体育活动与竞赛，也可以减少社会环境中不良因素对青少年犯罪的诱发和刺激作用，从而为净化社区环境提供良好的氛围，使青少年的偏差行为得到及时、有效的预防和矫正，从而大大地减少青少年行为失范。这种培养青少年积极心态的活动方式，对于把握青少年成长愿望及青少年社会工作介入也是一种现实途径。

三、青少年体育俱乐部运营现状

国家体育总局自2000年起在全国推动俱乐部的创建工作，各级体育行政部门克服困难，不断增加投入，一直保持有计划、稳步地发展和建设，总局累计投入近4亿元，地方配套近3亿元。截至2014年底，全国已创建5033所国家级俱乐部，1128 所省级俱乐部，609所地市级俱乐部，俱乐部数量与发达国家相比差距很大，而且结构失衡，整体呈倒金字塔结构，国家级俱乐部多，省市级俱乐部较少。

（一）俱乐部的管理模式

青少年体育俱乐部是一种新型的社会体育组织，也是一项涉及全社会的系统工程，旨在为广大青少年提供公共体育服务，要想充分发挥俱乐部的社会效益，加强组织的管理工作及提高管理效益极为重要。当前，俱乐部采用的主要管理模式为行政管理模式、社会管理模式、行政与社会相结合的管理模式，但行政管理模式占据比例最大，说明俱乐部对政府的政策及资金依赖性比较大，希望得到国家和相关部门更多的支持，还缺乏市场竞争的意识和能力。国家体育总局于1999年下发的《关于创办青少年体育俱乐部的通知》中，对俱乐部的组织结构、社会职能都有明确的定位，《通知》指出：“青少年体育俱乐部是试点单位利用自己所拥有的体育场（馆）、人才等社会体育资源建立起来的一种社会体育组织，它具有公益性、非营利性、民间性等特征，且向全体青少年敞开大门，是今后国家倡导并引导发展的，旨在广泛吸收广大青少年参加日常体育活动、施展才能及发挥个性的社会组织。”为了更好地贯彻国家体育总局这一精神，大部分俱乐部选择当地体育设施和体育人才有一定基础的体委和学校作为创办单位。截至2014年底，依托于各类学校创办的俱乐部超过60%；依托于各类体校创办的俱乐部达到20%；依托于体育场馆、社区和基层单项运动协会创办的俱乐部占比20%，以学校为依托单位的比例最高。虽说俱乐部是一个具有独立法人资格的社会体育组织，但在创办初期体育资源和经费比较缺乏的情况下，一般都采用挂靠或依托当地体校、学校、社区的体育场（馆）进行运营的管理模式。这种运营模式决定了俱乐部对主管部门和依托单位具有很大依赖性，没有取得市场竞争主体地位，这种模式虽然在俱乐部发展前期有利于充分利用依托单位的资源，但从长远的发展角度看，不利于市场竞争能力的获得。这种现实与国家体育总局所提出的俱乐部独立发展、自我生存的发展目标有一定的差距，说明俱乐部的市场化改革是一个比较艰难的过程。根据这种现实状况，为使俱乐部获得可持续发展的能力，国家和相关单位以及依托单位，应该加大各方面的支持力度，管理导向应以培育俱乐部的市场自我运营和竞争能力为其首要目标。在俱乐部的成长期应采取行政和社会管理两者兼有的管理模式，随着俱乐部市场自我运营和竞争能力的提高，再逐步过渡到社会管理模式。

（二）俱乐部的注册情况、组织机构及管理制度

任何团体组织要想进行日常运营，必须经过正式注册以取得合法化地位。青少年体育俱乐部在我国属于新生事物，由于体育行政部门对其性质和定位没有明确规定，因此当前我国俱乐部的注册缺乏规范，有些俱乐部注册为社会团体、有些俱乐部注册为企业、有些俱乐部注册为民办非企业单位，还有些俱乐部注册为其他类型。所谓组织机构是指组织中正式确定的使工作任务得以分解、组合和协调的框架体系，是青少年体育俱乐部进行日常运营管理、实现自我造血功能、科学可持续发展的前提条件，对提高俱乐部服务质量和管理水平也是极为重要的。当前，我国青少年体育俱乐部主要采用董事会负责制、理事会负责制、总经理负责制、主任负责制等组织形式，其中采用主任负责制的俱乐部所占比例最大。董事会是指一般由第一次股东选举大会选出董事组成，是对内进行管理，对外代表组织行使权力的执行机构。理事会是指通过选举产生，作为俱乐部决策和治理的最高权力机构。从管理体制来说，董事会负责制更加民主、决策水平相对较高。主任负责制是由依托单位指派负责人进行管理的行政制度，这种组织形式多见于依托单位是学校和体校的俱乐部，但这种制度以行政管理方式为主，自身独立性不足，民主性比较差，容易受到领导者个人偏好的影响，使俱乐部的生存发展紧紧依靠依托单位，缺乏独立的决策权及人事任免权。总经理负责制是指注册为

企业的俱乐部，组织不设董事会，让总经理同时担当战略制定者、执行者和监督者角色的制度。这种制度虽然可以充分利用专业人才对俱乐部进行科学规范的管理，但其从根本上违反了俱乐部特有的公益性原则。

管理制度是公司员工应该遵守的，用来规范员工行为的准则，它保证了良好的秩序，是各项事业成功的重要保证。科学积极的制度建立，能有效降低企业风险及提高管理绩效。青少年体育俱乐部的规章制度是规范组织正常运行的制度保障，是以单独分散的个人行为整合为集体化行为的必要环节，是管理工作赖以依托的基本依据和手段。俱乐部管理科学化的标志之一就是制度建设，为了使俱乐部运营规范有序，需要制定一套涉及组织管理各个方面的制度体系。（1）政府要制定政策保障制度，其中包括对俱乐部场地设施、融资等方面的明确规定，同时还要鼓励俱乐部拓展融资渠道，获得自身的造血能力，以促使组织可持续发展；（2）需要针对俱乐部的实际情况制定内部管理制度，如《岗位责任制度》《绩效考核制度》《会员制度》《财务管理制度》《教练员守则》《奖惩制度》等，使俱乐部管理制度得到完善，约束俱乐部发展的随意性和盲目性，坚持公益性原则，为青少年提供高质量的体育服务；（3）建立监督制度和评估机构，由公众、媒体和社会共同监督俱乐部的发展效益及资金流向，建立第三方评估机构，对俱乐部每年的业绩进行评估，淘汰不合格的俱乐部，形成良性竞争，树立俱乐部良好的社会形象。现阶段，我国大部分青少年体育俱乐部建立了综合性的管理制度，但在具体的管理制度方面，很多俱乐部还有待完善。有些俱乐部由于缺乏至关重要的内部管理制度，如《岗位责任制度》《绩效考核制度》《会员制度》《财务管理制度》等，而导致组织低效运行。岗位责任制度对规范组织成员的职责行为、优化组织结构、强化组织管理措施、降低组织管理风险、提高运行效率有着重要的作用，既是规范成员职责行为，实现专业分工，保障组织机构高效运行的直接要素，又是建立考核评价机制、约束激励机制等基础管理措施的基本依据。绩效考核制度是建立在岗位责任基础上的，没有明确的岗位责任也就没有可以操作的考核标准，缺乏完善的岗位责任制度是导致绩效考核制度缺失的重要原因。会员制度是各类俱乐部普遍采用的管理措施，会员制度不但可以通过长期稳定的关系使会员成为忠诚客户，而且可以为客户提供更加优质的服务，更是吸引新客户的良好途径。对青少年俱乐部来讲，一项重要的功能是为青少年提供非富多彩的体育活动，只有建立了会员制度，才能了解青少年对体育活动的需求和特点，才能有针对性地提供服务，以此保证俱乐部的健康发展。完善的财务管理制度是俱乐部合理使用资金、节约成本及提高效益的重要保证，如果没有完善的财务管理制度，就会导致组织资金的使用缺乏科学有效的管理。

（三）俱乐部的经费来源

经费资源是青少年体育俱乐部的重要资源，也是组织能够持续发展的资金保障。根据国家相关政策的规定，青少年体育俱乐部在创建初期的运作经费，主要来自体育彩票公益金资助，按照4：4：2 的比例，分别对国家级、省级和市级青少年体育俱乐部进行投入。当前，我国青少年俱乐部经费来源主要有体育彩票公益金资助、政府拨款、社会人士捐赠、企业赞助、会员会费、依托单位拨款、经营创收等多种渠道相结合的多元形式，由于体育彩票公益金和政府拨款数额有限，使得俱乐部的组织规模偏小，经费不能满足俱乐部发展的需要。对于大多数俱乐部来说，都存在资金不足、社会筹集资金困难、体育彩票扶持资金使用不合理等现象。其主要原因是俱乐部组织机构不健全、法律法规和规章制度不完善、管理理念不到位、缺法市场化经营的概念等因素。青少年体育俱乐部属于非营利组织，采用多样化的筹资渠道是非常必要的。一般情况下，只要组织筹资渠道和筹资方式不违反法律规定，国家相关政府部门就不会介入干预，而只是对组织的筹资渠道和营利活动进行明确界定和限制。现阶段，我国大部分青少年体育俱乐部都采用政府资助主导型的筹资模式，或者是依靠依托单位拨款，在政府资助与依托单位财力有限的情况下，就会导致组织运作资金严重缺乏，致使俱乐部难以自我生存和持续发展。借鉴国外成功经验，我国青少年体育俱乐部应拓宽资金筹集渠道，通过拓展体育业务范围、提高服务质量，以吸纳更多会员，收取合理的会费，增加俱乐部的收入；通过引入多元主体资源，增加俱乐部的服务内容，如与体育服装、体育器材、饮料等企业合作，增加俱乐部附属物品的营业收入；通过承办政府组织的体育比赛，从政府购买服务中收益；通过举办品牌赛事，吸引企业商业赞助；最后，动员会员或社会人士捐赠，以获得更多的运营经费。

（四）俱乐部会员情况及主要服务项目

会员费是俱乐部经费来源的重要组成部分，发展会员是组织有效管理的手段之一，会员数量也是衡量一个俱乐部规模及开展情况的重要指标，组织所设立的各类部门都是以发展会员为基础的。当前，我国青少年体育俱乐部的会员形式主要有个体会员与团体会员两种，其中主要任务是发展个体会员，只有少部分俱乐部进行了一些新的尝试，逐渐吸收周边的学校为团体会员，并借助周边学校开展项目布点。个体会员主要是学校学生，部分俱乐部还发展了学生家长、附近居民和白领为个体会员，主要为会员提供体育技能培训。现阶段，我国青少年体育俱乐部提供的主要服务项目有：（1）定期举办各种体育活动及竞赛；（2）开展各种长期和短期体育培训班；（3）开展各种健身指导和服务；（4）充分利用寒暑假，组织多种多样的体育冬、夏令营。俱乐部的活动项目主要有篮球、田径、羽毛球、武术、乒乓球、游泳、健美操、舞蹈与形体、跆拳道、足球、排球等，其中篮球、田径、羽毛球等项目占据的比例最大，其次是健美操、乒乓球、跆拳道等项目。篮球项目的特点是有较大的群众基础，受众较多；田径项目大量开设是为了应对体育中考，为了特定目的服务；羽毛球则是出于青少年的兴趣角度；健美操、乒乓球、跆拳道等项目则集中在特定的人群当中，这些项目的共同特点是易于开展，青少年群体容易对这些项目产生兴趣。另外，俱乐部还积极参加及承办各种体育赛事，通过比赛，（1）可以展现运动员的精神风貌，展示教练员的训练水平；（2）能够促进与其他俱乐部及体育组织的交流，这样既可以扩大社会影响，又能提高会员的活动兴趣，以吸引更多的青少年参与俱乐部的体育锻炼与竞赛。

四、青少年体育俱乐部发展中的现存问题

（一）组织机构欠独立、产权不清晰

组织机构是青少年体育俱乐部处理日常事务的管理部门，是维持组织正常运行的必要机构。因此，建立合理的组织机构负责俱乐部的运营与管理，对提高服务质量和管理水平极为重要。当前，我国青少年体育俱乐部主要采用主任负责制、理事会负责制、董事会负责制、总经理负责制等组织形式，其中采用主任负责制的俱乐部所占比例最大，但还有少部分俱乐部没有设置组织机构。研究结果表明，2014年被调查的299家青少年体育俱乐部，选择主任负责制的占到总数的42.81%，其次是理事会制占24.08%，排在第三位的是董事会制，占22.07%，董事会制和理事会制比例之和为46.15%，也有少数青少年体育俱乐部采用总经理负责制，仅占总量的3.68%。俱乐部负责人主要来源于依托单位负责人、管理人员与一般人员，其他单位人员和外聘离退休人员等五种形式，其中依托单位负责人所占比例最高。由于有些依托单位的负责人身兼多职，不能够完全投入到俱乐部的实际管理，而且部分负责人缺乏管理知识和经验，专业管理能力的不足严重制约了俱乐部的发展。这种“一套人马，两块牌子”的管理方式，虽然有些俱乐部能够受到依托单位的重视，但是也会影响到俱乐部自身的独立发展。还有一些相对独

立的俱乐部，由于负责人是俱乐部的教练员，不论是管理知识还是管理能力都缺乏专业性。这种管理模式与现状主要由国家政策所导致，在俱乐部建立初期，国家支持俱乐部的发展，要求俱乐部要依托各个单位来创办，这样运作的目的是使俱乐部在依托单位的人力、财力、物力支持下得到有序发展。因此，当前青少年体育俱乐部与依托单位的关系主要包括两种：第一种是隶属关系，即俱乐部附属于依托单位，是附属机构；第二种是俱乐部与依托单位是对等关系，两个单位之间具有独立的法人，在相关责任、权利和义务等都是通过协议来规范，这种管理模式也不可避免导致了俱乐部与依托单位存在产权、职责关系不清晰，给俱乐部的管理造成了诸多不便。虽然国家体育总局在《2001－2010年体育改革与发展纲要》中明确提出："政府与社会必须事权清晰，政事分开，管办分离，逐渐把属于俱乐部、事业单位的权利下放。"但是现阶段，政府对俱乐部与依托单位之间的责、权、利，再细化到场馆的使用、维护、责任划分等并没有相关的法律文件加以规定等。很多依托单位都认为俱乐部归自己所有，但实际上所有的依托单位拥有的只是经营管理权和收益权，不是真正意义的所有权。由于俱乐部的工作与一般的教学、训练工作存在着一定的相似性和互通性，加上创办之初俱乐部对依托单位的挂靠性，形成了俱乐部与依托单位之间相互延伸和补充的现状，但也由此引发了一些俱乐部与依托单位之间在活动时间、场地、管理员与教练工作等方面的矛盾，这些问题都亟待解决。

（二）法规政策建设滞后与管理制度不健全

现代社会是一个法治社会，任何事业的发展都离不开法律的保障和推进。青少年体育俱乐部属于非营利组织，然而在扶持和规范组织发展的税收优惠、财政资助、人事管理、社会保险等方面缺乏健全的政策规定。各地俱乐部在登记注册、业务开展、服务收费、税收减免、财政扶持等方面依然存在很多困难和障碍。俱乐部发展环境亟待改善，筹资和运营难度较大，与青少年体育俱乐部相关的三大条例《民办非企业单位登记管理暂行条例》《社会团体登记管理条例》《基金会管理条例》，不完全适用于俱乐部的经营与管理，需要进行相应的修订。由于俱乐部是新生事物，当前还处在探索阶段，还没有与之配套的相关法律条款。因此，俱乐部在其注册、审批的过程中，往往没有一些比较固定、统一的法律条款或者章程为依据，各相关部门之间的责、权、利没有明确规定，导致俱乐部与教育、民政、税务、物价等相关部门之间的工作难以协调，影响了俱乐部的正常运营与发展。

我国青少年体育俱乐部采用双重管理制度，造成俱乐部的外部监管薄弱，严重缺乏监督和管理机制，在内部缺乏绩效考核制度和激励机制。俱乐部要保持良好治理，离不开治理的外部环境。当前，我国青少年体育俱乐部缺乏完善的外部监督体系，主要表现在两个方面：（1）尚未建立完善的法律法规体系。在我国，公共服务领域在政府权力和公众权利方面没有形成相对成熟的制约体系和法律保障，客观上造成了青少年体育俱乐部的发展缺乏制度保障。当前，青少年体育俱乐部管理的法规依据主要是《社会团体登记管理条例》《基金会管理办法》和《中华人民共和国公益事业捐赠法》等，这些法律法规从注册登记、税收、运营层面对俱乐部运作起到一定的规范作用，但对组织的财务规范、审核及评估还缺乏针对性；（2）政府监督管理不力。目前政府主要是通过登记管理部门（民政部门）和业务主管部门（体育行政部门）两方面对其进行监管，即所谓的双重管理体制。同时，俱乐部还要受到依托单位的监管，多重监督主体之间的具体职责划分并无具体立法规范，很容易陷入奥尔森的“集体行动的逻辑”，产生不同主体相互推卸责任的状况。具体体现在以下几个方面：（1）主管部门对俱乐部的登记注册没有强制要求，而且登记注册的类型比较混乱；（2）对于年度检查，业务主管部门的初审和登记管理机关的正式审查往往流于形式，没有充分发挥外部监管作用；（3）行业自律、同行互律机制及第三方评估组织的缺乏。青少年体育俱乐部在我国属于新生事物，青少年体育俱乐部联合会或协会等机构还没有成立，缺少行业自律和同行互律机构和机制。而且，目前我国也没有一个独立的第三方评估机构对俱乐部的工作绩效进行评估，独立的第三方评估机构不仅可以对俱乐部的工作绩效做出客观公正的评价以实现高层次的监督，而且可以为社会公众和社会组织选择高效的俱乐部进行捐赠提供信息，有利于俱乐部竞争机制的完善；（4）新闻舆论监督无力及公众监督的缺失。现阶段，舆论监督的功能还远远没有得到应有的发挥，主要是由于我国媒体和舆论监督在很大程度上是行政职能的延伸。公众监督意识不强、缺少信息公开机制以及对俱乐部的组织使命、性质、目的、职责等缺乏充分的认识和缺乏制度化的反映渠道，这些是造成公众监督缺失的主要原因。

（三）缺乏稳定的资金来源

1999年，国家体育总局提出以体育彩票公益金扶持创建青少年体育俱乐部的构想，作为一种公益性的社会体育组织，资金来源和投入对俱乐部的可持续发展极为重要。从目前来看，我国大部分俱乐部运营缺乏足够的资金保障，也缺乏自身在市场经济体制下独立运作的经验，所以在俱乐部的创建初期，需要国家给予资金扶持，帮助俱乐部步入正常运转，避免组织陷入资金困境。但是，研究表明，由于大部分俱乐部存在“等、靠、要”的思想，严重依赖体育彩票公益金资助，在扶持资金两年期满后，多数俱乐部要么勉强维持，要么名存实亡，说明多数俱乐部缺乏“自我造血”和自我生存能力。在国外，公益性体育组织的发展已经很成熟，青少年体育俱乐部的法律地位很明确。在资金来源方面，除了政府的扶持政策外，筹资方式是多元化的，例如企业赞助、社会捐赠、服务性收入、会费收入以及其他营利性收入等。现阶段，我国大部分青少年体育俱乐部的资金来源主要有会员费（包括个人会员费和团体会员费）、业务收费（包括技能培训费、场地使用收费、冬夏令营及比赛报名费等）、门票收入、依托单位投入以及附加服务性收费等，其中附加服务性收费是指围绕俱乐部体育活动与竞赛等核心内容而开展的其他业务，例如体育培训、场地租赁、健康咨询以及体质检测等。然而，毕竟我国青少年体育俱乐部还处于起步阶段，发展过程中难免会遇到各种各样的问题，其中资金不足是俱乐部普遍存在的现实问题。例如，由于体育部门和教育部门缺乏有效沟通与协调，所有依托各级学校的俱乐部目前均不收费，俱乐部不收费更容易广泛吸纳会员，而数量众多的会员造成场馆设施和师资的消耗随之增加，给俱乐部的运营带来更重的负担。尽管更多参与俱乐部活动的青少年直接受益了，然而俱乐部的支出完全依靠依托单位的拨款，俱乐部则没有任何自我生存能力，处于极其被动的地位，启动资金最终成了消耗品，而没有形成良性的“资金流”。资金不足让俱乐部失去了活力，直接阻碍了俱乐部的正常发展。

第二节　青少年体育俱乐部的性质解析

青少年体育俱乐部是学校课外体育的延伸与补充，是素质教育的新形式，也是社会体育的重要组成部分。其创建目的是提高体育活动覆盖面，为青少年提供高质量的体育服务，通过激发青少年体育兴趣，吸引他们参加俱乐部开展的日常体育活动与项目培训，以促进青少年课外体育锻炼的健康发展。由于俱乐部是新兴事物，既没有任何运作经验可以借鉴，也缺乏各种配套的法规制度，因此，俱乐部在经营管理中面临着诸多问题。在对俱乐部进行检查与评估过程中，主要存在以下几个问题：（1）组织运作规范性不够，普遍缺乏依法治理意识，不重视注册登记，部分俱乐部未取得合法的地位；（2）俱乐部与依托单位的关系不明确，把并列关系视为从属关系，两个组织的人员、工作与财务混同，内设机构虚置；（3）对俱乐部从事经营活动存在误解，把合理的服务性收费等同于乱收费，筹资渠道单一，资金短缺；（4）俱乐部从业人员的数量及质量不能满足组织现有规模的需求，对从业人员的报酬支付存在误解；（5）人为设置会员条件，排他性地限定服务对象，违背了组织公益性特征。这些问题映射出经营管理者对俱乐部性质的不清晰，组织性质意指组织的基本属性，它决定着组织的运作方式及发展目标。对俱乐部性质的模糊认识必然会影响俱乐部的健康发展，进而降低体育彩票公益金的使用效率。因此，现阶段加强对俱乐部性质的研究与解析，建立与完善俱乐部管理结构与制度，对俱乐部的生存与发展具有理论指导意义。

一、青少年体育俱乐部的概念及归属

青少年体育俱乐部是试点单位利用自身的体育场馆与设施创建的一种新型的、具有公益性特征的、旨在广泛开展青少年日常体育活动的社会组织。非营利组织是指不以营利为目的的非政府组织，它的目标通常是支持或处理个人关心或者公众关注的议题或事件，所涉及的领域主要包括艺术、慈善、教育等，其基本类型主要包括基金会、社会团体与民办非企业单位。依据俱乐部与非营利组织的概念和属性，认为俱乐部是一种新型的体育非营利组织。根据体育行政部门的要求，各俱乐部必须按照国家的相关规定登记注册并接受登记管理机关的监督与检查。那么俱乐部登记注册哪一种类型呢？下面主要从基金会、社会团体与民办非企业单位与俱乐部的概念及主要特征入手，分析俱乐部的注册类型（表4-1）。

表4-1　社会团体与民办非企业单位的主要特征

	社会团体	民办非企业单位
定义	中国公民自愿组成，为实现会员共同意愿，按照其章程开展活动的非营利性社会组织。	企业事业单位、社会团体和其他社会力量以及公民个人利用非国有资产举办的，从事非营利性社会服务活动的社会组织。
登记管理机关	国务院民政部门和县级以上地方各级人民政府民政部门。	同左
业务主管单位	国务院有关部门和县级以上地方各级人民政府有关部门、国务院或者县级以上地方各级人民政府授权的组织。	同左
组织性质	非营利性	同左

续表

	社会团体	民办非企业单位
会员制	有会员制	无会员制
成立条件	在同一行政区域内已有业务范围相同或者相似的社会团体，没有必要成立的，不予批准筹备。	同左
分支机构	可以成立分支机构、代表机构。	不得设立分支机构
组织制度	实行代表大会制度	实行董事会制度

注：根据中华人民共和国国务院令第250号《社会团体登记管理条例》、第251号《民办非企业单位登记管理暂行条例》相关内容整理。

基金会是指利用法人、自然人或者其他组织捐赠的财产，以从事公益事业为目的，按照相关条例规定成立的非营利性组织。如中国老年基金会、中国福利基金会与中国青少年发展基金会等。依据基金会与俱乐部的概念表述，很容易排除俱乐部从属于基金会这种类型。社会团体是由公民自愿组成，依法独立享有民事权利和承担民事义务的社会组织，主要包括各种政治团体、人民群众团体、文学艺术团体与学术研究团体等。社会团体的主要特征为：（1）公民自愿性；（2）会员制；（3）限制竞争性（在同一行政区域内不允许成立相同或相似的社会团体）；（4）采用代表大会制度；（5）非营利性。俱乐部的主要特征为：（1）由国家倡导成立，体育彩票公益金扶持创建；（2）会员制；（3）同一行政区域内创建无限制；（4）采用董事会或理事会制度；（5）非营利性。通过上述分析，发现俱乐部与社会团体除了共有非营利性和会员制两个特征外，其余几个特征不相吻合。实行会员制是社会团体的一个显著特点，从目前青少年体育俱乐开展活动的形式来看，大部分俱乐部也采用发展团体会员和个人会员的方式。那么能否以此判断青少年体育俱乐部是一种会员制的社会团体呢？实际情况并不如此，尽管青少年体育俱乐部以一种会员制的方式开展活动，但由于创建俱乐部的主要目的是为青少年提供体育服务，并且具备相对稳定的专业人员、固定的业务活动场所及设施，以及具备与所从事的公益事业相一致的资金。因此，青少年体育俱乐部是一种提供连续性社会服务的实体性社会组织，这种实体性意味着青少年体育俱乐部与结构松散、活动具有不定期性的社会团体存在明显区别。《社会团体管理条例》规定在同一行政区域内已有业务范围相同或者相似的社会团体，没有必要成立的，不予批准筹备。但实际情况却是，在同一行政区域内存在多家相同性质的青少年体育俱乐部。另外，社会团体可以成立分支机构、代表机构，可以实行代表大会制度等，这与青少年体育俱乐部的实际发展状况也是不一致的。可见，将青少年体育俱乐部注册为社会团体也是不恰当的，即俱乐部不能完全归属于社会团体这种类型。

民办非企业单位是指社会团体、企事业单位、公民个人以及其他社会力量利用非国有资产举办的，从事非营利性社会服务活动的社会组织。民办非企业单位的主要特征为：（1）利用非国有资产创建；（2）非营利性；（3）非会员制；（4）限制竞争；（5）采用董事会或理事会制度。在民办非企业单位的资金来源中没有政府财政投资，其投资行为具有投资主体多元化以及资金多渠道的显著特点。而我国青少年体育俱乐部的资金来源主要是由政府发起并资助的，体育彩票公益金是其主要的扶持资金。显然，如果将青少年体育俱乐部注册为民办非企业单位，则意味着将体育彩票公益金界定为非国有资产，而体育彩票公益金具有“取之于民，用之于民”的社会公益性质，其性质明显不属于非国有资产。可见，我国青少年体育俱乐部与民办非企业单位的属性有一定差距。从青少年体育俱乐部的实际运行看，与民办非企业单位也有种种矛盾。（1）根据国家体育总局的要求，青少年体育俱乐部的服务对象是会员制，会员可分为个人会员和团体会员两种。民办非企业单位是企业事业单位、社会团体和其他社会力量以及公民个人利用非国有资产举办的，从事非营利性社会服务活动的社会组织，并没有界定民办非企业单位的服务对象一定是会员。显然，青少年体育俱乐部的实际运行状况与民办非企业单位的发展要求并未完全一致。（2）青少年体育俱乐部的法人是双重或多重身份，与依托单位的法人没有区分开。一般而言，个人出资且承担民办非企业单位的责任人为个体形式，两个或两个以上合伙举办的民办非企业单位可以是合伙形式，但具备法人资格的也可以是法人形式，而由企业事业单位、社会团体和其他社会力量举办的或由上述组织与个人共同举办的为法人形式。青少年体育俱乐部属于法人形式，并且在《民办非企业单位登记管理暂行条例》中明确指出，民办非企业单位必须有独立的法人资格和银行账户。但是目前我国青少年体育俱乐部的法人并不是独立的。调查结果显示，全国青少年体育俱乐部的负责人（法人）中，俱乐部专职负责人只占到13%，由依托单位负责人兼任的达到84%。无论体校、学校还是其他场馆等青少年体育俱乐部的依托单位，大部分都由依托单位指派的负责人担任俱乐部的经理、主任或法人代表，即通常所说的“一套人马，两块牌子”。（3）青少年体育俱乐部基本运行需要一定的资源条件，如场地设施、师资力量等，按照民办非企业单位的规定，这些资产必须是“非国有”，然而从现有青少年体育俱乐部的类型来看，不论是依托于各类学校、各类体校、社区，还是依托于体育场馆、各基层体育项目协会创建的青少年体育俱乐部，几乎所有类型的青少年体育俱乐部均无法实现资产的“非国有”。通过比较分析，认为俱乐部与民办非企业单位的主要特征也不能完全吻合，据此认为俱乐部也不能归属于民办非企业单位。

可见，俱乐部兼具社会团体和民办非企业单位的部分特征，但又不完全归属于其中的任何一种类型，俱乐部是一种特殊的非营利组织，即目前的《社会团体登记管理条例》和《民办非企业单位登记管理暂行条例》都不适用于俱乐部的实际发展需要。无论是注册成民办非企业单位还是社会团体，均不能与国家体育总局对青少年体育俱乐部的发展要求完全吻合。实际上，对青少年体育俱乐部不要求进行任何登记，或在登记上要求不明确，都将导致业务主管部门对俱乐部的无效监管。可见，青少年体育俱乐部性质的不清晰，在很大程度上会导致组织作为一项社会公益事业的身份不能被名正言顺地确立。俱乐部模糊的类型归属，而相应导致我国当前俱乐部登记注册的类型比较混乱，有64.2%的俱乐部注册为民办非企业单位，15.5%的俱乐部注册为社会团体，0.9%的俱乐部注册为企业，还有16.4%的俱乐部没有进行任何登记。不管注册社会团体，还是民办非企业单位的俱乐部，都从属于非营利组织。但如果注册为企业或没有进行任何登记的俱乐部，在运作过程中就无法享有非营利组织相应的政府税收优惠、资金拨款及法律保障等，从而导致俱乐部运作成本的增加，对俱乐部的发展极为不利。因此，政府应根据俱乐部的特殊性质，制定有针对性的、专门的法规或政策，为俱乐部的健康发展提供良好的外部环境。

二、青少年体育俱乐部的性质

组织性质意指组织的基本属性。对非营利组织的性质解析，国际著名的非营利组织研究专家萨拉蒙的观点在学术界得到广泛认同，他认为组织性、非政府性、非营利性、自治性、志愿性、公益性是非营利组织的基本特征。其中志愿性、公益性、非营利性是非营利组织的主要特征，至于其他几个特征，可以针对组织的实际情况提出不同的看法。前述分析得知，俱乐部是一种特殊的非营利组织，因此，俱乐部性质也会与国际非营利组织性质有些差异。依据俱乐部的概念解析与主要特征，认为俱乐部的基本属性为官民两重性、非营利性、组织性、公益性和志愿性。

（一）官民两重性

非营利组织是独立于政府和企业之外的社会组织，因此非政府性是国际非营利组织的一个重要特征。非营利组织的非政府性有两重含义：（1）它不是政府机构。相对于营利组织而言，非营利组织属于社会公共部门，因为非营利组织在行动工具、资源来源、运行机制等方面都有别于政府部门。政府部门的行动工具是法律，资源主要来源于通过立法强制性收取的税金，运行机制是科层制；而非营利组织的行动工具是志愿精神，资源主要来源于捐赠和提供服务收入，运行机制是自治。况且非营利组织是建立在私法基础上的，它是私法人主体，它不具有公法人（即政府）的权力，公法人的权力具有强制力。也就是说，非营利组织不具有强制力。（2）它不是政府的附属机构。非营利组织不是政府的附属物，集中体现在它的自治性上。自治性，即自主管理，表现为组织有自己的内部管理程序，以满足服务对象的需要为行动导向，独立地、不受外部控制地决策与行使权力。非营利组织是独立自主的社会主体，它和政府机关及举办单位的关系是以契约为基础的自愿合作的并列关系而非从属关系。它与举办单位以及相关的政府机关既有功能互补、相互协调的一面，又有彼此竞争、权力制衡、相互监督的一面。当前，在运作中出现的与举办单位的工作混同、是体育传统学校的翻版、以培养体育后备人才为主要价值取向、没有自己独立的财务、一套人马两块牌子、内设机构虚置等都是非营利组织的自治性不鲜明的表现。但是，从我国非营利组织发展的实际情况来看，非政府性并不是非营利组织的共性，因为无论哪一种社会组织，都必然与政府发生联系，完全与政府无关的社会组织是不存在的。从组织创立与政府关系的角度进行分析，当前我国非营利组织主要包括官办组织、民办组织与半官半民组织三大类别，其中半官半民组织具有官民两重性的特征。俱乐部也不例外，具有官民两重性的特征，创建初期的俱乐部就具有鲜明的官办色彩。（1）从注册资金来看，绝大部分俱乐部的注册资金来源于体育彩票公益金，还有部分俱乐部的注册资金来源于依托单位。（2）从俱乐部运作资金来看，体育彩票公益金与依托单位的拨款补贴也占据极大比例。当前，由于大多数俱乐部与挂靠单位在责、权、利等方面没有建立明晰的管理制度，因此导致大部分俱乐部在资源及经费上依赖依托单位，而依托单位依赖其实现某种功利。俱乐部在创建初期因其资金短缺，可以获得部分的政府拨款，但在其发展过程中不能过度依赖政府资金，尤其在政府扶持资金结束后，俱乐部必须依靠自身的市场化运作获得发展资金。如果俱乐部缺乏自主融资的意识及市场竞争的能力，无法形成自身的造血机制，那么组织发展就会遭遇资金困难问题。因此，俱乐部作为准公共产品的提供组织，必须要杜绝依赖政府拨款的思想观念，社会化、产业化、市场化是必走途径，只有组织具有自身的造血能力，才能为俱乐部的健康、可持续发展提供经济基础，才能为青少年提供高质量的体育服务，以实现组织的社会使命。

（二）非营利性

非营利组织的根本属性是非营利性，即组织盈余具有不可分配约束，也是非营利组织与营利组织的主要区别。俱乐部具有非营利性的特点，使它在运营过程中的一些程序与其他营利性企业不同，其发展目标不是创造利润，而是实现组织的公益使命。俱乐部的非营利性主要体现在以下三个方面：（1）俱乐部的发展不以营利为目的，必须树立为青少年提供公益体育服务的战略目标。组织目标表明了俱乐部存在和发展的根本价值取向，也是俱乐部活动范围及方式的反映。俱乐部从事的是青少年体育工作，它是体育事业的重要组成部分。青少年体育工作从属于公益事业，因此，俱乐部应以利他、非营利为组织目标，这一目标决定了俱乐部提供的服务具有受益的非排他性、消费的非竞争性，所开展的活动不能以营利为目的。（2）俱乐部的盈余不能在组织成员之间进行分配。俱乐部作为非营利组织，其实质在于“非分配约束”。所谓“非分配约束”，是指非营利组织不能把获得的净收入分配给对该组织实施控制的个人，包括组织成员、管理人员、理事等，净收入必须得以保留，完全用于组织的再发展资金。这一定义包含两层含义：①俱乐部通过提供体育服务获得经营性收入，可以针对服务对象的具体情况，实行不同的服务提供形式，或无偿提供，或有偿提供；②俱乐部可以从事营利性活动，但活动的获利不能分配给个人和董事们，正确投向是俱乐部的继续发展。“非分配约束”约束的是“净收入”，“净收入”通常是指总收入减去总支出后的余额，非营利组织的总支出包括董事会（或者理事会或者类似的权力机构）经费和行政管理人员的工资、奖金、福利费、住房公积金、住房补贴、社会保障费等管理费用。可见，“净收入”不进行分配并不意味着俱乐部的从业人员不能从俱乐部获得薪酬，从业人员的薪酬是计入支出的。目前俱乐部的从业人员无论是数量还是质量都不能满足俱乐部的要求，尤为缺少专职的专业工作人员，薪酬低是主要原因。英美发达国家的非营利组织以高薪酬吸引和留住一流的人才的做法是值得我们参考的。但俱乐部是具有公益性质的组织，从业人员的薪酬支出不应该占据总支出的较大比例，其收入应主要用于为公益目的而开展的服务活动。（3）俱乐部的资产不得以任何形式转变为私人财产。企业的资产归企业所有者所有，如果企业申请破产，清算后的剩余财产可以在企业所有者中分配。而俱乐部的初始资产是具公益产权性质的资产，如果俱乐部破产，它的剩余资产只能转交给其他社会公共部门。当前，俱乐部的资金来源主要有政府提供的创建初期资金、社会捐赠和经营收入等渠道。虽然俱乐部具有公益性特征，但这并不规定俱乐部提供的体育服务都是免费的，收取适当的经营管理费用于组织的再发展是非常必要的。2003年施行的《公共文化体育设施条例》规定：“公共文化体育设施管理单位提供服务可以适当收取费用。”这个规定为俱乐部获得经营收入提供了理论依据，许多俱乐部的会员费和门票收入已经成为俱乐部经营收入的重要组成部分。另外，由于俱乐部的资金主要来源于政府拨款、依托单位、社会捐赠等渠道，因此是具有公益产权性质的资产。公益产权是指一种社会所有的虚拟产权，或者是不完全产权，即捐赠者、受捐者、受益人等群体都分别享有一定的权利，但又都不能享有完整的产权，其中受益主体是由社会受益群体构成的虚拟主体。因此，俱乐部资产不能以任何形式转变为私人财产，如果俱乐部破产，其剩余资产也只能转交给其他社会公共部门。概而言之，俱乐部虽然是非营利组织，但这并不意味着组织提供的服务都是免费的。事实上，在我国当前企业和个人捐赠意识还比较薄弱、扶持金有限的社会环境中，俱乐部进行经营性活动，以服务养服务，是俱乐部在扶持期后最稳定的资金来源。如果任何服务都不收费，俱乐部就很难获得持续发展的资金。而俱乐部通过提供体育服务获得经济收入，可以支持俱乐部的发展壮大，也能更好地实现组织目标。为保证俱乐部的非营利性，俱乐部应接受社会的监督，而且，俱乐部使用的是具有公益产权性质的社会公共资源，提供的是社会公共物品，它有责任建立信息公开制度，向社会公众公开其财务、活动、管理等方面的信息。创建之初，国家体育总局就下文要求俱乐部编制财务预算，现行的法规也要求俱乐部接受登记管理机关和业务主管单位年检。这既有利于俱乐部保证其非营利性，提高组织的社会公信力，以获得政府和社会的更大支持，又能为资源的合理使用增加保障因素。因此，俱乐部必须树立正确的营销理念，根据自身的特点与外部环境的变化，以满足社会需求为中心，通过争取更多公众的理解、支持与合作去满足市场需求，从而确保组织目标的实现。

（三）组织性

我国法律规定，组织性是指非营利组织的成立要经过合法的程序，经过注册取得法人资格，具有独立的民事行为能力，而且必须有正规的组织结构和工作人员，有组织章程和制度规范，并开展经常性的组织活动。俱乐部作为一种特殊的非营利组织，其组织性主要体现在以下三个方面：（1）俱乐部要经过登记注册获得法人资格及组织机构代码证。前述分析表明，俱乐部兼具社会团体和民办非企业单位的某些特征，但又不完全等同于其中的任何一种类型。当前，我国较多俱乐部登记注册为社会团体或民办非企业单位，因此，下面主要从民办非企业单位与社会团体登记注册的相关规定进行分析。非营利组织管理制度主要包括《民办非企业单位登记管理暂行条例》与《社会团体登记管理条例》，其主要特点为“双重管理、分级登记”。“双重管理”是指对非营利组织的登记注册由登记管理机关负责、日常事务管理由业务主管单位负责的双重制度。“分级登记”是对非营利组织实行分级登记、分级管理的原则。因此，俱乐部也是采用双重管理制度：一方面，民政部门负责俱乐部的登记工作；另一方面，各级体育行政部门负责俱乐部的业务管理工作。获得注册登记证书就意味俱乐部得到国家法律合法承认，这也是办理组织机构代码证的前提条件。俱乐部是社会活动的主体之一，它在社会活动中会与其他主体产生一系列的社会经济关系，这些社会经济关系的确立和调整都需要俱乐部具有合法的身份，这样才能有效保障俱乐部的合法权益。组织机构代码证是国家质量技术监督部门根据国家标准编制，并赋予一个组织在全国范围内唯一的、终身不变的法定标识，是一个组织合法进行社会经济活动的凭证。对于俱乐部来说，组织机构代码证是俱乐部办理银行账户、接受社会捐赠和获取收费许可的必备条件，而社会捐赠和经营收入是俱乐部发展的主要资金来源，组织机构代码证对俱乐部来说极为重要。（2）俱乐部需要建立正规的组织结构与章程。当前我国俱乐部还缺乏健全统一的组织结构，在已创建的俱乐部中，有51%的俱乐部采用主任负责制，26%的俱乐部采用董事会制，17%的俱乐部采用理事会制，3%的俱乐部采用总经理负责制，还有3%的俱乐部采用其他组织形式。现阶段，我国非营利组织通常采用董事会制度，因为董事会承担了组织战略的制定、组织运行的监督、负责组织的绩效等职能，因此，建议俱乐部建立健全完善的董事会制度，以实现俱乐部的内部管理。（3）俱乐部必须是一个实体型服务机构，主要为青少年提供体育活动与服务，体育活动社会效益的发挥，在于活动的经常性与连续性。国家体育总局在创建初期就要求：俱乐部对周边学校及青少年学生，实行团体会员和个人会员制开展活动，保证个人会员每周能在俱乐部接受有指导的体育活动2~3次，每次活动时间不少于1小时；保证团体会员每年能在俱乐部组织集体体育活动，一般不少于2~3次。经常性、连续性活动的举行需要组织具备实体性，从这个意义上说，俱乐部应该是实体型服务机构或者说是具有实体性。俱乐部的实体性可以从法律和经济学两个角度来理解。从法律的角度看，俱乐部是法人实体。根据《民法通则》等有关法规的规定，法人实体具有四个要件：（1）具有独立的名称；（2）具有独立的组织机构；（3）进行合法注册登记；（4）具有独立的财产。这也就要求，俱乐部与举办单位应明确地划清产权和财务关系。从经济学的角度看，俱乐部是经济实体，是在社会再生产过程中从事生产、流通或营业性劳务活动，实行独立核算、自负盈亏，并具有法人地位的经济单位或经济组织。这就意味着俱乐部应当像其他经济单位或经济组织一样，根据国家的有关规定去参与竞争、自主经营、独立核算等，通过营销手段谋取组织所需要的社会资源。但是在俱乐部的创建实践中，相当一部分俱乐部没有担负起经济实体所赋的责任，表现为缺乏营销意识，没有经营行动，这直接影响到俱乐部的生存与发展。俱乐部只有在保证服务质量的基础上才能广开筹资渠道，进行积极营销，建立长效运行机制以促进组织健康发展。

（四）公益性

公益是与私人利益相对应的一个概念，主要指有关社会公众的利益与福祉，即公共利益。社会公益组织，主要指那些不把利润最大化当作首要目标的、且以社会公益事业为价值导向的社会组织。较早的公益组织主要从事人道主义救援与贫民救济等活动，很多公益组织起源于慈善机构。公益性质意指某种组织或活动等，其主要目的是为社会或人民大众带来利益。非营利组织的核心特征是公益性，即非营利组织是互助主义或利他主义，而不是以利润为驱动力。公益性指向受益者的范围，而不是针对是否收费而言。一般来说，根据受益者的范围，非营利组织分为公益性非营利组织和互益性非营利组织。所谓公益性非营利组织，是指对其产品的受益者不做人为的界定或无法做出界定的非营利组织；所谓互益性非营利组织，是指对其产品的受益者通过某种方式做出了界定的非营利组织。换言之，如果非营利组织提供的产品，其受益者是不特定的组织外部成员，即组织对外是开放性的，受益对象具有非排他性，该组织就是公益性的，如消费者协会和环保协会。如果非营利组织提供的产品，其受益者是限于组织的内部成员（即自己生产，自己消费），该组织是互益性的，如行业协会。在国外，许多国家把公益性或互益性作为衡量一个非营利组织享有何种程度的税收减免优惠的重要标准，公益性非营利组织享有更多的税收减免优惠，如英国把公益性非营利组织称为“慈善组织”，把互益性非营利组织称为“非营利企业”，设定不同的减免税标准。我国的《公益事业捐赠法》也有相关的规定。创建过程中，一再强调俱乐部必须坚持公益性原则。俱乐部坚持公益性，（1）能为享有税收优惠提供充分的法律依据；（2）能增强组织的社会动员力量，可谓是“开源节流”，这对俱乐部的生存、发展有重要意义。俱乐部的公益性特征主要包括三个方面：（1）俱乐部必须建立公益使命。即通过开展形式多样的体育活动、竞赛及项目培训活动等，积极促进青少年参加体育锻炼，以增强青少年体质及培养终身体育锻炼的习惯，既是俱乐部发展的价值所在与目标取向，也是促进俱乐部健康、可持续发展的保证。但在俱乐部的经营管理过程中，有些俱乐部把会员界定为服务对象，而非会员不能在俱乐部享受服务；有些俱乐部设置各种会员资格条件，如高额的会费、较高的运动素质等，这些行为都有悖于俱乐部的公益使命。（2）俱乐部要建立健全的财务披露制度，因为财务披露制度是保证俱乐部公益性运作的必要条件。如果没有严格透明的财务披露制度，政府及捐款人无法了解所捐资金的使用情况，相应就会降低社会公众对俱乐部的公信力，影响俱乐部获取社会捐赠的能力。（3）建立俱乐部监督机制。为赢得社会公众的信任，俱乐部提升自身治理水平与能力是组织发展的关键，因此，俱乐部要完善内部自律机制、建立行业互律机制及健全外部监督机制。只有充分发挥这三种监督机制的合力作用，才能确保俱乐部公开透明的运作，才能实现俱乐部的公益使命。

（五）志愿性

志愿服务是指志愿者自愿利用自己的时间、技能、资源、善心等资源，不为任何物质报酬为目的，为邻居、社区、社会提供的援助行为，主要存在于非政府组织、专业协会和其他民间组织的活动中。志愿服务是每个文明社会不可缺少的一部分，是人文精神的最高表现形式，也是各国和联合国进行人道主义援助计划、技术合作、改善人权、促进民主与和平的重要组成部分，旨在促进人类社会的发展与进步。志愿性是非营利组织的重要特征，非营利组织遵循价值导向，内在驱动力是以公益精神为背景的互助主义和利他主义。因此，志愿是组织活动的基础，志愿者不是以逐利和谋生为参与目的，而是基于对组织使命和宗旨的认同而参与组织。志愿精神是俱乐部生存与发展的内在驱动力，基于志愿精神形成的志愿活动及其经常化是俱乐部的基本属性之一，志愿性也表明俱乐部具有社会化属性。俱乐部的志愿性是指组织的创建、成员的参与、资源的集中等都不是强制性的，而是以自愿和志愿为基础的，主要体现在以下两个方面：（1）组织建立的自愿性。2000年全国第一批俱乐部的创建工作，国家体育总局主要采用“自上而下”（统一分配指标）的模式进行，2003年提出创建工作拟由统一分配指标向申报审批的模式转变，即各地区先组织创建俱乐部，再上报国家体育总局审批，总局择优确定俱乐部名单，这种由“自上而下”转为“自下而上”创建模式的转变，正是俱乐部志愿属性的回归。（2）志愿服务与社会捐赠是俱乐部重要的社会资源。非营利组织依靠其慈善、公益与博爱的使命和宗旨感动社会，因而能够动员志愿服务和社会捐赠等社会资源。成员参与的志愿性和基于志愿的捐赠，能使俱乐部更加确切地反映捐赠者和受益者的需要，可以使俱乐部具有广泛动员社会资源的能量，这也是俱乐部弥补体育行政部门科层制不足的组织优势所在。当前，我国俱乐部运作资金主要来源于政府拨款、自创收入、社会捐赠与企业赞助等方式，但社会公信力是决定俱乐部获取社会捐赠额度的主要因素。研究表明，当前我国只有少数俱乐部接受过社会捐赠，而且所获金额较少，没有接受任何社会捐赠的俱乐部高达一半以上，这表明大部分俱乐部缺乏积极进行社会募捐的意识与能力。另外，俱乐部的社会责任感与使命感为组织发展赋予了明确的目标，公益精神、社会使命是组织存在与志愿者工作的内在驱动力。调查结果显示，我国有87.7%的俱乐部的专、兼职人员中有一定比重的志愿者参加管理和体育活动的指导工作。志愿服务的大量存在体现了社会对于俱乐部公益使命的信任、认可与支持，但同时也要注意到志愿业余化对俱乐部发展的负面影响。因为俱乐部的服务对象主要是青少年，根据社会学和心理学的相关理论分析，这类人群因其处于身心发展的特殊时期，对体育指导员的专业技术要求较高，但俱乐部往往由于资金的限制，无法提供足够的报酬来吸引专业人员成为俱乐部的职业工作者，而志愿者大部分是离退休人员，志愿者的业余性与体育指导员的专业化需求形成了巨大反差。因此，建议俱乐部针对不同项目的特点，并结合青少年的年龄特征，建立系统化的培训制度，提高志愿者的专业技术水平，从而提高服务质量。

第五章 我国青少年体育俱乐部与政府合作治理

政府职能的不足，非营利组织的新兴与发展，政府与社会管理的创新已成为必然。政府与非营利组织合作供给公共服务日益受到重视，不管在学术界还是实践中，这一议题受到社会各界的广泛关注。从体育领域来看，随着社会公众体育需求的不断增长，政府公共体育服务供给面临越来越大的压力。此外，随着社会自主性的不断增长，各类体育非营利组织纷纷以自我管理、自我服务的方式弥补政府职能供给的不足。但是当前，政府与体育非营利组织合作并没有受到政府及体育界应有的重视，既没有成为体育理论界研究的热点，也没有成为公共体育服务供给实践的主流。青少年体育俱乐部是一种特殊的非营利组织，具有官民两重性、非营利性、组织性、公益性和志愿性等特征，其中官民两重性是具有中国特色的特征，完全不同于国际非营利组织非政府性的特征。主要原因是中国政府对社会的长期高度整合，造成了非营利组织发展的制度环境缺失，青少年体育俱乐部也不例外，从组织的创建到运营都离不开政府的财政资助与政策支持。俱乐部的官民两重性主要体现在以下四方面：（1）俱乐部是由国家体育总局倡导并引导发展的旨在广泛开展青少年日常体育活动的社会组织；（2）俱乐部是利用体育彩票公益金扶持创建的，而体育彩票公益金具有明显的“取之于民，用之于民”的公益性质；（3）俱乐部的依托单位（如学校、体校和公共体育场馆等）都是国有资产。（4）俱乐部在获得政府资金支持的同时，必须保持自身的独立性，必须要走社会化、市场化运作之路。以上分析足以说明俱乐部与政府有着密切的关系，那么俱乐部在发展过程中与政府应保持怎样一种关系，才能使组织既能借助政府的资源，又能保持自身的独立性呢？以资源相互依赖理论为视角，从政府完善俱乐部相关法规政策、俱乐部秉承公益使命运营管理资源、政府对俱乐部运营管理进行监督与评估三个方面构建青少年体育俱乐部与政府的合作模式，旨在为我国青少年体育俱乐部的规范运营与可持续发展提供理论参考。

第一节 非营利组织与政府合作的理论基础与关系模式

人们的社会生活大致包括三大领域，即政治活动领域、经济活动领域和社会活动领域，相应地，社会存在三个部门，即第一部门为政府组织，第二部门为营利组织，第三部门为非营利组织。历史的发展经验已经证明，无论是国家主义还是自由主义，都难以独撑天下，无论是国家还是社会，都无法独立主导社会的变迁。随着近代资本主义的产生和发展，西方国家经济增长所带来的资产阶级数量的大量增加，尤其是福利国家危机和环境危机的出现，为非营利组织的发展创造了条件。20世纪70年代以来，西方发达国家的非营利组织的数量、规模、活动范围和影响力都与日俱增，并在社会政治、经济生活、教育环境等领域体现出卓越的价值和不可替代的地位，成为西方现代社会生活中一支强大而活跃的力量。传统领域的“二元分析模式”把社会划分为政府与市场两个部分，而西方经济大萧条的出现和伴随着的政府过分干预，使这种观点在理论界受到了广泛的质疑。政府作为公共物品的生产者和提供者，在制度上、结构上、运作上都有着不可避免的局限性，它的失灵和功能限度决定了政府所能扮演角色的范围。正是由于政府失灵与市场失灵的存在，为政府与非营利组织之间的合作提供了新的思路，两者的合作就是化解失灵现状的最好解决办法。一方面，与非营利组织合作可以提高政府的工作效率，注入一股新的创新力量，也能够满足社会成员多样化的需求；另一方面，与政府合作可以使非营利组织拥有稳定的支持和帮助，不论是在政策上还是财务上都是无可替代的力量，也可以改善自身的不足。

一、非营利组织与政府合作的理论基础——资源依赖理论

（一）资源依赖理论的假设

资源是指那些能够满足人们需要和利益的物品和非物品（如信息、事件等）。资源依赖理论是研究组织与外界资源环境、组织与组织之间关系的组织理论，其基本假设是：组织无法生产自身所需要的所有资源，因此组织必须在他

所处的环境中获取生存所需的资源，而资源取得的形式可以通过交换、交易或是权力的控制关系，组织在资源无法自足的情况下，必然会与环境中其他组织产生依赖关系。资源依赖理论的渊源是社会学理论中的社会交换理论，爱默生和布劳将社会交换界定为“社会交换是针对他人做出报答性的反应而发生，反之就不发生”。这种交换行为的发生必须具备两个条件：（1）目标只有通过互动才能达成，行为主体应该积极采取相应的策略；（2）通过交换才能实现权力的分化，构建个体之间、个体与群体之间的权力关系结构，行为体才能获得自身需要的资源。如此，组织间的关系就演化为一种基于资源交换的权力关系，学者也开始将组织权力看作是组织对其他组织掌握的资源依赖的一种函数审视，推动了资源依赖理论的产生与发展。资源依赖理论始于20世纪40年代末美国学者塞尔兹尼克（Selznick）对田纳西流域当局的研究，作为资源依赖理论集大成者的费佛尔和萨兰奇科提出了更为具体的四个重要假设：（1）组织最为关注的事情是生存；（2）为了生存，组织需要获取环境中的资源，因为没有任何一个组织能够完全自给自足；（3）组织必须与其所依赖环境中的要素发生互动，而这些要素通常包含在其他组织当中；（4）组织的生存建立在控制与其他组织关系的能力基础之上。因此，如果一个组织（依存组织）维持生存的资源掌握在其他组织（被依存组织）手里，依存组织就必须为了得到被依存组织的资源而满足被依存组织的要求，被依存组织则由于其资源优势对依存组织具有了控制权。正是由于对资源的需求使组织对环境形成依赖，并且资源的稀缺性和重要性进一步决定组织对环境的依赖程度，并使组织间的权力关系显得尤为重要。当然，组织也不是完全被动地依赖于环境，在适应其他组织需求以获取自身所需资源的同时，也主动通过不同的策略控制或改变环境，尽量减少依赖程度。但当一个组织的依赖性大于另外一个组织时，权力将变得不平等。不过，资源依赖的一个重要特点是依赖是可以相互的，正如一个组织依赖于另一个组织，两个组织也可以同时相互依赖。而依存组织对被依存组织的依赖程度，或者说被依存组织对依存组织控制权的大小，资源依赖理论认为主要取决于三个因素：（1）资源对于组织维持运营和生存的重要性；（2）持有资源的群体控制资源分配和使用的程度；（3）替代性资源的可得程度。

（二）资源依赖模式

普费弗（J.Pfeffer）和萨兰西克（G.R.Slancik）在《组织外在控制：一种资源依赖理论》一书中对资源依赖模式做了全面的分析：（1）环境中有许多资源，组织必须靠争取环境资源来维持生存；（2）组织能否存续，主要在于其社会效益与效率，而效益与效率是由外界判断，因此组织始终要靠环境的支持才能生存；（3）环境中有许多限制条件，使组织在获取资源上产生困惑或不确定；（4）组织若能获得足够的社会援助或资源，有可能改变自重限制；（5）管理者的任务是发掘出对组织有意义的改变，并谋求因应之道。该理论模式源于两个假定：（1）维持组织的运行需要多种不同的资源，而这些资源不可能由组织自己提供；（2）组织的正常运作是由多种活动构成的，而这些活动不可能都是在组织内进行。即任何组织都是受制于外在环境的，没有一个组织能够完全独立，任何一个单个的组织都无法完全控制达成目标所需要的条件或者是无法从行动过程中获得预期的结果，组织对外在环境的依赖使组织的行为受到外在因素的控制或影响就成为可能，甚至是不可避免的，这就是资源依赖理论。资源依赖理论有两个核心概念：（1）组织的外在限制，即组织会对外在环境中掌握重要资源的其他组织的需求做出回应，如果可能的话，就从外在限制中得到尽可能多的自主性与自由度；（2）外部依赖，组织的管理人员为了确保组织的存在与延续，要尽可能地利用外部环境资源。

（三）资源依赖的类型及策略

Thompson依据组织资源的特性将依赖分为内生依赖和外生依赖两种：内生依赖是指组织之间的资源具有内在关联性，存在着前后相继的生产与再生产关系；外生依赖是由于组织间资源的非相关性和互相不可替代性所引发的。Pfeffer & Salancik基于企业类组织间的资源依赖关系提出了竞争性依赖和共生性依赖两种类型：竞争性依赖是针对在同一市场领域中运行的企业组织，这类组织间既存在着相互竞争，也存在着共同利益，既有对立冲突，也有协商合作；共生性依赖则针对同一市场但不同领域却又相互联系的组织，组织间不存在竞争，且组织会从相互依赖中获益，但这种分类却不能解释政府组织、非政府组织等更广阔领域内的组织依赖。Madhok在对前人批判的基础上提出了结构性依赖和过程性依赖的分类观点：结构性依赖是一种稳定的依赖，指组织间在人员构成、利益结构、资源占有等方面纵横交错，相互倚重和影响；过程性依赖取决于组织间分工的复杂性和重叠性，由于生产过程的相近，导致资源的结合具有专有性和唯一性。

组织是具有能动性的行为体，面对由依赖而产生的被控制境况时，组织会采取相应的策略以减轻依赖和增强自身的独立自主性。组织的依赖策略主要包括：（1）顺从和适应，面对环境的压力和其他组织的控制要求，组织采取消极的应对策略来顺从外界的控制，适应环境的压力；（2）控制投入产出的交易成本，通过组织内部的革新和生产过程优化，吸收和转移部分资源依赖的压力，减弱组织的依赖性；（3）将外部资源内部化，如企业间的并购、合资，对外部资源的依赖转化为对内部资源的使用和配置；（4）增选法，即让渡部分的决策权和隐私权，吸纳组织外控制着资源的精英为组织成员，掌控资源交换的稳定性和提高资源交换的可预见性；（5）建立联盟，这是一种抵制性控制策略，通过联盟增强组织的实力和影响力，改变环境和控制的压力，如反垄断联盟等。

资源相互依赖理论可以在一定程度上解释非营利组织与政府关系的发生机制与发生方式。萨德尔认为，政府与非营利组织之间的关系并不完全是单方面的服从关系，而是彼此相互依赖的关系，这是由于它们各自掌握着某些重要资源，例如资金、合法性、公众支持以及技术和物资投入等，且这些资源决定着对方的生存与发展，从而导致各自在依赖对方的环境中得以可持续发展。珍妮佛·M·布林克霍夫（Jennifer M Brinkerhoff）不仅注意到政府与非营利组织之间的相互依赖关系，还在此基础上发展政府与非营利组织合作的理论。研究认为，一致认可的目标是政府与非营利组织分工合作的基础，并根据组织身份（Organizational Identity）和相互依赖性，构建了二者间合作关系的模型。她认为，组织身份是考察政府与非营利组织间关系的一个重要维度，它关系到非营利组织的自主性。组织身份是组织区别于其他组织的核心，是得以长久获得成功的必要条件。这种已经成为组织标志的特性体现在组织独特的技术、管理、信息和关系等方面，一旦组织失去这些特性，也就失去了与其他组织寻求合作的原动力和参考标准。另外，美国学者朱莉·费希尔对非营利组织与政府之间的关系也做过深入研究，她认为在世界各国，非营利组织正成为越来越重要的社会和经济角色，人们通过它来解决市场和政府所涉及不到的各种问题，非营利组织的发展需要依赖市场和政府，反过来，市场和政府也能促进非营利组织的发展。

二、非营利组织与政府关系模式

非营利组织具有服务社会的使命感，在提供服务时，能够清楚知道服务对象的真正需求，此外非营利组织更能够接近到一些不容易接触的弱势团体，并可以直接向其提供公共服务，这些特性是政府或私人部门所没有的。正是由于非营利组织具有专业性、自主性、人力资源的丰富特性，使得它的存在除了有助于社会的和谐发展，亦可弥补政府在公共服务供给上失灵所造成的不足，因此与非营利组织建立良好的合作关系，可达成双方组织的合作目标。西方有关非营利组织与政府关系的研究始于20世纪70年代，绝大多数研究者都以宏观的定性分析为研究视角，比较有代表性的关系类型主要有以下两种。

（一）二元论与整体论

克莱默（Kramer）通过比较英国、荷兰、意大利、挪威等国家的非营利组织与政府之间的关系，指出不同国家的意识形态、历史结构和发展程度将导致不同的关系模式，这些关系模式从总体上可以分为二元论与整体论（表5-1）。二元论认为政府与非营利组织之间存在冲突关系，而整体论则认为非营利组织不但与政府保持合作关系，也帮助政府维持福利国家制度的合法性。对于多数国家来说，非营利组织与政府关系的发展方向是合作而非竞争，在与政府保持合作关系的同时，兼顾组织的认同、自主性以及责任。

表5-1 二元论与整体论的关系模式

二元论	整体论
竞争	合作
冲突	合伙
依附原则	多元主义/混合
形而上的	务实主义
市场	计划与协调
非制度化的社会福利	制度化的社会福利

（二）竞争与合作

吉得隆（Gidron）等人根据“服务的财务与授权”（Financing and Authorizing of Services）与“服务的实际输送”（Actual Delivery of Services）两项指标，将非营利组织与政府的关系模式划分为竞争与合作两种类型，主要包括四种模式：政府主导模式、双重模式、合作模式与非营利组织主导模式，其中政府主导模式与非营利组织主导模式属于竞争关系，而双重模式与合作模式则属于合作关系。（1）政府主导模式，即政府在资源与公共服务提供中占据着主导性地位。（2）双重模式，即非营利组织与政府共同提供资源与公共服务。（3）合作模式，即政府和非营利组织共同开展公共服务，通常情况下是由政府提供资源，由非营利组织提供服务。（4）非营利组织主导模式，即非营利组织在资源和服务提供中起着主导性的作用（表5-2）。詹妮弗·科斯顿（Jennifer M.Coston）根据这种分类及关系模式，较为全面地分析了政府与非营利组织之间的关系。他认为，根据政府对制度化多元主义的接受程度、政府与非营利组织之间的联系、二者之间互动的正式性等8项指标，将政府与非营利组织之间的关系划分为8类：抑制、对抗、竞争、合约、第三方政府、合作、互补及合产等关系。为了方便起见，人们往往将这8种模式又简化为冲突、竞争、合作三种类型。

表5-2　竞争与合作的关系模式

功能	模式			
	政府主导模式	双重模式	合作模式	非营利组织主导模式
提供资源	政府	非营利组织与政府	政府	非营利组织
提供服务	政府	非营利组织与政府	非营利组织	非营利组织

第二节　青少年体育俱乐部与政府合作治理模式

在传统意义上，为社会提供公共物品的仅是政府，但是随着经济的不断发展和公众对公共服务需求多元化发展，加之政府机构庞大，办事程序复杂，政府在提供公共服务上面临许多挑战。非营利组织参与到公共服务的提供，通过与政府合作，能有效应对政府在提供公共服务方面所面临的挑战与问题，为社会提供更多和更有效的公共服务。政府与非营利组织之间为实现共同的公共服务目标，相互协调沟通而形成合作关系。合作只是一种途径，合作的最终目的是两者能以更有效率和效果的方式为社会提供公共服务。从组织角度看，政府与非营利体育组织的合作是基于二者目标的一致性及对彼此拥有“关键性资源”的依赖，二者的合作指向并服务于共同的目标。

根据我国青少年体育俱乐部的创建目的、运营管理与制度环境等因素，结合国际非营利组织与政府四种关系模式（政府主导模式、双重模式、合作模式与非营利组织主导模式）的主要特征，认为俱乐部与政府的关系应采用合作模式，即俱乐部和政府共同开展公共服务，通常情况下是由政府提供资源，由俱乐部为青少年提供公益体育服务（图5-1）。在这个模式中，俱乐部和政府作为合作主体，通过资源供给、运营管理、监督评估不断平衡权力、责任与利益之间的关系，共同承担为青少年供给体育服务的责任，以实现俱乐部的社会使命。

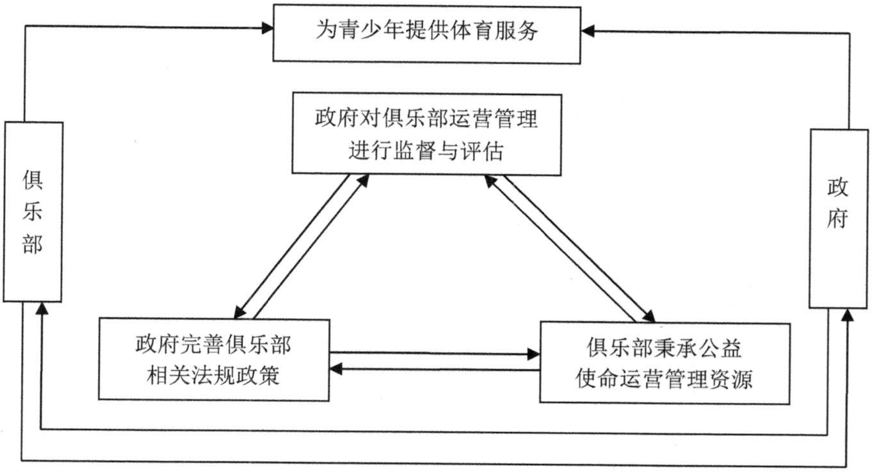

图5-1 青少年体育俱乐部与政府合作模式

一、政府完善青少年体育俱乐部相关法规政策

我国正处于社会转型期，政府掌握着调配非营利组织资源和利益的公共权力，政府通过制定各种法规对非营利组织的运营管理进行宏观调控和监督，为非营利组织的发展创造良好的外部环境。如用法律形式明确非营利组织的宗旨、性质、法律地位与经费来源等，以实现政府对非营利组织的依法管理和指导。非常遗憾的是，我国至今没有一部专门的俱乐部法，这使得俱乐部的基本权利义务、财产关系和组织结构等一些本应由法律予以明确的问题，却只能成为法律上的漏洞，或者由行政法规代庖。此外，现行法规制度，如登记许可制度、双重管理制度、模糊的内部管理制度、缺乏实际可操作性的监管制度等都是制约俱乐部发展的重要因素。

（一）政府对俱乐部进行法律规制

从法规角度而言，建议政府尽快对俱乐部进行法律规制：（1）明确界定俱乐部的法律地位。当前我国俱乐部登记注册的类型比较混乱，有64.2%的俱乐部注册为民办非企业单位，15.5%的俱乐部注册为社会团体，0.9%的俱乐部注册为企业，还有16.4%的俱乐部没有进行任何登记。依据非营利组织基本类型（基金会、社会团体与民办非企业单位）的概念表述与主要特征，认为俱乐部兼具社会团体和民办非企业单位的某些特征，但又不完全等同于其中的任何一种类型，即目前的《社会团体登记管理条例》和《民办非企业单位登记管理暂行条例》都不适用于俱乐部的实际发展需要。俱乐部是一种特殊的非营利组织，不管注册社会团体，还是民办非企业单位的俱乐部，都从属于非营利组织。但如果注册为企业或没有进行任何登记的俱乐部，在运作过程中就无法享有非营利组织相应的政府税收优惠、资金拨款及法律保障，从而导致俱乐部运作成本的增加，对俱乐部的发展极为不利。因此，政府应根据俱乐部的特殊性质，制定有针对性、专门的法规或政策，为俱乐部的健康发展提供良好的外部环境。（2）尽快落实俱乐部税收优惠政策。我国现行的有关非营利组织税收优惠的主要依据是1999年国税发布的65号文件《事业单位、社会团体、民办非企业单位企业所得税征收管理办法》，该办法规定了对社会团体的财政拨款、政府资助、社会捐赠等方面的收入免征企业所得税，对社会团体规定标准的会费不征收营业税等。现阶段，我国俱乐部的税收很不统一，有些俱乐部承担的税收负担较重，而且不符合民办非企业单位的税收标准，但俱乐部对此往往无能为力。因此，作为俱乐部业务主管部门的省、市体育局应该发挥行政职能优势，帮助俱乐部与税务部门协调处理好各种关系，尽快落实俱乐部税收优惠政策。同时，政府还应扩大俱乐部价值补偿渠道，以免税方式，鼓励企业、社会和个人向俱乐部捐赠发展经费，为俱乐部发展创造更好的融资环境。（3）对俱乐部从事营利活动进行规制。俱乐部除了依靠政府的资金扶持，重要的是发挥俱乐部本身的能动性，在保证公益性的基础上，通过积极运营实现“自我造血”。因此，俱乐部从事经营性活动不应受到限制，前提是俱乐部不能将盈余用于分配，政府要对俱乐部的营利活动进行法律规制，防止俱乐部的资金用于营利活动而影响准公共产品的提供。现阶段，如何构建符合我国俱乐部发展状况的法律体系，完善相关法规制度，从法律制定上加大政府对俱乐部的扶持和监管力度，是俱乐部获得可持续发展的重要条件。

（二）政府加大对俱乐部的扶持力度

从政策角度而言，建议政府加大对俱乐部的扶持力度：（1）加快政府职能转变，强化政府宏观调控职能，弱化微观管理职能。积极推进俱乐部发展模式的创新，俱乐部应尽快从行政化的模式中摆脱出来，改变依赖政府的发展模式，按照市场规则来培育、运作俱乐部，形成俱乐部发展的产业化，构建俱乐部自我发展的经济平台。（2）改革俱乐部的双重管理体制，设立专门的俱乐部协会负责俱乐部的登记和业务管理，以降低俱乐部成立和经营的门槛，加强对俱乐部运作的监管。（3）制定体育彩票公益金长期扶持俱乐部发展的政策。2000年，俱乐部创建经费主要由体育彩票公益金资助，国家、省、市，分别以4：4：2的比例投入，资助期限为两年，两年共资助经费20万元。现阶段，西部地区的俱乐部财政资助总额为20万元，其他地区为12万元，资助期延长为三年。俱乐部作为非营利组织，提供公益体育服务，在一定程度上协助政府做好公共服务工作，执行了部分政府职能，有效弥补了“政府不足”。为了确保公共服务目标的实现、减轻政府的压力，政府应给予俱乐部财政资助，以促进俱乐部的健康发展。根据萨拉蒙对西欧（9国）、中欧及东欧（4国）、拉美（5国）与澳大利亚、以色列、美国和日本共22个国家非营利组织比较项目调查所得的数据显示，在非营利组织的平均财政结构中，会费与服务收费占49%、政府资助占40%，慈善所得占11%，这说明政府的财政支持对非营利组织的发展是必不可少的。借鉴国际非营利组织的发展经验，认为当前体育彩票公益金对俱乐部的资助应由短期扶持改为长期资助，因为俱乐部的主要任务是培养青少年体育兴趣、爱好和终身体育锻炼的习惯，增强青少年体质是提高青少年儿童全面素质和健康成长不可缺少的重要组成部分，俱乐部的健康发展也是促进我国青少年健康成长的重要路径。但需要注意的是，俱乐部在获得政府资金支持的同时，必须保持自身的独立性，不能过度依赖于政府，必须要走社会化、市场化运作之路，具有自身造血功能，只有这样才能增强俱乐部的经济实力，提高体育服务质量。

二、青少年体育俱乐部秉承公益使命运营管理资源

资源是俱乐部实现社会使命必需的物质条件，主要包括人力资源、物力资源、财力资源和制度资源。俱乐部资源的来源渠道主要有政府（法规制度、财政资助、税收优惠、购买组织服务、委托业务与项目合作等）、社会（募捐、志愿服务等）、企业（捐赠、志愿服务等）、组织自创收入（会员费、培训费与经营收入等），其中政府所提供的资源极为重要。那么俱乐部应如何运营管理这些资源，才能使组织既能借助政府的资源，又能保持自身的独立性，下面主要从俱乐部的公益使命、治理结构与管理制度几个方面来探讨俱乐部的内部治理。

（一）明确与实现公益使命

俱乐部的公益使命主要包括两层含义：（1）俱乐部必须明确社会使命；（2）俱乐部的社会使命必须具有公益性。任何一个组织都是为完成一定的使命

而建立和发展的，所以使命是一个组织存在和发展的根本动因和前提条件。使命是组织运行的旗帜和方向，要以使命为先就必须厘清使命，也就是要通过明确组织存在的目标和所要实现的成果，以及为达到这个目标所要运用的主要方法，并在此基础上形成组织的原则和信念，从而形成使命的陈述，使组织成员乃至社会大众了解组织的主要理念。俱乐部的社会使命是通过组织开展多种形式的日常体育活动、体育竞赛、项目培训活动，积极吸纳青少年进行体育锻炼，从而激发他们的体育参与兴趣，增强青少年体质，并最终有助于他们养成终身体育锻炼的习惯。这是俱乐部存在的价值与目标取向，也是俱乐部实现可持续发展的根本保证。现阶段，在俱乐部的发展过程中，存在的主要问题是俱乐部的管理人员对俱乐部社会使命的亵渎和对公益性质的曲解，如上海市俱乐部有些管理人员把俱乐部简单地看成是在新的形势下传统体育学校、业余体校的翻版；有些俱乐部只是挂牌子，不能有效地开展体育活动；有些俱乐部的扶持资金存在不同程度的挤占和挪用现象。另外，公益性是俱乐部公共价值的核心特征，即俱乐部的内在驱动力不是利润动机，也不是权力原则，而是以志愿精神为背景的利他主义和互助主义。在俱乐部创建初期，国家体育总局就明确俱乐部具有社会主义公益性特征，是今后国家倡导并引导发展的旨在广泛开展青少年日常体育活动的社会组织。俱乐部的创建和发展离不开国家的政策支持，完成国家所赋予的公益使命是俱乐部应尽的责任，也是俱乐部的战略发展方向。但在俱乐部的运作过程中，管理人员对公益性质存在一定程度的曲解，认为公益性与经营性是矛盾的。如河北省有些俱乐部的管理人员认为俱乐部既然是公益性组织，为青少年组织日常的体育活动就不应该收费，这种观点有失偏颇，其实公益性与经营性并不是对立的，即市场经济并不排斥公益性原则，国家可以通过经济、法律等手段来发展社会公益性事业。概而言之，俱乐部虽然是公益性组织，但这并不意味着组织提供的服务都是免费的，俱乐部可以通过收取一定数额的经费（远低于营利性俱乐部的收费价格）用于组织的发展壮大，而且俱乐部可以通过经营性活动获得盈余，但盈余只能用于开展各种社会公益活动与组织自身的发展，俱乐部与依托单位的管理者不能分配盈余。

（二）建立与健全治理结构

治理的基本含义是指在一个既定的范围内运用权威维持秩序，满足公众的需要。治理的目的是在各种不同的制度关系中运用权力去引导、控制和规范公民的各种活动以最大限度地增进公共利益。非营利组织的治理研究，学界主要借鉴企业的治理机制，形成一个权力制衡和激励机制。董事会是组织和外界接触的桥梁，董事会对于非营利组织负有最终的责任。因为董事会承担了诸如决定组织使命、制定组织战略规划、监督组织运行、负责组织的绩效等职能，因此成为非营利组织治理结构的核心组成部分。研究表明，当前我国俱乐部内部治理结构不统一，在已经创建的俱乐部中，有51%的俱乐部采用主任负责制，26%的俱乐部采用董事会制，17%的俱乐部采用理事会制，3%的俱乐部采用总经理负责制，还有3%的俱乐部采用其他组织形式。俱乐部治理结构的不健全，在一定程度上是导致俱乐部管理低效或偏差的主要原因。因此，建议俱乐部建立董事会制度，董事会负责对俱乐部重大事项的决策，通过严格的审核和定期的报告制度，实现俱乐部内部的有效管理。

（三）建立与完善管理制度

完善的管理制度可以从一定程度上预防俱乐部的违规行为以确保有效管理，这些管理制度主要包括财务制度、奖惩激励制度、问责制度和信息公开制度等。（1）建立与健全俱乐部财务制度。财务管理的内容主要包括预算管理、收入管理、支出管理、定员定额管理、结余及其分配管理、资产管理、负债管理、财务分析和财务监督等。由于缺乏法律规范，俱乐部可以制订一系列内部规章制度来规范其财务活动，并通过内部管理制度保障其执行，在条件成熟的时候再上升为法律。通过建立严格的财务制度确保财务的透明度，这是树立俱乐部社会公信力的重要基础。如果没有严格的财务制度，不能够做到财务收支透明，那么俱乐部的廉洁无法得到保证，资金不可能得到有效使用，必将导致俱乐部无法树立社会公信力，因而无法筹集到实现组织使命所需要的资金。（2）建立俱乐部奖惩激励制度。俱乐部崇高的社会责任感与使命感为组织赋予了明确的行为目标，社会使命和奉献精神是组织存在与志愿者工作的内在动力。对于志愿工作者而言，参与志愿活动并不是为了物质报酬，所以非物质性的精神激励是关键。另外，各级体育行政部门要建立奖惩制度，对运作优秀的俱乐部与个人进行表彰，并给予一定的物质和精神奖励。对不符合要求的俱乐部暂停拨经费，限期整改。（3）建立俱乐部问责制度。俱乐部属于公共组织，应当向它们的捐赠者、志愿者、受益者和其他各种利益相关者负责，这些群体所代表的是作为整个社会的公共利益，问责制度的核心是要保障和实现社会公共利益。（4）建立信息公开制度。首先，应当健全俱乐部对公众的财务报告制度，以披露资金的使用情况、组织行政费用支出的比例等。其次，应建立信用信息制度，信用信息包括俱乐部从设立、变更到注销整个过程的信息，组织在运营过程中与工商、税务、金融、保险、公安等部门的有关信息，政府部门做出的评估信息等。

三、政府对青少年体育俱乐部运营管理进行监督与评估

（一）建立俱乐部监督机制

社会公信力是中国非营利组织发展的社会基础，这是由非营利组织的性质决定的。俱乐部为提升自身治理水平，赢得社会公众的信任，不仅需要内部自律机制的完善、行业互律机制的建立、更有赖于外部监督机制的健全。由于特殊的社会背景和制度文化，我国俱乐部的监督体系整体上处于半真空状态，主要表现为缺乏严格透明的财务和信息披露制度，政府、媒体、利益相关者和公众监督严重缺失等，监督机制的缺位已成为制约我国俱乐部良性发展的核心困境，致使转型时期我国俱乐部的发展存在诸多问题，严重制约了俱乐部的健康发展和功能发挥。通过对国内外非营利组织治理模式的分析，认为俱乐部的监督机制由内部监督、行业监督及外部监督，即自律、互律及他律机制三部分构成：（1）俱乐部的自律机制，即俱乐部依据组织使命，建立精简高效的管理制度和激励创新的运行机制，如通过建立董事会制度、监事会制度、财务公开制度和信息披露制度等实施对组织中个人的监督，以提高俱乐部自身治理水平，建立良好的社会公信力，为积极寻找国内及国际资源协助创造良好条件。（2）互律机制，即通过成立俱乐部协会，制定俱乐部共同遵守的道德标准、行为规范和评估标准，加强俱乐部之间的相互联系、相互制约与共同发展，形成网络式的监督机制，以促进俱乐部的相互监督、维护会员共同的社会形象，对缺失信用的俱乐部予以清理，使其丧失生存空间。（3）他律机制主要包括政府监督、大众媒体监督、利益相关者监督、志愿者与公众监督、独立的第三方评估机构监督等，其中政府监督最为重要。政府是唯一具有法律权威，可以强行对非营利组织进行监督的组织，政府在非营利组织监督管理方面负有不可推卸的责任。目前，我国政府对俱乐部实施双重管理制度。一方面民政部门负责俱乐部的登记工作，另一方面业务主管部门（各级体育行政部门）负责俱乐部筹备申请、成立登记、变更登记、注销登记前的审查。俱乐部监督机制的构建，必须依赖于政府策动各种相关监督资源的整合，包括俱乐部自律与互律监督机制的建立、外部监督机制的强化和制度化。对政府监督职能的具体建议为：指导与监督俱乐部遵守宪法、法律、法规和国家政策，严格审

定俱乐部的章程和宗旨，依据其章程开展活动；对俱乐部行为的实体内容进行规范，以增强法律规范的操作性和针对性；建立与健全各项管理制度，对俱乐部的日常活动进行指导与监督；对俱乐部的机构设置，人事制度，财务制度，重大活动的报告制度进行审查；加强对俱乐部年检、审计、财务、社会捐赠使用等方面的监督，协助登记管理机关和其他有关部门查处俱乐部的违法行为。

（二）建立俱乐部绩效评估制度

绩效评估就是通过对效率实际水平与期望水平之间进行比较，并与其他激励约束机制相结合，建立一种促进效率提高、实现管理目标的引导机制。非营利组织由于缺乏企业所具有的利润驱动指标，其绩效评估比企业绩效评估更为复杂。尽管营利不是非营利组织的战略目标，但并不意味着非营利组织因此可以不追求组织绩效。相反，为了提高自我生存与发展的能力，非营利组织更应有效地利用组织资源达成组织使命。俱乐部是一种新型的体育非营利组织，绩效评估制度的建立是俱乐部能否顺利适应市场化、可持续发展的重要环节，有效的绩效评估同时也是一种良好的激励措施，它将员工处于一个竞争的环境之中，引导和激励工作人员向俱乐部要求的期望目标努力，使其明确自己应该做什么，应该怎样做才能更符合组织的要求和期望，从而使员工的个体目标与俱乐部的社会使命、战略目标达成一致。当前我国大多数俱乐部的管理还停留在绩效评价阶段，没有形成完整的绩效评估体系，主要表现在评估缺乏规范性和制度化，评估实践缺乏必要的理论支撑，评估内容的选择还局限于一般的工作检查，评估工作仅仅是为了争取资助，而不是提高组织管理水平等。因此，为提高俱乐部的经营管理绩效，建立科学规范的绩效评估制度，采用较为完善的评估方法，是保证俱乐部规范运营与可持续发展的必要手段。

第六章 我国青少年体育俱乐部社会公信力培育

青少年体育俱乐部从无到有、从少到多，经过了十多年的发展，俱乐部为广大青少年提供了校外体育锻炼场所、活动与竞赛，在增强青少年体育意识、培养青少年体育兴趣等方面发挥着重要作用。但由于俱乐部是一种新型的非营利组织，没有任何运作经验可以借鉴，也缺乏配套的法规制度，因此，俱乐部在发展中暴露出了诸多问题，在很大程度上归结于组织内部的治理问题。俱乐部是一个涉及范围广泛的系统工程，要想为青少年提供满意的体育服务，就必须重视组织机构与相关制度的建设。但当前我国大多数俱乐部的制度建设严重缺位，尤其是监督体系的不完善而导致社会公信力严重缺失。社会公信力是俱乐部生存与可持续发展的基础，也是决定俱乐部能否获得社会资本的主要因素。因此，如何构建完善的社会公信力培育机制，加强对组织运营的监管是当前我国俱乐部亟待解决的问题。为了提升组织自身的治理水平，以社会资本理论为视角，从自律、互律与他律三个层面构建青少年体育俱乐部社会公信力培育机制，俱乐部需要完善内部自律机制、建立行业互律机制与健全外部监督机制，只有当这三种监督机制共同作用形成合力，才能确保俱乐部公开透明的运作与提升俱乐部的社会公信力。

第一节 青少年体育俱乐部社会公信力培育的理论基础

在任何国家、任何时代，非营利组织都属于社会自治组织，因为非营利组织不是政府机构，也不是为了获取商业利润的企业。为了承担起一定的社会责任，非营利组织必须获得生存与发展所需的人力、物力与财力资源。公信力是非营利组织重要的“无形资产”，是社会衡量组织优劣的重要尺度。非营利组织公信力体现了非营利组织的理念、诚信和具体服务的程度，同时也是公众对组织的评价，反映着公众对组织的满意度和可信度。因此，只有增强非营利组织的公信力，才能获得更多的支持和捐款，从而解决经费问题，促使组织健康可持续发展。然而，在当前我国非营利组织快速发展的过程中，正面临公信力不足、治理结构不完善、组织能力不强、效率低下等问题，其中公信力不足已成为社会关注非营利组织的焦点问题之一。从“郭美美事件”让中国红十字会陷入信任危机，到“卢美美事件”让青少年发展基金会陷入漩涡，再到“中华慈善总会尚德诈捐门”“河南宋庆龄基金会大量资金用于放贷”等一系列事件的发生，暴露了我国非营利组织缺乏透明度、缺乏监督、资金使用低效等多方面的问题。非营利组织公信力不足以严重影响到组织的发展及公共利益的促进与实现，其原因是多方面的，其中社会资本的匮乏而导致组织难以获取社会公信资源的因素居于首位。俱乐部是一种体育非营利组织，探讨俱乐部社会公信力的培育机制，首先必须分析非营利组织社会公信力培育的理论依据，即社会资本理论。

一、社会资本的概念

社会资本概念的提出，受到了西方国家社会学界学者们的青睐，甚至被认为是解决社会问题与矛盾的新途径。社会学家最初提出社会资本这一概念，但学术界至今对这个概念尚未形成统一的认知，不同学者从其学科范畴与研究范式出发，对社会资本的概念做出了不同界定。在马克思的著作《资本论》中，社会资本是指社会总资本，即所有单个资本家所持股份资本的总和。1980年，法国社会学家皮埃尔·布迪厄从社会学的视角出发，认为社会资本是由一个特定的社会网络群体或成员所共享的实际与潜在的资源总和，这些资源与由相互默认或承认的关系组成的持久网络有关，而这些关系或多或少是制度化的。1988年，美国社会学家詹姆斯·科尔曼认为，社会资本是由多个不同实体构成的，而不是单一的。他从功能主义的视角，认为社会资本是一种社会结构资源，具有生产性，人们能否实现自己的既定目标完全取决于拥有社会资本的多少。社会资本不存在于物质生产过程中，也不依赖独立存在的个人，而是贯穿于人际交往关系结构中。他还指出：“社会资本包括社会团体、社会网络和网络摄取三个方面。”与物质资本和人力资本一样，社会资本也不是某些活动的完全替代物，而只是与某些具体活动联系在一起，有些具体的社会资本形式在促进某些活动的同时也可能无用甚至有害于其他活动。弗朗西斯·福山在《大分裂：人类本性与社会秩序的重建》

中，将社会资本定义为“一个群体成员共有的一套非正式的、允许他们之间进行合作的价值观或准则。如果说群体的成员开始期望其他成员的举止行为将是正当可靠的，那么他们就会互相信任，信任恰如润滑剂，它能使任何一个群体或组织的运转变得更有效率”。美国学者罗伯特·帕特南从政治学的角度对社会资本的概念进行了界定，他认为社会资本是无形的，它存在于社会结构之中，是社会主体（个人、群体、社会甚至国家）通过相互间的紧密合作，其目的是提高社会效率及社会整合度，其表现形式主要有社会关系网络、规范、信任及社会道德等方面。他认为，人们在长期的社会交往和社会生活中，选择合作而不是敌对或者对抗，原因就在于人们之间选择相互信任，而稳定的信任又是从社会互惠规范和社会关系网络这两个密切联系的方面产生的。社会规范为人们之间进行合作行为界定了约束框架，而社会关系网络为人们合作提供了广泛空间和时机。人们之间这种信任关系，促成了合作关系的产生，人们也逐渐意识到社会民主生活离不开合作，从而促使社会形成了长期信任互惠合作的良性发展格局。

二、社会资本的结构

任何事物都具有一定的内在结构，它不仅标示着构成事物所具有的不同部分与要素，而且规定着由这些部分与要素依据一定方式组合成的整体性能。依据罗伯特·帕特南对社会资本的概念表述，认为社会资本存在于人际关系结构之中，它的本质是一种信任关系，这种关系需要在公民参与的社会网络中，在长期信任与互惠的规范下形成，它的基本结构由社会关系网络、规范与信任三个要素相互联系而形成。在一个继承了大量社会资本的共同体内，自愿的合作更容易出现，这些社会资本包括互惠的规范和公民参与的网络。（1）社会资本是一种无形资本，与经济学上的物质资本、人力资本相区别。社会资本不能像物质资本那样看得见、摸得着，也不能够带来物质上的增加或减少。社会资本不同于人力资本，人力资本主要是指发挥人的创造性、积极性，进行知识和技能的增长来提高经济效益。（2）社会资本属于公共物品，具有非竞争性和非排他性。但是，社会资本还具有公共物品所不具有的特征，它必须以其他社会活动的副产品形式出现，不能够以独立的形式出现。它具有不可让渡性，存在于个体中，并且与拥有者共同存在。

（一）社会关系网络

社会关系网络是一种基于相互连接的网络节点之间的社会组织形式，主要为社会学研究的对象，德国社会学家齐美尔在社会学研究中首次使用这一概念。林顿·弗里曼对这个概念进行了更为详尽的阐述，他认为社会整体可以被看作是一个由多组线段串联起来的点所形成的整体关系网络，而社会关系网络是社会成员之间因为互动与联系而形成的相对稳定的关系体系。马克思指出，人的本质是一切社会关系的总和。社会关系是社会生活中的人们通过相互联系而在彼此之间所形成的关系，即人与人之间关系的总称，主要包括个人之间的关系、个人与群体之间的关系、个人与国家之间的关系等。而社会关系网络就是由多种类型的社会关系相互交织、相互联系而构成的一个网络整体，它是一个多向度、多结构、多层次的动态系统，它从整体上反映与把握社会关系的复杂性和系统性。人际关系是社会中的人们在彼此交往的过程中建立和发展起来的，美国人事管理协会率先提出这一概念，也被称为人际关系论。在社会资本理论研究中，社会关系网络主要指人际关系网络，它是一种多线路、多角度的相互联系，网络结构中的个体都共享着多种资源与利益，它是以信任（声誉、信誉）为基础，具有资源配置的功能，也是个体最为重要的社会资本。人是这个网络结构中的一个个结点，结点与结点之间的联系可以是正式的，也可以是非正式的，如朋友关系、老乡关系、校友关系等。由于社会关系网络是由网络上的结点与结点之间相互联系构成的，因此，社会关系网络研究的重点就集中于两个方面：（1）社会关系网络本身；（2）社会关系网络对于网络个体活动的影响和制约。

不同时期、不同阶段、不同形态的社会，都毫不例外的是由一系列正式的和非正式的社会关系网络构成的。帕特南将其分为水平网络和垂直网络两种形式。水平网络是指构成网络的主体社会地位平等、权力相当；而垂直网络则是指层次或权力不平等的主体结成的网络。在信息垂直流动的网络中，无论网络何等密集，对参与者何等重要，其往往不如水平流动可靠，原因在于社会成员为了免受剥削而对部分信息有所保留。更为重要的原因是，那些用来支撑互惠规范的惩罚手段，向上实施的可能性很小，即使实施了，被接受的可能性也较小。就解决集体行动困境而言，垂直网络的作用也要小于横向网络的作用。密集但是彼此分离的垂直网络维持了每一集体内部的合作，而公民参与网络则跨越了社会的分层，滋养了更为广阔的合作。人们在社会交往合作中构建的横向参与网络成了社会资本的基本构成要素，社会共同的横向网络越发达，制度成功的可能性就越大，人们合作的机会就更多。公民参与的横向网络在成员间的相互交往合作中，使人们自觉形成了普遍互惠的惯例，我现在选择怎样对待，也希望将来别人能同等地对待我。同时公民参与网络会通过人们之间的相互了解和沟通，利用语言、行动等方式将值得别人信赖的正面信息放大，使人们更多地看到合作的机会，从而有利于合作的产生和整个社会的和谐互动。所以帕特南认为：公民参与网络增加了欺骗的潜在成本，能够遏制欺骗的产生。互惠规范和社会信任有利于公民参与网络的发展，而公民参与网络和互惠规范也有利于增进社会信任。可见，同社会信任和互惠规范相比，公民参与网络对促进社会资本的形成更具有基础性的作用。换句话说，正是人们在社会网络中的参与互动行为，产生了社会资本（不管是社会信任，还是社会规范），社会信任、社会规范和社会网络三者相辅相成，互为条件。

（二）社会规范

“规范”一词原指木匠手中的规尺，后来社会学家将“规范”应用于社会学研究领域，主要用来研究人的行为，意指明文规定或约定俗成的标准。社会规范是人们在相互交往的过程中所产生的社会行为规矩与社会活动准则，其本质是对社会关系的反映，是社会关系的具体化，也是控制社会秩序、维护社会稳定的工具。詹姆斯·科尔曼（James Coleman）将规范和有效的惩罚都看作是社会资本的形态。他认为，由于行动具有“外部性”（积极的或消极的），即具有影响他人的后果，社会规范可以将行动者手中的控制权转移到其他人手中。虽然有时市场交易可以控制外部性，但是并不能常常做到。“当行动给一群人带来类似的外部性时，规范就产生了，然而，行动控制权的交易市场难以轻易建立起来，而且没有一个行动者能够通过在获得控制权的交易中受益”。规范是在长期的社会交往和市场交易中形成的，它并不能完全独立存在于社会系统当中，需要通过社会化、制度、惩罚等约束性手段来帮助维系。在现实社会中，依据社会规范的性质，可以将其区分为三种类型，即道德性规范、契约性规范和法理性规范。道德性规范是指依靠社会舆论、传统习惯及人们的内心信念等，以调整与维系个人与个人之间、个人与社会之间关系的原则和规范的总和，自律性是其基本特征，主要依靠人们的自觉性来执行；契约性规范是指人们在相互交往的过程中所形成的一系列规则，这些规则对人们的行为产生影响与制约作用，进而形成交往主体之间因为同意与允诺而产生的某种义务或责任；法理性规范是由国家与政府制定的、用以调节不同行为主体之间关系的规则总和，是一种以国家强制力量作为后盾的、外在的约束力量。任何时代与社会，只有当这三种规范互相结合与共同作用，才能促进社会和谐与稳定发展。然而，对于社会资本而言，并不是所有的规范都能成为其构成要素。互惠性是规范能否作为社会资本构成要素的首要条件，即构成社会资本的规范必须具有能够促进人们合作，使人们在社会活动中能够获得相应回报的功能。也正是这种内含于社会资本要素之中的互惠性规范，它规定着人们的行为，即哪些行为是允许的，哪些行为是禁止的，为人们实现既定目标提供了前提条件。

社会规范最重要的一种实现形式就是互惠。人们经过长期的社会交往，将互惠归纳为两种类型：通常称它们为“均衡的”（或“特殊的”）和“普遍化的”（或“扩散的”）。前者是指人们之间交换的东西价值基本相等，不存在谁占便宜谁吃亏，如朋友、同学之间在节日里互送的礼物。后者是指某种互惠在当前是不均衡的或者无回报的，但是这种关系却在持续着，因为人们普遍期待现在自己给予别人，将来别人也会给予自己，正是这种期待维系着这种互惠得以存在。社会共同体遵循普遍的互惠这一具有高度生产性的社会资本，充分地将自我利益与团结合作结合在一起，或者也可以理解为将短期利他与长期利己相结合，能够有效地解决集体行动的困境，尽量使每个成员的利益得到最大化的实现。人人都在一个互惠的体系里行事，我现在之所以选择帮助你摆脱困境，是因为我期望在将来我遇到困难时，能够得到你的帮助。我们每个人帮助他人的行为都会在当前使他人收益，但是也会产生长期的利己性，也就是我们的行为会在短期或者长期内令每一位参与成员收益。

（三）社会信任

20 世纪 70 年代以来，西方学者主要从心理学、社会学、管理学等学科的角度研究信任问题。例如，心理学家赖兹曼认为信任实质上是个体特有的对他人的诚意、可信性的一种普遍可靠的信念。卢曼则从社会学的视角认为，信任是一种简化复杂性的社会机制，主要是为了简化人与人之间的合作关系，它与社会结构、制度变迁存在着明确的互动关系。由此可见，信任是人们在相互交往的过程中，由情感、承诺等因素引起的一种关系，也是社会关系的反映。人际信任的经验是由个人价值观、态度、心情及情绪、个人魅力交互作用的结果，是一组心理活动的产物。信任主要包括人伦信任与契约信任两种，其中人伦信任是亲戚、朋友、同事等熟人之间以人伦、道德为基础的信任；而契约信任是以契约、法律等为基础，主要在金融、贸易等关系中建立的信任。在现实生活中，人伦信任与契约信任之间的区分只是相对的，即在一定条件下，这两种信任关系可以相互渗透或转化，都可能成为社会资本的构成要素。需要明确的是，作为社会资本构成要素之一的信任关系，它的指向是双向的，而不是单向的，即是一种信任主体之间互相期望的心理状态。从某种程度上来说，信任更侧重于指向信任主体之间共有的理念或价值观，内含于社会资本之中。福山不仅将信任看成是社会资本的重要要素或指标，而且还是其前提条件，认为信任是社会资本的基础，它是一种从社会或社会的一部分普遍信任中产生的能力。综上所述，社会资本理论中的信任指的是在公民参与网络、互惠规范中基于共同价值观的基础上而形成的一种长期普遍互惠的关系。

在一个社会共同体中，信任水平越高，合作的可能性和机会就会越大。但是，信任并不是盲目的，是建立在对当事人的行为、性格和能力等的了解和熟悉之上的。由于信任的独特特征，所以必须通过磨砺自己的品格和能力，以增加自己的可信度及在实践中产生高度信任。信任的基础是需要，你想要别人信任你的前提是别人有信任你的需求，不仅包括人们在交往过程中存在的物质需求，如金钱、物品和生活用品等，还包括精神方面的需求，如道德、人生观、价值观和伦理等。人们在共同体生活中为了自身的需求而需要信任他人和组织，相互之间产生了依赖和互动关系。按照信任的范围不同，可以分为私人信任和社会信任。社会资本理论信任的核心是要把私人信任转变成社会信任，使整个社会充满信任，实现信任的普遍化和持久化。社会信任可以从社会资本的其他两个要素中产生，三者之间存在“你中有我，我中有你”的关系。不可否认，社会信任是社会资本的最基本的组成部分。肯尼思·阿罗（Kenneth Arrow）指出，“实际上，每一起商业交易都内在的含有任何成分，无疑，任何一种交易都要有一定的时间跨度。人们似乎有理由认为，经济落后很大一部分原因是由缺乏相互信任造成的”。在西方较发达的社会，社会信任自始至终都占据着社会交往和伦理道德的核心地位，它不仅关系到一个政府行政效能的高低，还会影响到一方经济的发展水平。在立法和行政之间、政府和私人组织之间、企业之间、工人和管理者等不同主体之间，常常需要合作，然而明确的“协议条款”和“监督”不仅代价高昂而且难以确保做到，第三方执行又不切实际。在一个社会共同体中，社会成员之间信任水平的高低、信任关系的稳固与否，直接关系到人们之间能够进行合作，关系到整个社会的交往状态。而整个社会的交往合作程度又会反过来影响社会成员之间的合作。所以，社会信任在社会交往中的作用是基础性的、不可或缺的。合作所需要的信任并不是盲目的，而是意味着对独立行动者的行为有预测。“你并不会只是因为一个人说他要这么做，就会相信他真的会去做。你相信他，只是因为你知道他的性格、他所面临的选择及其后果、他的能力等等，你期望他会选择这么做”。在紧密相连的小规模共同体中，这种预测是建立在伯纳德·威廉斯（Bernard Williams）所说的“厚信任”之上的，即因为对当事人熟悉所产生的信任。

第二节 青少年体育俱乐部社会公信力培育机制

社会资本的本质是一种信任关系，这种关系要在公民参与网络中，在长期普遍互惠的规范下才能形成，它的基本结构由社会关系网络、规范和信任三个要素相互联系而形成。非营利组织社会资本是指有益于获得资源和支持而与社会组织或个人建立的信任网络，它是非营利组织获得竞争优势的关键性资源。信任作为一种社会资本，是任何个人与组织正常发展的必要条件。只有当社会中每个人、每个组织以及各级政府都重视社会资本的构建，重信守诺，敢于担当，才会在整个社会形成一种彼此互信的良好社会氛围，提升整个社会的信任度。作为社会资本的社会信任关系一旦建立，整个社会的活动效率就会比较高，反过来又促进了人们之间的社会信任，这是一种良性循环状态；反之，如果一个社会信任程度比较差，不仅会增加交易成本，影响到交往活动的效率和范围，而且还会加剧人们之间彼此的不信任，形成一种劣币驱逐良币的现象，从而阻碍了社会的正常发展。社会信任是社会资本最关键的因素，互惠规范以及公民参与网络产生社会信任：普遍互惠有效地限制了机会主义的行为，并将导致那些重复互惠的人之间的信任水平增加；而稠密的社会交换网络将增加关联的联结点和关联的重复，从而也将增加社会信任水平。大力发展社会资本是解决非营利组织集体行动困境的一条捷径，社会资本是使得民主运转起来的关键因素。对我国青少年体育俱乐部而言，社会公信力是组织生存与可持续发展的基础，也是决定俱乐部能否获得社会资本的主要因素。因此，俱乐部为提升自身治理水平，赢得社会公众的信任，提高利用社会资本的能力，需要完善内部自律机制、建立行业互律机制与健全外部监督机制，只有当这三种监督机制共同作用形成合力，才能确保俱乐部公开透明的运作与提升俱乐部的社会公信力，以最终实现组织使命与目标。

一、非营利组织社会资本的概念、特征及构成

前述分析可知，社会关系网络、规范与信任是构成社会资本的三个基本要素，三者之间是相互依托而存在与发展的，其中社会关系网络是载体，规范是社会关系网络与信任得以维持的前提条件，信任是最为关键的因素，也是社会资本的核心，它渗透于社会关系网络与规范之中。非营利组织作为一种公共管理活动的主体，是镶嵌在社会资本结构上的一个结点，在与其他社会组织的联系与互动中得以生存与发展。因此，非营利组织社会资本是指一种有益于获得支持和资源而与其他个人或社会组织建立的信任网络，这个定义包括四个逻辑义项：（1）社会资本的功能范围不仅包括非营利组织内部，而且还指向组织外部。（2）社会资本的关系网络主要包括个人与个人、个人与组织、组织与组织之间的关系。（3）信任是社会资本的核心。（4）社会资本是非营利组织提高社会公信力的关键性资源。

依据社会资本的概念表述，结合非营利组织的主要特征，认为非营利组织社会资本具有以下五个特征：（1）工具性。科尔曼指出，非营利组织能否实现其既定目标，社会资本是关键性资源。同样，非营利组织的生存与发展也不能脱离社会资本提供的实际的或潜在的资源，社会资源为组织目标的实现提供了前提条件，因此可以说社会资本是组织发展所必须的手段与工具。（2）公共性。非营利组织社会资本内嵌于两个以上的个体或组织的网络结构中，一旦形成，就具有公共性，个体与组织之间主要是通过已形成的社会资本而相互联系与相互作用。（3）传承性。与其他组织的社会资本一样，非营利组织的社会资本也体现在制度规范的沉淀与传承上，如人们共同遵守的、约定俗成的道德规范、行为准则等，它既是一种价值观体系，也是一种潜在资源。（4）无形性。非营利组织社会资本既不同于机器、厂房、设备、原料等实物资本，也不同于劳动者的知识、经验、技能、文化程度等人力资本，它是一种无形资本，存在于人际关系网络之中，因而是难以觉察或度量的。（5）自我强化性。物质资本的使用过程是一个不断耗散或折旧的过程，人力资本的劳动知识与技能，也可能因为不经常使用而逐渐丧失，但社会资本具有自我强化与可再生性的功能，越是经常使用，其供给越是丰富，其价值也就越大。

非营利组织社会资本主要由内部社会资本与外部社会资本两部分构成。内部社会资本是指存在于组织内部的，有利于推动成员之间的信任与合作，有利于加强并促进组织成员、各部门之间的沟通交流，从而增强组织内聚力的社会关系总和。（1）非营利组织内部社会资本形成的过程就是组织内部惯例、文化等建立

健全的过程。非营利组织内部体系可以看成是一个参与网络，每个人是这个网络中的结点，使得结点有序联结的关键在于共同的组织文化。组织文化是在非营利组织长期的活动发展过程中逐渐形成的，它不仅表现在共同的组织价值观、使命感、组织精神、组织道德、历史传统和对组织的认同，还体现为可以延续的惯例。（2）内部社会资本具体表现为组织文化、组织关系网络以及非正式制度安排。组织文化这里不再赘述，组织关系网络主要是指组织成员之间、部门之间以及非正式团体之间的关系。非正式组织对社会资本的形成具有双重效应，妥善处理会成为组织的优质社会资本，反之则成为消极社会资本。组织内部成员和部门之间的参与网络越稳定、越持久，组织行为就越可能一致。非正式制度安排是指组织内部形成的成员之间的互信和可以模仿的惯例，以及成员之间的互惠行为等，高度的信任关系能够减少组织交流的成本，意味着较高的社会资本存量。外部社会资本主要指组织与外部相关主体的关系。外部相关主体主要包括政府机关、企业、社会公众、其他非营利组织以及服务提供者。如同在非营利组织内部存在网络结构一样，在组织外部也存在更为宏观的网络结构，将各个结点的组织和个体联结起来，组成社会的基本网络类型。与政府的关系表现为三个方面，分别是与主管部门、挂靠部门以及目标部门的关系。在中国的生存环境下，政府掌握了大量的资源，同时决定了非营利组织是否具有相关合法性，因此处理好与政府的关系尤其重要。与市场主体的关系着重体现在与企业的关系上。企业是社会捐赠的主要成员，是非营利组织需要公关和争取的对象。此外，非营利组织提供的产品或服务是否能够满足受众的需要决定了组织能否获得期望中的公信力，而社会公众往往也以此作为评价标准，来衡量非营利组织的绩效，并决定是否要选择资金支持。与其他同行的合作则在一定程度上拓展了非营利组织的视野，既可以借鉴本国甚至外国同行的成功经验，也可以实现资源的共享。

二、青少年体育俱乐部社会公信力培育机制

公信是一种社会大众普遍认同的文化价值观，是社会主体（如个人、社会组织、政府）之间公认的经济关系与社会关系的行为准则。社会公信力是社会公众对国家机关、公共部门在处理社会公共关系事务中所具备的为所认同与信任的影响能力，也是社会公众对政府或社会组织的政策实施及提供服务的普遍认同感、信任度和满意程度，具体表现为相关部门在处理公共事务中妥善解决问题的能力与效果，其影响因素主要包括施政的合法性、公正性、公益性、公民利益需求的

满足度等。对非营利组织而言，公信力指的是社会对组织的认可及信任程度，是公众依托其实现某种公益价值的心理凭借。非营利性意指组织不以营利为目的，志愿性又表明基于志愿精神的合作是组织活动开展的基础，于是，公信力对非营利组织的生存及发展至关重要。公信力反映了社会公众对组织信任与支持的程度，信任是支持的前提，信任的产生需要有良好的互惠规范，并通过频繁的互动来维系。公民参与网络越密，越有利于促进互动的发生。所以，以信任、互惠规范和公民参与网络为基本要素的社会资本与非营利组织的公信力之间有着一定的内在关联性。俱乐部的社会公信力是指社会公众对组织的认同程度，也是俱乐部赢得社会声誉以获取政府资金支持、吸引志愿者与社会捐赠等社会资本的前提条件。因此，俱乐部的经营管理一定要遵守组织章程、符合法律规范与公开财务信息等。通过对社会资本主要特征的分析，结合非营利组织的性质，认为俱乐部社会公信力的培育机制主要由自律、互律与他律三部分构成（图6-1）。

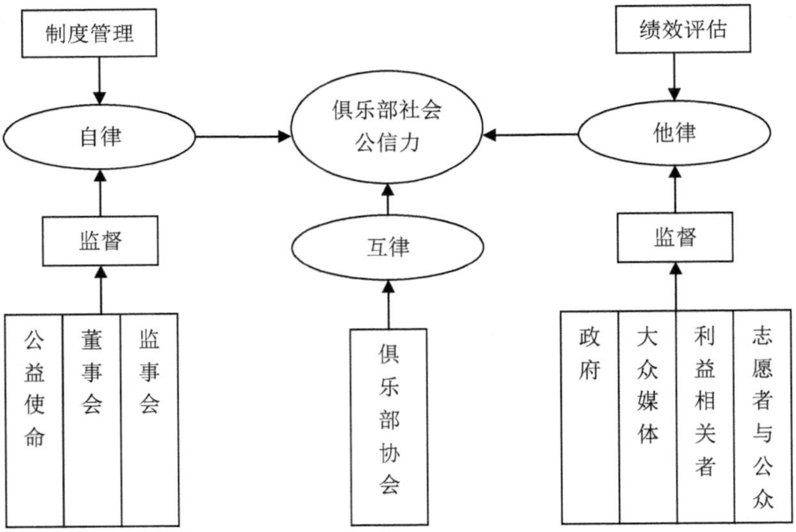

图6-1 青少年体育俱乐部社会公信力培育机制

（一）自律机制

自律机制指的是自我监督与控制，自律是一种强调自我管理的重要行为，与非营利组织本身的素质、社会公益能力、自我定位、文化内涵有关。非营利组织的自律是通过行为主体自身的素质和道德情感的约束以及组织内部力量对行为主体进行监督制约，在外部监督管理不到位的情况下，自律对组织的长远稳定发展起到了至关重要的作用。建立自律机制是指每一个非营利组织都有其独特的运行方式和处理问题的能力，外部监督虽然起到了很重要的约束作用，但是就其组织本身而言，外部监督的缺失也是不可避免的。这时，需要外部监督同内部监督共同合作，互相弥补监督的缺陷，遏制非营利组织内部的违法违规现象。自律机制是俱乐部生存与发展的生命线，即依据组织的社会使命，建立精简高效的自我约束、自我控制的管理制度，以形成自我管理、自我发展与自我约束的运行机制，如通过建立公益使命监督、董事会监督与监事会监督等实施对组织或个人的监督，以提高俱乐部社会公信力与自身治理水平。通过自律机制的建立，可以促使俱乐部管理者、教练员形成强烈的事业心、使命感和社会责任感，形成一种道德驱动的自律，使组织成员廉洁高效地服务于公益目标。

1. 公益使命监督

任何一个组织都是为完成一定的使命而建立和发展的，所以使命是一个组织存在与发展的根本动因和前提条件，使命是非营利组织运行的旗帜和方向，要以使命为先就必须厘清使命，也就是要通过明确组织存在的目标，以及为达到这个目标所要运用的主要方法，并在此基础上形成组织的原则和信念，从而形成使命的陈述，使组织的成员乃至社会大众了解组织的主要理念。使命是非营利组织的灵魂，也是组织存在与发展的目的、方向与动力源。明晰的公益使命可以促使组织管理者形成一种以社会责任感和使命感为支撑的道德驱动自律，对组织的运作起到监管与督促的作用，进而确保组织经费用于实现公益目标。强化组织的使命，就必须要有坚定的信念、高度的责任、崇高的精神、正确的人生价值观，并将其转化为严格的制度，以增强组织的约束力和控制力，把所有的假公济私、贪污受贿、哄瞒欺诈的不法行为清除掉，引导非营利组织沿着健康的轨道，朝着高效廉洁的目标前进，并且不断发展壮大，成为能真正代表人民大众的公益性组织。俱乐部的公益使命主要包括两层含义：（1）俱乐部必须明确社会使命；（2）俱乐部的社会使命必须具有公益性。俱乐部是一种体育非营利组织，非营利组织与营利组织的最大区别就是非营利性，或者说“非分配约束”，标示着非营利组织的公共责任，也是公益使命的最高体现。由于非营利组织具有盈利非分配原则，这在一定程度上抑制了组织追求利润最大化的动机，相应就可以维护消费者的更多利益，从而实现公益使命。增强青少年体质、为青少年提供高质量的体育服务是俱乐部的社会使命，如果这种使命缺失，俱乐部就会失去存在与发展的生命线。公益使命既是俱乐部经营管理的起点，也是终极目标，因此，管理者应经常检查组织成员的思想与行为是否符合使命、是否符合服务对象的需求、是否为社会大众接受与肯定。但是，当前我国大多数俱乐部的管理者对明确与实现组织使命还存在很多问题，例如，在俱乐部创建与发展过程中，部分经营管理者认为俱乐部是传统体育学校、业余体校的替代组织；部分俱乐部只是挂牌子，而不能开展日常与经常性的体育活动与竞赛；部分俱乐部规定只有会员才能参加，而非会员不能享受体育服务；部分俱乐部对会员资格规定各种条件，如高额的会费、较高的运动基础等，这样一些规定导致相当一部分青少年不能成为俱乐部会员，这些现象与问题都有悖于俱乐部的公益使命。因此，建议俱乐部确立为青少年提供体育服务为核心价值观的公益使命，确定以优化服务环境、提高服务质量为战略议题，以此促进俱乐部的健康发展。

2. 董事会监督

在政府监管加强、社会监督普遍强化和竞争日益激烈的大环境下，加强非营利组织内部监督是重要的发展趋势。就当前我国非营利组织发展的实际情况而言，由于组织外部监督的严重缺位，内部监督已成为组织监督的主要手段。现阶段，非营利组织董事会拥有最高的决策权和选择权，决策权在于决定组织的发展方向和制定战略目标；选择权在于代表组织利益选择经理层领导人，并对其进行监督和管理。从董事会拥有的权限之大和承担的责任之重来看，董事会既是组织战略的总指挥，又是强有力的监督核心，在规章制度建设方面应该发挥其中心地位，将监督效力发挥到最大作用。董事会的重要职能在于战略决策与监督执行人员的行为，董事会对经营者与执行者的监督处于内部监督的核心地位。董事会是非营利组织治理的主体，为组织制定政策与工作计划，高效的董事会是组织提高内部治理能力的核心要素，它承担着决定组织使命、制定组织战略规划、监督组织运行、负责组织的绩效等职能。另外，良好的董事会运行机制也是评价非营利组织治理结构是否合理的有效标准，也是组织实现公益使命的制度保障。

董事会内部监督职责主要包括负责组织内部政策的制定、财务指导和发展治理，并且定期检查组织的政策、方案和财务运作，具体体现在以下几个方面：（1）董事会应该从社会公众中聘请不受薪的独立董事，他们应该成为董事会的大多数成员；（2）董事会应该建立与完善组织规章制度，对组织的年度计划及财务报告进行批准与监督；（3）董事会应该聘请执行总裁，为他们建立一个总裁基金，监督他们的活动和基金情况；（4）董事会要保持独立的决策权，防止被控制。在非营利组织的委托代理关系中，董事会可借助通过合理的合约安排使捐赠者、经营管理者的目标和利益趋向一致，或促使经营管理者主动提供真实公允的会计信息，即董事会应该设计优化的激励和约束机制，使管理者不会因捐赠者不能观察到的隐蔽行为而损害捐赠者的利益或目的；（5）董事会必须以书面形式定期或不定期向捐赠人及相关监管部门报告组织经营情况、执行情况、资金运行情况等，并必须保证这些报告的真实、及时和完整；（6）董事会有责任答复捐赠人和公众关于组织运行情况的询问，并通过固定或不固定的报纸、网站或其他新闻媒体公开组织财务会计信息以及其他重大政策安排情况。

研究表明，当前我国俱乐部所采用的内部治理结构不统一，采用主任负责制的俱乐部占比51%，采用董事会制的俱乐部占比26%，采用理事会制的俱乐部占比17%，采用总经理负责制的俱乐部占比3%，还有部分俱乐部采用其他的组织结构。俱乐部既不统一、也不健全的治理结构是导致组织管理低效的主要原因。因此，建议俱乐部聘用体育界或管理界的高层管理人才，建立和完善董事会制度。董事会是俱乐部的最高权力机构，是依照相关的行政法规和法律的规定，依据俱乐部章程建立的业务执行机关，下设执行委员会、审计委员会、薪酬委员会、提名委员会、公共政策委员会等专门委员会。由于董事会在组织管理上的特殊地位以及绝对的领导权力，董事会对俱乐部运营的监管居于核心地位，通过合理有效的监管以提高组织的稳定性与生命力，切实维护俱乐部利益相关群体的各项权益，基于业绩能力的考核，董事会对经营管理者拥有任免权。

3. 监事会监督

为加强非营利组织的内部自律，必须建立监事会，建立和完善监事会制度也是法人治理结构的内在要求。监事会的监督，就是通过监事会及其专职监督员，对董事及工作人员的行为进行监督。监事会作为非营利组织的专职监督机构，其成员主要来源于组织利益相关者的代表，其基本职能是以出资人代表的身份监督董事和管理者的经营活动，尤其要以监督财务活动为重点，确保董事及管理者正确有效地行使职权，而不是滥用职权，对违反法律法规、组织章程及损害组织利益的行为，监事会有权要求纠正。在建立监事会时应注意其成员应由具有专业知识和非营利事业心的人员组成，在组织内部管理制度中，明确监事会的权利和义务，保证其监督管理活动的正常进行，定期选举监事会成员，规定监事会对一个时期内的工作情况做出详尽的报告。这样既加强了组织内部的自律机制建设，防患于未然，也有效配合了政府及社会的外部监督，以保证整个组织的健康发展。

监事会的财务监督权力及实施范围等，应当在组织内部治理的规章制度中做出明确详细的规定，以避免监事会在财务监管的过程中引发与董事会或管理者的冲突。监事会对组织管理过程的一切财务活动都有监管的权力，以避免组织财务计划的制定与执行损害受益群体的正当利益，对财务运行过程中的违规行为，监事会有权要求董事会或管理者向其提供说明，对一些违规行为要求其予以纠正，如果出现重大财务问题，监事会有权提议召开董事会，在情况严重时可以提请司法部门的介入。因此，借鉴非营利组织建立监事会的经验与做法，建议俱乐部成立监事会，监事会主要成员包括相关专家、受益者代表、捐赠者代表及俱乐部职工代表等，其主要职能为：（1）依照组织章程监督俱乐部生产经营与财务状况，检查与评价账簿、报表等会计资料，对违背组织规章制度的不当行为，应及时向董事会或业务主管部门进行汇报。（2）列席董事会议，有权对董事会的决议提出质疑与建议，必要时可以向登记管理机关、业务主管部门、审计与税务部门反映相关情况。（3）负责对各级管理人员及员工的全面工作进行监督、检查与考核，有权对各级管理者提请处分或罢免的建议。

（二）互律机制

行业互律机制是指为了引导与规范行业行为，协调同行之间的利益关系，维护行业间的公平竞争和正当利益，促进行业健康发展而采用的一种行为规范。非营利组织行业互律机制的建立是组织内部实现自我管理、自我约束、自我监督与自我发展的必要条件。在西方经济发达国家，行业互律的建立与实施是确保组织遵循行业准则与规范的重要途径之一，其组织形式主要包括行业联合会、行业协会等。行业互律是一种行业组织之间相互监督的行为规范，通过对同行组织经营管理行为的普遍约束，以达到节约监督成本、弥补政府与第三方评估机构不足、促进行业健康有序发展的目的。行业互律一般采取以下几种形式：（1）行业认可制，即行业协会同意接受某非营利组织为其成员，从而使该组织在公众中获得某种合法性。这一制度用于评定一个非营利组织是否具备了必要的专业资格与能力，并确认该非营利组织是否达标，其威力在于非营利组织违规时可能受到的行业谴责或行业协会开除其成员资格的威胁；（2）行业赞许制，即行业协会根据行业特点与特定标准对成员组织进行评估与排序，以便对成就卓越的组织进行表彰。同时，行业协会可能把评比结果通知商业协会或潜在的捐赠者团体，从而形成对成员组织的外部约束；（3）行业规制，即行业协会对成员组织规定可操作的工作标准和要求。通常，联合会、全国性行业协会会制定一个共同遵守的道德标准和行为规范，以维护成员共同的社会形象。例如，美国基金理事会是基金会的联合组织，负责制定本行业的互律条款，每个会员组织则必须遵守这些规范，否则将受到联合组织的制裁，甚至取消其会员资格。当前，我国少数非营利组织已建立互律组织，如中国非营利组织服务网、中国非营利组织发展交流网等，这些互律组织为行业的发展提供了问题讨论与经验交流的平台。因此，借鉴非营利组织发展的经验，倡导成立区域性俱乐部协会是非常必要的。俱乐部协会的主要职能包括：（1）负责调查、收集、统计和公布俱乐部运营现状的资料，并提出俱乐部发展建议，为政府相关部门制定法律、法规和政策提供有效依据；（2）开展咨询指导服务，加强对俱乐部的日常管理和监督，培训俱乐部管理人员和体育指导员，帮助俱乐部改善管理方法和提高服务质量；（3）建立俱乐部绩效评估体系，对俱乐部运作绩效进行评估，并向社会公布评估结果，以促进俱乐部规范管理和良性运营；（4）建立统一的俱乐部财务会计制度、审计制度，统一报表格式，实现评估指标标准化，以强化对俱乐部监管的可操作性和评估的有效性。

（三）他律机制

1. 政府监督

政府是唯一能强行对非营利组织进行监管的权威机关，因此在组织的监督机制中负有不可推卸的责任。我国政府为非营利组织的发展提供创建初期资金，给予经营组织、捐赠企业或个人提供减免税的优惠政策，同时，政府也是非营利组织的登记单位与业务主管部门，因此，在非营利组织的发展过程中，与政府有着极为紧密的联系，政府具有法律权威对非营利组织的经营管理行为进行问责，对组织运营负有主要的监督责任。政府监督是指国家行政机关对非营利组织的经营管理进行依法监视、督促和管理，其监督职能主要为：（1）法律规范。非营利组织的发展离不开相关法律制度的规范与约束，政府必须对非营利组织的创建与发展进行法律规范，以保证组织运作的正确方向与有法可依。只有相关的法律制度才能判断其行为是否正当，才能正确制定组织内部的规章制度，形成合理的内部监督机制，才能形成行为主体的自主自律意识，实行法制监督。（2）财务监督。监督非营利组织遵守非营利性及受赠财产支出比例约束原则，组织不得从事营利性经营活动，应当将受赠财产用于资助符合其宗旨的活动和事业；非营利组织必须执行国家规定的财务管理制度，接受财政部门的监督，资产来源属于国家拨款或者社会捐赠、资助的，还应当接受审计机关的监督；非营利组织必须建立财务公开制度，组织的财务账目应当向政府、社会公众、捐赠人公开，接受政府和社会的监督。（3）评估监督。政府必须对非营利组织的经营管理行为进行检查与评估，合理有效的评估可以为组织管理者的科学决策提供依据，可以为社会公众提供组织运行状况的知情权，也可以为捐赠企业或个人提供组织财务的基本情况。当前，对俱乐部进行监管的主要政府部门有民政部门与体育行政部门，其中民政部门是登记管理部门，体育行政部门是业务主管部门。政府对俱乐部的监督职能主要包括：（1）严格审查俱乐部的资质与章程，监督俱乐部的经营是否遵守国家法规、法律和政策；（2）明确俱乐部的组织性质。当前，我国对俱乐部的性质认识还不够清晰，如果政府不能明确俱乐部的非营利性质，在某种程度上将影响俱乐部公益运营的理念，政府也很难对组织进行有效监管。（3）对俱乐部的机构设置及各项管理制度进行审查，加强对俱乐部的财务审计，协助其他相关部门查处俱乐部经营过程中的违规及违法行为。

2. 大众媒体监督

非营利组织的外部监督离不开大众媒体的参与，大众媒体主要包括报刊杂志、广播电视、互联网等新闻媒体，它具有传播迅速、覆盖面广等特点。在欧美国家，大众媒体被称为“第四权力”，与立法、司法、行政三种权力机构相抗衡，公众通过传媒对非营利组织进行关注与严格监督，大众传媒的影响力促使非营利组织的监督力度不断强化，同时，大众媒介的揭露也为政府相关部门提供了信息来源。大众媒体具有指导性、真实性、时效性、可读性、群众性、重要性等方面的特征，其话语权是建立在公民知情权基础上的公共权力，传媒作为资讯传播渠道，对受众的社会认知、社会判断、社会决策及社会行为可以起到感染甚至同化的影响。媒体的监督作为非营利组织社会监督的一种重要模式，为公众监督提供了一个公开透明的平台，有着广阔的施展空间，并由此产生的聚合效应而形成舆论压力，为组织的发展提供了舆论监督。作为信息载体之一的大众媒体，在监督与披露非营利组织信息方面的优势非常明显，其表现形式主要包括赞扬与批评两种，其中赞扬能够提高组织的声誉与知名度，可以帮助组织吸引更多的社会捐助资金；而批评则是对某些组织的不当行为进行曝光，相应就会影响组织的社会公信力与获得捐赠的能力。虽然媒体对非营利组织进行监督并不是常规的、系统的，但是它对非营利组织不良行为的曝光往往会产生唤起作用。因为在大多数情况下，政府监督管理部门处于一种被动状态，对非营利组织的违规运作，更多采用事后惩罚的方式，而不是事前或事中的监督，新闻媒体通常是组织问题的最先发现者。从总体上来说，大众媒体在非营利组织发展过程中的主要职能为：（1）发挥监督作用。在西方国家，几乎所有的非营利组织都会受到公众的广泛关注和严格监督，这种监督在很大程度上是通过传媒来实现的；（2）发挥服务功能。这里的服务主要指的是传媒要为社会提供慈善信息，不仅包括资助对象的信息，也包括机构本身的信息，以便社会能够认真落实和全力实现捐赠者的意愿；（3）发挥引导作用。在诸多社会力量和文化传统的牵引下，如何使慈善意识深入人心，是大众媒体最可发挥作用的地方。大众媒体作为传递共同信息、塑造共同价值、强调共同精神的公民平台，在公民联合的过程中起着不可替代的作用。因此，非营利组织应该充分发挥媒体的监督作用，同时，大众媒体也应监督俱乐部的经营管理行为，及时发布俱乐部的违规违法信息，通过媒体这扇监管之门，起到架接俱乐部、政府与社会公众的桥梁作用。藉由大众媒体对俱乐部信息的披露，对俱乐部社会使命与战略目标的监督，为公众监督提供一个公开有力的平台，为提高俱乐部社会公信力创造良好条件。

3. 利益相关者监督

利益相关者的概念最早出现于1780年，主要用来表示在某一项活动或企业中“下注”的人。到1929年，这个概念的范畴已延伸到包括股东、雇员、顾客与广大公众等，凡是在企业中能够获得某一种利益的群体，都是企业的利益相关者，这种观点表明，企业要想发展壮大，就必须满足利益相关者合理合法的需要和期望。到1984年，弗里曼（Freeman）出版了《战略管理：利益相关者管理的分析方法》一书，明确提出了利益相关者管理理论。利益相关者管理理论是指企业的经营管理者为综合平衡各个利益相关者的利益要求而进行的管理活动。与传统的股东至上主义相比较，该理论认为任何一个公司的发展都离不开各利益相关者的投入或参与，企业追求的是利益相关者的整体利益，而不仅仅是某些主体的利益。弗里曼将“利益相关者”定义为“是能够影响一个组织目标的实现，或者受到一个组织实现其目标过程影响的所有个体和群体”，该定义大大丰富了利益相关者的内容，使其更加完善。利益相关者主要包括企业的股东、债权人、雇员、消费者、供应商等交易伙伴，也包括政府部门、本地居民、本地社区、媒体、环保主义等的压力集团，甚至包括自然环境、人类后代等受到企业经营活动直接或间接影响的客体。这些利益相关者与企业的生存和发展密切相关，他们有的分担了企业的经营风险，有的为企业的经营活动付出了代价，有的对企业进行监督和制约，企业的经营决策必须要考虑他们的利益或接受他们的约束。当前，利益相关者问题已经得到一些欧美国家及发展中国家的立法和判例考虑。在非营利组织社会公信力培育机制的构建中，通过政府监管给组织发展提供外部治理机制极为重要，但唯有政府监管而缺乏利益相关者的参与和互动的监督机制也是不完善的。政府在监督非营利组织运行过程中，可以通过建立由利益相关者参与或构成的监事会与社会监督机构，充分发挥利益相关者的监督作用。因此，非营利组织应该建立一个完善的社会公信力培育机制，这个机制是由政府与利益相关者共同监督的综合机制。在企业治理中，利益相关者的范围主要包括两大类，第一类是被企业活动所影响的个人或组织；第二类是能够影响企业活动的个人或组织。上述在企业治理中确定利益相关者范围的方法，同样也适用于俱乐部。对俱乐部而言，利益相关者主要包括政府部门、捐赠个人或企业、依托单位、社会公众、体育教练员、会员及志愿者等。对于企业管理来说，由于存在股东主权，利益相关者监督发挥辅助的监督功能，而俱乐部属于社会公益组织，由于所有者的缺位，对组织发展来说，利益相关者是监督主体。因此，俱乐部构建社会公信力的培育机制，必须充分考虑利益相关者的作用，将利益相关者置于监督的核心位置。

4. 志愿者与公众监督

非营利组织的志愿者与社会公众都享有监督权。一方面，由于非营利组织的经营管理涉及社会公众的利益，因此，社会公众有权力、也有责任通过政府部门、评估机构或组织自身的投诉热线等途径对组织的运作进行监督；另一方面，当前我国有大部分非营利组织都拥有一定比例的志愿者。为了提高社会公众的监督意识，非营利组织应该做好以下几方面的工作：（1）要加强宣传组织的工作宗旨、受益对象、取得的成绩等，让公众对组织的社会价值有所了解和认可，保证组织与不同的利益相关者保持有效的沟通与交流。具体措施为：组织内部要制定政策以支持和鼓励组织的对外沟通活动、宣传组织的使命、服务内容和成就，并注意积极听取外部意见、支持对外沟通活动。既可以让公众了解组织信息，提高监督意识，同时还可以了解公众需求，以便更好地实现组织使命；（2）组织要畅通社会监督的渠道，对公众的监督给予制度上的保障，使公众主动关心组织的活动，变被动监督为主动监督。要实现有效的公民监督，应当允许公民参与到决策制定、执行和反馈环节中，并通过举行公众听证会、建设性团体交往、问题研讨会（邀请专家参加）和工作室等方式了解公众的期望与需求，尽可能更多地获得社会公众的信任。俱乐部也不例外，由于俱乐部初创经费的主要来源是体育彩票公益金、依托单位拨款、会员费和社会捐赠资金等，据此可认为，社会公众不仅是俱乐部的利益相关者，也是俱乐部运作资金来源的潜在捐赠者。另外，当前我国大部分俱乐部都有志愿者作为专、兼职人员参加俱乐部管理或体育活动的指导工作，这表明俱乐部的公益使命为志愿者所认同与接受。志愿者是俱乐部人力资源的重要组成部分，他们从人力、物力与财力等方面为俱乐部发展提供免费资源，所以志愿者对俱乐部的运营有较大发言权。因此，俱乐部要想提高社会公信力，必须做到以下两点：（1）建立规范的财务管理制度，做到专款专用并及时向社会公开财务支出信息。如果没有严格的、透明的财务披露制度，那么俱乐部的廉洁就无法得到保证；（2）确立为青少年提供公益体育服务的使命，由于志愿者参与的目标不是为了追求经济利益，因此不能采用命令或控制等方式对志愿者进行管理，而是让志愿者认同并接受组织的公益使命，从而激发志愿者为组织持续服务的更大动力。

第七章 我国青少年体育俱乐部融资管理

现代市场经济条件下的社会服务机构，主要由政府、市场和各种非营利组织构成。政府的主要职能在于提供公共物品，它依赖国家强制力，通过税收提供社会必需但市场不愿提供的物品和服务；市场通过营利机制配置资源，为获取最大化利润生产，没有利润的物品和服务，市场不会生产或生产不足；而非营利组织提供的是公共产品或服务，由于外部性和较强的公共性，使这些公共产品或服务不能通过市场机制进行生产和销售，也无法通过市场弥补成本和获取盈利，但这并不意味着非营利组织无需经营与管理成本，要持续地提供公共产品与服务，同样需要投入资源及耗费资金。俱乐部属于体育非营利组织，为实现组织目标和完成组织使命，其融资能力在很大程度上决定了俱乐部的生存与发展。但现阶段，我国青少年体育俱乐部普遍陷入融资困境，有些俱乐部由于资金严重不足而无法开展正常的活动，有些俱乐部甚至面临倒闭的威胁。造成俱乐部融资困难的主要因素有：过度依赖政府拨款、相关法规制度和高素质专业管理人才缺失、自创收入和社会捐赠比例偏低等。为摆脱融资困境，青少年体育俱乐部应建立良好的公共关系、完善相关法规政策和管理制度、注重人力资源和信息资源的开发与管理、提高自创收入和社会捐赠的比例。

第一节　非营利组织融资管理

任何组织的生存与发展，都必须有足够的资金支撑，非营利组织也不例外。非营利组织资金管理指的是组织在其运作过程中所涉及的所有资金管理业务，包括非营利组织的资金来源管理、资金支出管理、资金管理涉及内部控制、审计监督等事务。资金是非营利组织赖以生存的核心，从本质上讲非营利组织的业务活动就是资金的筹集与使用的过程。然而与营利组织不同，非营利组织的融资不是为了获得经济利益，而是为了满足部分公共服务的需求。非营利组织的存在是政府公共服务体系的有力补充，同时也是社会资源再分配的重要部门。在社会财富积累不足的背景下，融资就必然成为非营利组织生存与发展最重要的问题，因此，本章主要讨论非营利组织的融资管理问题。当前，我国非营利组织的发展远远落后于发达国家的非营利组织。在经济发达国家，非营利组织的发展得到了政府、企业、民众的大力支持，形成了自己的独特的资金循环过程，有效解决了非营利组织融资问题。如美国，英国，法国等经济发达国家，非营利组织有效地融入社会经济，为解决社会就业、提供公共服务做出了巨大的贡献。在我国，非营利组织是舶来品， 在我国传统的土壤里缺少根基。改革开放以来，我国相继进行的经济体制改革、政治体制改革与社会改革，打破了计划经济时期由国家垄断资源和严格控制私人活动空间的格局，为各类非营利组织的生存与发展提供了空间。但是随着非营利组织规模的不断扩大和社会责任的加重，它对资金的需求也在不断增加。当前我国大部分非营利组织因为融资的压力和困扰而延缓了其发展的步伐，甚至有些组织因资金困难问题而难以为继。从某种程度上来说，融资困境是阻碍非营利组织正常有序发展的最大瓶颈。

一、国外非营利组织的资金来源

20世纪80年代以来，非营利组织在世界各国迅速兴起与发展。美国教授莱斯特·萨拉蒙认为全世界已置身于一场全球性的社团革命之中，他认为这场革命对20世纪后期世界的重要性如同民族国家的兴起对于19世纪后期的世界一样重要。基于对41个国家的分析，萨拉蒙发现，在世界几乎所有的国家里，都存在一个由非营利组织组成的庞大部门。这个部门的平均规模大约是：占各国GDP的4.6%，占非农就业人口的5%，占服务就业人口的10%，相当于公共部门就业人口的27%。根据传统说法，非营利组织与政府部门、企业部门的重要区别在于其收入的主要来源是社会捐赠，而非政府支持或商业化经营。但是，实际情况并非如此，根据约翰·霍普金斯政策研究所的分析，没有一个国家的非营利组织的主导性收入来源是社会捐赠，研究结果反驳了非营利组织资金来源的“志愿主义的神话”。从世界各国非营利组织运营的实际情况来看，其资金来源主要包括四种：社会捐赠、发行彩票、政府资助、会费及经营收入。

（一）社会捐赠

社会捐赠，主要包括来自个人、基金会与企业的捐款，这是非营利组织独特的收入来源，也是组织与公共部门及私人营利机构相区别的标志之一。如前所述，社会捐赠并不是非营利组织收入的主要来源。在发达国家，社会捐赠比例最高的是美国，占总收入比例为19%。其他国家则更低，英国、德国、法国、日本分别占12%、4%、7%、1%。在社会捐赠这一类别中，个人捐款占比最大。在美国，个人捐款占非营利组织收入总额的13.9%，英国为6.5%，法国为3.8%，德国为2.1%。人们对非营利组织的捐赠可能源于纯利他主义，也可能源于非纯利他主义。部分捐赠者是源于对道德、使命感、责任感的考虑等，为了提高公共物品的供给量而捐赠。但是，由于每个人的利他程度是不同的，不可能期望每个人都有较高的利他主义系数，能够通过自己对公共物品的贡献而使他人的福利得到改善，因为这需要个人具有很强的道德感与使命感，并以他人的境遇或福利得到改善为己任。在现实生活中，大多数人的利他主义倾向都是非纯利他主义的，他们可能由于关心公共物品的供给量而捐赠，但他们同时也希望从捐赠行为本身中获得某种利益或效用。因此，为了有效避免公共物品中的搭便车和非合作行为，世界各国都普遍采取对公共物品的自愿贡献减免税的方法来激励个人的自愿捐赠，以提高公共物品的供给水平及减少效率损失。具体做法是，若个人为慈善组织捐款，则公民的个人所得税可以抵扣或减免。根据美国劝募咨询协会的统计，美国1981 年流向慈善机构的私人捐赠总额达536亿美元，这大约占到当年国民生产总值的2%，人均捐赠额为225美元。而美国捐赠基金会公布的一项研究报告显示，美国2005年慈善捐赠总额为2602.8亿美元， 约占美国当年国民生产总值的2.1%，人均捐款额约870美元。在这些非营利组织中，宗教组织获得私人捐赠最多，其次为艺术与文化组织。而健康服务作为美国最大的非营利组织类别，则最少依赖私人的捐赠，私人捐赠只占其收入来源的3.6%，它的资金主要依赖于政府和其他私人部门的支出或购买其服务。

（二）发行彩票

彩票在国际上已有800多年的历史，当前世界上有144个国家发行彩票，年销售额达1500多亿美元，已形成一个重要产业，为各国政府所重视。其中彩票销售名列前茅的有美国、西班牙、日本、法国、意大利和英国。凡是彩票销售好的国家，毫无例外地都是法制完善、管理科学的结果。美国是世界彩票大国，无论是彩票销售还是彩票技术在世界上都处于领先水平。美国所有的彩票组织都是作为州政府的机构或彩票公司来经营的。如今，多数州都把彩票公司作为政府机构来经营，作为公共机构，它们必须遵守政府机构的一般要求。美国没有统一的国家彩票，彩票发行均由各州决定，由州议会立法，州长指定几位议员组成彩票委员会。彩票局发行彩票所筹集的公益基金交州政府，由基金管理委员会根据相关法律决定使用，购买彩票已成许多美国人日常生活的一部分。在经济持续低迷、失业率上升、经济安全感下降的情况下，一些人相应削减了生活开支，但对彩票一直热情高涨，更多的人把购买彩票当作提高经济水平、实现生活梦想的捷径。

在国外，非营利组织通过发行彩票募集资金是一种很重要的方式，“慈善博彩”也是非营利组织获得资金的一种重要途径，因为非营利组织没有能力通过税收制度来为其募集资金。理论分析表明，慈善博彩能促进人们合作，克服搭便车行为。由于采用了公共物品和私人物品联合生产的方式，这种联合生产使纯公共物品具有了非纯公共物品的性质。人们可以通过消费某种私人物品（奖金）来提高效用，因而在一定程度上可以减轻人们搭便车的行为，促使人们积极购买彩票。在人们花钱购买彩票的同时，就为纯公共物品的提供贡献了资金，表现了人们在公共物品上的合作行为，这种方式可以逼近公共物品提供的最优水平。此外，公共物品具有正外部性，而慈善博彩这种机制设计，使一个彩票购买者对另一个彩票购买者产生了负外部性（因为减少了他人中奖的概率），会对正外部性产生稀释和中和作用。因此，公共物品的正外部性就在一定程度上被内部化了，自然减轻了人们的搭便车行为，促使人们积极为公共物品捐赠。这样，彩票发行和为公共物品筹资相结合，会大大提高彩票的销售额。

（三）政府资助

非营利组织同政府一样，也是向全体公民或部分公民或社区公民提供一种公共物品，这种公共物品是政府提供不足或不便提供的，因此为了防止公共物品私人提供的非合作或搭便车行为，政府有必要和义务从财政收入中拨付部分资金资助非营利组织，这与政府使用税收供给公共物品是同样的道理，因为非营利组织本身是一种自愿组织，不能强迫人们为其捐款。事实上，国外非营利组织的一个重要资金来源就是政府资助和津贴。政府资助，包括直接拨款（即政府直接给予非营利组织补贴以支持组织活动和项目）、合约（即非营利组织向有资格享受某些政府项目的人提供服务，而由公共机构支付服务费）和补偿（即向那些有资格享受政府项目并从非营利组织那里购买服务的人支付补偿费）。在发展中国家，政府资助不是非营利组织收入的主要来源，但在欧洲一些发达国家，非营利组织最大的资金来源就是政府补贴和拨款。如德国非营利组织总收入的68%来自政府，法国占比60%。相反，服务收费的比例分别为28%和34%，民间捐赠的比例分别为4%和7%。在美国，政府对于非营利组织的资助分为直接资助和间接资助两种形式。1980年，联邦政府对非营利部门的直接资助高达410亿美元，相当于非营利部门总收入的35%。除了直接资助外，联邦政府还豁免非营利组织所得税，对向非营利组织捐款的私人和企业进行减税等。据美国国家税务局估计，目前联邦政府每年因为对非营利组织的“暗补”所造成的税收转移额高达445亿美元。在广大发展中国家，政府、企业和百姓的收入还十分微薄，非营利组织在国内难以筹集到足够的资金。外国援助是发展中国家非营利组织收入的重要来源，包括来自发达国家政府机构、基金会和其他非营利组织的拨款和捐款。例如1990年，发达国家的非营利组织（又称北方非营利组织）向发展中国家的非营利组织（又称南方非营利组织）输送了价值72亿美元的援助，相当于第三世界国家当年收到的官方援助的13%，或当年流入这些国家总资金的2.5%。由于得到了北方非营利组织的支持，南方非营利组织在过去20年内获得了迅速的发展。

（四）会费与服务收费

从世界上其他国家来看，公共资助、私人捐赠、收费在非营利组织资金来源中的相对重要性也不尽相同。在大多数欧洲国家，非营利组织较多地依赖于公共资金，虽然收费在某些领域也扮演着同样重要的作用。相关研究表明，在英国，私人捐赠是非营利组织重要的收入来源，卫生保健在美国所占比重很大，但是这一领域的私人捐赠却显得并不重要。德国有很多非营利医院是依靠其国家卫生保健系统的支付来运营的；教育和科研在英国和日本非常重要，这些部门主要是由收费和政府资助来运营。相比较而言，德国具有比较少的私人教育机构。全球非营利机构活动范围分布的差异，反映了国家在提供社会服务、卫生保健、教育方面的巨大作用。同时，各种资金来源的相对重要性也反映出政府对待非营利组织的不同态度，有些国家（比如美国），对非营利组织的管制可能要比欧洲和日本松些。很多提供公共物品的非营利组织，其服务对象一般是会员，为了避免这种公共物品消费的拥挤性，采取向入会的会员收取一定会费的形式，以减少服务对象，保证公共物品会员消费的非竞争性，因此，会费是很多非营利组织的主要资金来源。这种非营利组织在国外和中国都很普遍，比如俱乐部、行业协会等。还有一些非营利组织，比如非营利医院、大学等通过提供特定的服务，向服务对象收费来弥补成本的一部分甚至是全部，这些非营利组织一般也是提供非纯公共物品的组织，非纯公共物品由于具有一定的私人物品的特点，因此具有一定的可销售性，这类非营利组织可以通过服务收费来覆盖其提供公共物品的成本。另外，服务收费是非营利组织获得资金的极其重要来源。在一些国家，来自会费、收费活动和商业经营的收入超过了所有其他来源的收入，构成了非营利组织总收入的最大部分。在美、意、日三国非营利部门收入中，收费所占的比例都在一半以上。近年来，美国的非营利部门日益变得商业化是一个新趋势，譬如，非营利医院纷纷兴办面向社会的健康俱乐部，非营利博物馆纷纷开办礼品店，非营利的各种社团纷纷与公司签订产品认可或促销协议，以换取对方的捐款等。

二、我国非营利组织融资现状

非营利组织融资，主要是指非营利组织资金的筹集，是根据组织的特点和对资源的需求，通过可能的渠道筹措非营利组织生存与发展必须的资金，从而使组织完成某项社会使命的行为。根据约翰·霍普金斯的研究，非营利组织的收入分为三大类：第一类是收费收益，包括私人支付的服务费用、会员会费和投资收入；第二类是慈善，包括个人捐赠、基金会拨款和公司捐赠；第三类是政府或公共部门的支持。根据我国《民间非营利组织会计制度》第58条规定，非营利组织收入按其资金来源分为捐赠收入、会费收入、服务收费、政府资助、投资收益、商品销售收入等。对非营利组织的发展来说，政府资助是非常重要的资金来源，但是除了人民团体、事业单位和少数政府重点支持的非营利组织以外，大多数非营利组织很难获得来自政府的公共资金。此外，很多非营利组织在外部资金募集不易、自我创收受限的情况下，处于步履维艰状态，组织活动都难以正常开展。因此，只有转变观念、拓宽筹资渠道、增加营业服务收入，尤其是争取政府及其他公共部门的支持，加强非营利组织的财务管理，尤其是融资管理，是促进非营利组织健康发展的当务之急。

（一）我国非营利组织融资总量及结构

1. 非营利组织融资总量

非营利组织的融资总额可以用总收入来衡量。2009年，全国非营利组织接收各类社会捐赠款的统计数据为332.78亿元，其中货币约为227.5亿元。2010年，全国非营利组织款物捐赠总额为1032亿元，其中来自境外的捐赠总额为129亿元，占捐赠总额的12.5%；来自境内的捐赠总额903亿元，占捐赠总额的87.5%。从捐赠主体来看，来自各类企业的捐赠680亿元，个人捐赠296亿元。再从全国基金会收入反观非营利组织融资情况：2008年，我国基金会总收入为163.94亿元；2009年，受金融危机的影响，基金会的数量虽然有所增加，但总收入却有所减少，仅为144.45亿元；2010年，全国基金会总收入达到374亿元。2008－2009年，全国非公募基金会的数量迅速增加，至2009年约占基金会总数量的1/2，但是，从收入的占比来看，公募基金会收入占基金会总收入的较大比重。2008年，公募基金会数量为575家，总收入为162.19亿元，占基金会总收入的79.7%；非公募基金会数量为402家，占基金会总量的41.1%，总收入为41.42亿元，占基金会总收入的20.3%。2009年，公募基金会数量为650家，占基金会总量的52.1%，总收入为114.08亿元，占基金会总收入的64.4%；非公募基金会数量为598家，比上年增加32%，占基金会总量的47.9%，总收入为62.95亿元，占基金会总收入的35.6%。此外，《2010年中国非公募基金会发展报告》显示，以2010年为例，公募基金会的总资产是非公募基金会的1.79倍，总收入是非公募基金会的2.65倍，总支出是非公募基金会的4.22倍。民政部民间组织管理局副局长杨岳认为，非公募基金会融资困难的主要原因是：“对内表现为缺乏合理治理、组织效率低下、公益服务效果不明显。对外显现为社会公信力不强，难以获得捐赠人、公众和政府的信任”，如果这些问题不能及时纠正，公众和捐赠人的公益热情将会受到打击，非公募基金会的发展会遭遇瓶颈，进而影响公益事业的整体发展与繁荣。

2. 非营利组织融资结构

在我国非营利组织的早期发展中，其资金来源主要依赖于政府的财政支持。例如，1998年，政府拨款是非营利组织最主要的收入来源，占总收入的49.97%；2000年，政府拨款和会员费收入是非营利组织的主要融资渠道，分别占非营利组织融资总量的49.97%和21.18%；2003年，政府补贴占非营利组织总收入的53%，政府的资金支持起着非常重要的作用。根据政府失灵理论，非营利组织作为公共物品的供给主体，在一定程度上替代政府做了大量的工作，政府愿意给非营利组织提供资金支持，以培育和引导非营利组织健康发展。但是近年来，我国非营利组织的融资结构在发生改变，部分非营利组织除了获得政府拨款外，捐赠收入也成为融资的主要渠道。例如，2008年基金会捐赠总收入为163.94亿元，政府补贴性收入15.52亿元，投资性收入13.05亿元，服务性收入为9669.17万元；2009年基金会捐赠总收入为144.45亿元，其中境内捐赠收入总量为129.23亿元，政府补贴性收入为10.66亿元，投资性收入为9.10亿元，服务性收入为8529.8万元。从各项收入占融资总额的比例来看，境内资金是非营利组织捐赠收入的主要来源，占总捐赠收入的90%左右。2008年的捐赠收入中，境内个人捐赠收入为73.41亿元，境内法人或其他组织的捐赠收入为76.11亿元，境外法人或其他组织捐赠收入为9.82亿元，境内捐赠资金占总捐赠资金的91.2%。2009年境内个人捐赠收入为52.54亿元，境内法人或其他组织的捐赠收入为76.86亿元，境外法人或其他组织捐赠收入为10.96亿元，境内捐赠资金占捐赠资金总额的89.58%。

（二）我国非营利组织融资困境

当前，虽然我国非营利组织的数量在不断增加，但是相当一部分非营利组织处于资金严重不足的状况，有些组织无法正常开展活动，甚至有些组织处于名存实亡的“休眠状态”；也有一些组织为了维持生存与发展，通过各种渠道开展与自身业务不相干的经营性活动甚至是违法活动。据清华大学公共管理学院非营利组织研究中心提供的调查报告表明，我国有41.1%的非营利组织面临的主要问题是资金短缺，每年支出额在50万元以下的非营利组织占比90%以上，每年支出总额能够达到100万元以上的组织还不到2%。研究结果反映出我国非营利组织普遍面临资金来源不够稳定、资金筹集不规范等问题，资金匮乏始终是非营利组织发展的瓶颈，主要表现在以下几个方面。

1. 筹资渠道单一，主要依赖政府资助

非营利组织资金来源渠道涉及社会的各个层面，既包括政府补贴、社会捐赠和境外资源，也可以通过会费收入、经营收入和投资收益等自创收入获得资金，但是当前我国非营利组织并没有形成一个成熟的、多元化的筹资体系，其资金来源主要依赖政府财政补贴与拨款，占总收入来源的49.97%，会费收入占21.18%，这两项收入就占据总收入来源的70%以上，而其他方式的筹集资金占比还不到30%，由此可见，筹资渠道的单一以及对政府财政补贴的过度依赖都不利于组织职能的有效发挥，并使组织变得过于行政化。根据我国历年社会服务发展统计公报的结果显示，我国对于非营利组织的财政支出随着社会组织的增长每年都会有所增加。截至2011年底，社会服务事业费支出3229.1亿元，全国共有社会服务业机构（其成员组织包括社会组织与自治组织）129.8万个，平均每个社会组织获得国家拨款与补贴仅为25万元左右，国家财政补贴力度远远不够。改革开放30多年来，我国非营利组织为有效发挥其组织职能，活动领域从开始的政府领域逐渐向公众领域过渡，并且随着社会以及公众对非营利组织的服务需求也在不断增加，但是面对服务需求不断增长的现象，政府的财政补贴已经无法满足非营利组织的正常生存和发展。随着GDP的增长，我国财政收入充足，政府应该将更多的支出用于民生建设，加大对非营利组织的投入，同时资助方式也应有所变化。目前我国政府主要采用直接拨款的方式进行资助，一些大型组织获得较多资金，可是却出现大量结余的情况，而一些小型组织却因资金不足而难以为继。政府应该以项目需求作为资金拨款的标准，以促进各种类型的非营利组织的健康发展。另外，政府应该改善对非营利组织的税收政策，对于非营利组织合理的营利性收入予以更多的税收减免，对于积极捐赠的企业与个人也应予以更多的税收优惠。

2. 融资结构不合理，自创收入比例低

根据《世界银行发展报告（1992）》和国际劳工组织《社会保险成本（1993）》的资料显示，国外非营利组织的资金来源中，民间捐赠占比仅为10%，公共部门资助占比43%，私人收费占比47%。在美国，非营利组织的主要收入来源于服务收费，它占总收入的56.6%。在我国香港，自创收入占非营利组织收入的40%。根据美国乔治亚大学Fred A.Jacobs教授2006年的一项实证研究，在随机选取的76家美国非营利组织中，有24家（约31%）是超额筹款的，只有18家（约23%）是融资不足的。这说明，非营利组织的融资结构与融资能力密切相关，如果融资结构合理，能够形成稳定的资金流，不但能够增强非营利组织的独立性，也是组织可持续发展的重要保证。而当前我国非营利组织的融资结构特征为：政府资助是融资的主要来源，社会捐赠、自创性收入（会费收入、经营收入、投资收益等）的比例偏低，其资金来源相对匮乏，难以形成稳定的资金来源，严重影响了非营利组织的自身发展与社会公益目标的实现。为了非营利组织的可持续发展，在资金短缺的情况下，自创收入是一个重要的资金来源。非营利组织虽然是不以营利为目的的组织，但是不等于不能营利，受传统思想影响，我国非营利组织的自创收入未得到相应重视，自创收入凤毛麟角，与其他发达国家相比，如冰山一隅。自创收入不仅包括组织提供产品或劳务而向消费者直接收取的收入，而且还包括通过资本运作进行投资从受资方获取的收益。根据2004年颁布的《民间非营利组织会计制度》对非营利组织的收入分类，会费收入、提供服务收入、商品销售收入、投资收益和其他收入等都属于自创收入；根据《事业单位财务规则》对作为非营利组织的事业单位的收入分类，事业收入、经营收入、附属单位上缴收入和其他收入也都属于自创收入。由于我国非营利组织长期处于政府的控制之下，对政府的从属性与依附性很强，独立自主的生存能力较差，获取自创收入的能力较弱，自创收入在总收入中所占的比重还相当低，这也是我国非营利组织陷入资金困境的一个重要原因。

3. 缺乏社会公信度，捐赠比例偏低

由于非营利组织在现实工作中缺乏自主性，开展的大多数活动都是根据政府的政策而策划，一直被视为政府实行公共管理的政策工具，并且往往缺乏独立性而依附于政府，因而导致非营利组织的社会公信度不够，与公众的关系较为疏远，社会对非营利组织的组织使命、组织目标、组织性质以及组织活动的价值取向也缺乏足够的认识，社会往往低估了非营利组织的作用功能，使得非营利组织在社会中的角色定位陷入了困境。同时，近年来非营利组织不断有一些丑闻曝光，例如，公众捐赠的资金被挪用、受损失等，这些都影响到了非营利组织在公众心目中的信任，非法集资、非法牟利、打着公共利益的幌子谋取私人利益，财务混乱、贪污腐败等这些不良行为都严重影响了非营利组织的公信度，以致非营利组织在国内进行资金筹集比较困难，甚至筹不到发展资金。社会公信度的高低与非营利组织资金的筹集存在着密切的关系，通常来说，社会公信度越高，就能得到更多社会公众的认可，进而使得会费收入增加，更容易拓宽资金筹集渠道及获得项目融资，这就是马太效应的全面体现，使得非营利组织在资金筹集方面的能力变得更强。

社会捐赠是非营利组织的主要资金来源，但我国慈善捐款数额偏低，筹资艰难是阻碍非营利组织健康发展的瓶颈。根据全国政协人口资源环境委员会统计表明，目前中国工商登记注册的企业超过1000万家，有过捐赠记录的不足10万家，仅占1%，也就是说99%的企业从来没有参加过捐助。中国100多家慈善组织，每年募集到的慈善款物约为50亿人民币，仅相当于GDP的0.05%；而美国的慈善组织有100万家，同类数字为2.17%。在美国，75%的美国人为慈善事业捐款，美国平均的个人捐赠占个人收入的1.8%，每个家庭年均1000多美元；每年有30%的慈善捐款直接从工资中划出，平均每个家庭捐出年收入的3%；共有160万个以上的非营利机构，掌握的资金为6700亿美元。另外，当前我国慈善事业很大程度上仍然依赖海外捐赠，以2004年中华慈善总会募捐的资金为例，来自全球性的大型基金会、海外的华人企业、跨国公司和个人捐献在总额中所占比例近80%。中华慈善总会副会长徐永光说，他们算过一笔账，中国的人均GDP与美国相差38倍，但是中国的人均慈善捐款和美国相差7300倍。捐赠人群缺乏广泛性且捐赠的数量少都是非营利组织筹资困难的重要原因，据相关机构统计，目前中国每年有近6000万以上的灾民需要救济，有2200多万城市人口生活在低保线上，有7500多万农村绝对贫困人口和低收入人口需要救助。另外，还有6000万残疾人需要社会提供帮助。而我国慈善捐款总数中，大约75%来自国外，10%来自平民百姓，只有15%来自国内的富人阶层，中国90%的公民没有捐过款物，在宋庆龄基金会中，来自境外的捐助占70%。中华慈善总会有50%的捐赠来自境外，上海市慈善基金会有30%的捐款来自境外，在国内的这些捐赠当中，中华慈善总会、中国扶贫基金会、中国红十字会等非营利组织也表示过，具有慈善意识、主动捐赠群体的大部分是经济实力一般的老百姓，特别是一些收入在几百元的退休职工，而中国富人阶层则对慈善捐赠的热情并不高。

（三）我国非营利组织融资困境的成因

1. 缺乏必要的政府资助

在美国，联邦政府经常为非营利组织提供资助或委托非营利组织提供服务，而我国政府部门并不像美国那样，政府与非营利组织之间的服务购买和契约关系并不紧密。我国正处于社会经济转型时期，政府内部存在许多问题需要不断完善，政府对非营利组织的支持也是非常有限，主要体现在以下三个方面：（1）政府在观念和认识上的落后，没有认识到非营利组织的存在是在协助政府管理社会，而片面地认为非营利组织的发展会危及政府的统治，这种观念使得政府在制定政策时左右摇摆；（2）政府正处于职能转变时期，各个行政部门只顾及自己内部的改革，而无暇或者不愿给非营利组织提供财力上的支持；（3）制度和政策上的不配套，对非营利组织的登记注册、监督管理、优惠税制等诸多方面，不仅约束过严，且彼此不配套、不协调、不到位，严重影响了非营利组织的发展。在非营利组织的资金来源方面，官办非营利组织主要由政府投资，政府直接提供公共物品，这类非营利组织的资金状况比民间非营利组织要好。但对于民间非营利组织来说，他们的资金获得渠道比较单一，并且很多组织的资金来源具有偶然性。随着我国政府机构的改革，很多事业单位要和政府机构分离，转变成真正意义上的非营利组织，其运行资金也需要立足于组织自身。但这并不意味着政府与非营利组织的关系完全割裂，从公共物品提供主体的规范解释角度以及公共物品的提供效率来看，政府完全有可能与非营利组织结成公私合作伙伴关系。政府可以做非营利组织的“资金和政策的提供者”，这种合作关系既可以使非营利组织获得资金，同时也可以改进公共物品的提供效率，还可以监管非营利组织的运营。另外，我国政府对非营利组织减免税政策方面还存在严重不足。当前，虽然我国在企业所得税 、营业税 、增值税、 房产税等方面对非营利组织的运行给予了部分优惠，但是优惠涉及面并不广。主要的免税收入是国家的财政拨款以及会费，对于非营利组织提供服务的免税程度不够，这也是造成非营利组织提供服务不足的因素之一。再如，增值税仅用于科研，科学实验和教学进口的仪器设备可以免征增值税，而纪念品超市卖出的商品则无此优惠。在美国，联邦政府以及州和州以下政府对非营利组织销售税、所得税和财产税的豁免，也构成了非营利组织收入相当大的一部分。据统计，美国每年对非营利组织的税收转移额高达445亿美元。对于捐赠企业和个人，根据中国公益事业捐赠法第四章的规定，仅提供了企业所得税、个人所得税、境外向境内捐赠享受减征和免征进口关税和进口环节增值税的优惠政策。如企业所得税法规定，年度利润总额12%以内的利润允许在计算应纳税所得额时扣除。然而，由于会计利润与应纳税所得额之间的差额，有时企业享受不到捐赠所带来的税收优惠，严重打击了企业捐赠的热情。

2. 政府及社会公众监督不力

我国非营利组织缺乏有效的监督机制，主要体现在以下两个方面：（1）非营利组织融资和监督的相关法律法规较少，法律层面的监督机制还处于逐步完善的阶段，尤其缺乏第三方评估和监督机构。所谓“第三方”，是指由那些具有权威性和专业性的中间机构制定出一系列审计和评价标准对慈善组织进行评定，并且做出具有说服力的肯定抑或否定的鉴定结果。“第三方”是独立于政府和非营利组织之外的机构，相对于政府而言，避免了官方意志的干扰，能对慈善组织做出客观公正的评价；同时“第三方”在社会公众中有较好的信誉，由它做出的鉴定结果具有权威性和说服力。美国、日本、英国、印度等国在20世纪90年代便开始关注非营利组织评估的问题，这些国家相继建立了各种独立于政府和慈善组织的评价机构，不定时地对慈善组织进行评估（包括对慈善组织的组织管理、项目、绩效、综合能力等多个方面的评估），这样就形成了有效的社会化监督机制，减少了政府监督成本，降低了政府监督的家长式风气，有利于慈善组织的健康发展。以美国为例，就有众多的第三方监督机构，例如美国基金会联合会、美国慈善信息局、美国非营利机构董事会中心等。这些第三方评估机构多由美国的非营利组织自愿联合而成的，它们的主要功能是制定标准并审议、提供信息和咨询、组织会议、出版报告等，以此来增强非营利组织的公开性和透明度，保持非营利组织健康发展。这些机构虽然都是独立的第三方评价机构，但是众多的美国非营利组织都自愿服从第三方机构的间接管理，此外政府、媒体、投资人也都经常使用第三方机构所做出的报告。而目前中国慈善事业中的第三方评估机制还没有建立起来，更确切地说是我国缺少第三方评估机构。（2）社会民众对非营利组织监督不力。我国非营利组织的融资主要来源于捐款，由于社会捐款的主体数量众多且地域性分布广泛，利益相关者难以对非营利组织的融资过程和资金使用情况进行监督。非营利组织的监督主体主要是资金提供者与服务对象，就资金提供者而言，小额度的捐助者缺乏监督的动力，而大额资金的提供者往往无暇顾及；就服务对象而言，非营利组织的服务对象是特殊群体，这些群体有部分是弱势群体、商人、学者、艺术家等，他们都在一定程度上存在信息获取和收集、利益诉求资源动员方面的缺陷，难以进行有效的监督。现阶段，虽然信息社会为舆论监督提供了“全方位、立体式”的监督网络，报纸、广播、电视、书刊、杂志，尤其是互联网成为舆论监督“好助手”，但由于各种主客观原因，社会舆论对非营利组织的监督处于一种不力的状态。主要表现在两个方面：（1）有关非营利组织的专栏开设得太少，对非营利组织及其事后事宜的曝光率不高；（2）即使媒体关注到了非营利组织开展的活动，但这种关注主要是正面的积极报道，而对于活动过程中存在的问题及事后的结果关注的很少，造成了社会舆论只有对非营利组织正面的了解和宣传，使得民众对于一些深层次的问题知之甚少。

3. 法律法规制约

当前，我国非营利组织立法工作相对滞后，数量偏少且约束力不强，立法内容上较为简单、零散，缺乏专业可操作性。非营利组织的法律制度主要确立于20世纪80年代末，虽然经过了修改，但是基本框架未做调整，除了《公益事业捐赠法》是全国人大常委会制定以外，其他立法多散见于《社会团体登记管理条例》《民办非企业单位登记管理暂行条例》《基金会管理条例》为核心的行政法规、规章及其他的规范性文件。关于非营利组织的税收保障、志愿服务、涉外活动等也缺乏应有的规范性与操作性：一方面，对于新出现的组织、行业、行为活动缺少规范，致使一些职业性的或行业的非营利组织无章可循；另一方面，有些法律规定已不能适用于新的法律关系，反而成了制约性因素。因为目前的法规只是对某类非营利组织单独进行规范，所以规定效力位阶较低，所规范的范围有局限性，应该建立一个与宪法相衔接的民间组织基本法律。我国对民间组织的控制比较严格，非营利组织的成立必须经过业务主管部门和民政部门的双重审核、双重负责、双重监管，这对于那些民间自发成立的非营利组织来说就非常困难。非营利组织越难成立，说明公民通过自愿方式提供公共物品就越难，这也说明公共物品提供的自愿机制无法正常实现，非营利组织也就不能通过这种自愿机制募集到资金及供给公共物品。结果在社会经济的发展过程中，人们的公共需求得不到及时响应和满足。长期以来，我国政府通对公益资产的非营利性管制来确保非营利组织的公益性和非营利性，主要特征为“管制幅度过宽、管制力度过强”，虽然便于杜绝非营利组织及其成员以公谋私的机会，却也在一定程度上遏制了非营利组织筹集及资金运作能力的提升。1999年国务院颁布的《公益事业捐赠法》规定，自然人、法人或者其他组织对公益事业的捐赠享受相应的税收优惠，是涉及捐赠方税收优惠的重要法律，但是这部法律的可操作性和公众的知晓度似乎并不高，导致这部法律很难起到激励公民捐赠的作用。此外，我国对非营利组织的税收政策也不明确、不具体、不系统，税法中应明确体现出对非营利组织的界定、对不同类型非营利组织减免的税种、减免幅度等具体内容。

第二节　青少年体育俱乐部融资管理

由于政府主要通过税收获得收入，企业主要通过盈利获得收入，而非营利组织是不以获取利润为目的，为社会公共利益服务的独立组织，主要通过筹集资金获得收入，因此可以说，筹款能力在很大程度上决定了非营利组织的生存与发展。非营利组织要完成组织自身的社会使命，为公众提供优质服务，源源不断的资金支持是必不可少的。非营利组织如果有足够的资金作保证，其社会职能也能在一定程度上得到发挥，也可以形成一定的社会影响力，进而有利于组织的资金筹集，这样就可以形成一种良性循环，促进组织健康快速的发展。但是当前，随着我国非营利组织的快速发展，资金问题已经成为制约其发展的瓶颈问题。根据清华大学非营利组织研究所最近在全国范围内的抽样调查显示，大部分非营利组织认为资金缺乏是组织发展面临的最大障碍。近年来，青少年体育俱乐部在发展青少年体育运动，增进青少年身心健康方面做出了有益贡献，但当前俱乐部的发展面临着巨大挑战，尤其是资金不足成为组织发展的瓶颈。由于我国俱乐部对政府的从属性与依附性很强，独立自主的生存能力较差，俱乐部的融资困境主要表现为融资渠道单一、主要依赖政府拨款、自创收入与社会捐赠在俱乐部资金来源中所占比例偏低等问题，难以达到融资多元化。

一、青少年体育俱乐部融资困境

（一）俱乐部行政色彩浓厚，过度依赖政府拨款

青少年体育俱乐部是在国家体育总局倡导下，利用体育彩票公益金，依托现有的学校、体校、体育场馆、社区和基层单项运动协会创建的，自成立之初，就带有比较鲜明的“官办”色彩。（1）从青少年体育俱乐部的注册资金情况看，有77.1%的俱乐部的注册资金来自体育彩票公益金，有39.2%的俱乐部的注册资金来自依托单位出资。（2）从俱乐部在运营过程的资金来源情况看，体育彩票公益金所占比例仍高达84.40%，依托单位的拨款补贴也占到总数的41.70%。当前，由于大多数俱乐部在观念和价值取向方面，还没有完成从“官办”到“民办”的角色转换。俱乐部与其所挂靠单位的同构性，造成俱乐部管理者存在“等、靠、要”的思想，挂靠双方目标存在着互利关系。俱乐部在资源经费上依赖依托单位，依托单位通过俱乐部实现某种功利。俱乐部过度依赖政府拨款必将导致其养成“政府性融资情结”，缺乏自主融资机制与意识，缺乏提高效率的竞争机制，不但使政府增加了管制成本，而且使俱乐部管理行政化，不利于组织职能的发挥，组织职能得不到发挥又导致融资更加困难，从而形成一种恶性循环，一旦政府提供的资金短缺，俱乐部就会面临生存的风险。因此，俱乐部如何确定与政府的合作关系，做政府的“伙伴”，而不是做政府的“对立者”或“代理人”，是俱乐部发展中需要尽快解决的问题。

（二）俱乐部融资机制先天不足，自创收入比例偏低

非营利组织融资机制先天不足，这是非营利组织筹资困难的深层原因。因为非营利组织既不能像企业一样为资金提供者创造利润以吸引资金，也不能像政府一样拥有强制性特权，通过对公民征税获得资金，并为纳税人提供公共物品。非营利组织的初始资产来源于政府拨款和各种形式的社会捐赠，决定了非营利组织资产的公益产权性质。所谓公益产权是相对国有产权和私有产权而言的一种社会所有的虚拟产权或不完全产权，即捐赠者、受捐者和受益人都分别享有一定的权利但又都不享有完整的产权，其中受益权的主体是由社会上所有的可能受益群体构成的虚拟主体。当前，我国俱乐部的初始资产主要来源于体育彩票公益金、依托单位和社会捐赠等渠道，这就意味着，俱乐部的资产属于公益资产，不能归某个具体投资者或捐赠者个人所有，即俱乐部的资金提供者和受益者不是同一个群

体。俱乐部财产归公益法人所有的特殊性，导致俱乐部在融资时经济利益驱动机制不足，难以形成有效的多元化融资机制，从而导致融资困难。

自创收入是指组织通过提供产品或劳务而向消费者直接获取的收入以及通过投资而从受资方取得的收益，其主要内容包括业务收入、经营收入和投资收益。2003年8月1日施行的《公共文化体育设施条例》规定："公共文化体育设施管理单位提供服务可以适当收取费用。"这个规定为俱乐部获得自创收入提供了理论依据，当前许多俱乐部的会员费和门票收入已经成为俱乐部自创收入的重要组成部分。应当注意的是，俱乐部是为实现其社会使命而运作，因此对于为实现其社会使命所提供的服务，其收费应当是低水平的，而不能按照市场经济价值规律来收费。现阶段，由于俱乐部对政府的从属性与依附性很强，独立自主的生存能力较差，获取自创收入的能力较弱，自创收入在俱乐部总收入中所占的比重相当低，融资困难成为制约俱乐部发展的瓶颈。如上海市俱乐部对上级拨款和依托单位拨款的依赖性较强，能够自我生存、自我发展的并不多。虽然以会员费作为经费来源的俱乐部比例较高，但由于这部分收入的绝对值较低，在体育彩票公益金停拨后对维持俱乐部生存与发展的作用较小。另外，还有少数俱乐部依靠销售运动器材、运动饮料和运动服装等收入作为俱乐部的经费来源，维持俱乐部的正常运作与发展。

（三）俱乐部社会公信力不高，接受社会捐赠比例低

非营利组织的经费来源除了政府拨款、自创收入外，还可以通过积极的社会捐赠和寻求企业赞助等方式进行融资，但获取社会捐赠的额度大小主要决定于组织社会公信力的高低，而完善的财务披露制度又是树立组织社会公信力的基础。非营利组织的公信力是指社会对非营利组织的认可信任程度，非营利组织的存在是以社会认可为前提，没有社会认可，非营利组织就丧失了其合法存在的社会基础。如果没有严格的、透明的财务披露制度，捐款人无法了解所捐资金的使用情况，非营利组织的廉洁就无法得到制度上的保证，也必然会降低公众对非营利组织资金管理和使用的信任度，相应就会影响组织获取社会捐赠的能力。由于俱乐部初创资金主要来源于体育彩票公益金、依托单位出资、企业与个人捐赠等，虽然资财提供组织或个人一般都远离俱乐部的日常运作及项目开展，但其财务披露信息同样具有经济后果和财富分配效应，是引导资财提供者做出捐助决策时的最主要信息，更重要的是俱乐部的财务信息披露具有创建社会公信力的特殊作用。因此，俱乐部必须加强自身财务披露制度的建设，采用民主化和规范化的工作方

法，保证公开化和透明化的资金运作，才能树立良好的组织形象，才能不断提高俱乐部的社会公信力和知名度，构建基于信息披露之上的资金融通平台，才能吸引资财提供者稳定而持久的捐助，最终使俱乐部走出融资困境。

现阶段，虽然我国有76.3%的俱乐部每年制定年终财务报告，但是通过对俱乐部财务报告审计部门的统计发现，俱乐部财务报告的审计部门主要是业务主管部门，而业务主管部门本身就是其扶持部门，这可能会从一定程度上影响财务审计的客观性；另外，由依托单位和民政部门进行财务审计也占有一定比例，但依托单位与俱乐部存在密切联系，并且无论是依托单位还是民政部门，都不是专门的审计机构；特别值得注意的是，还有29.3%的俱乐部进行的仅是自身内部审计，而6.30%的俱乐部财务报告没有接受任何部门审计。显然，缺乏严格审计的财务制度，使俱乐部资源提供者、利益相关者很难通过简洁、有效的途径充分地了解他们所捐助的资金是否能被谨慎地、按捐赠意愿使用、使用过程是否有完整的财务记录。俱乐部不健全的财务制度严重影响了组织资源提供者的积极性，降低了其对组织的信任度，因此也影响到组织社会捐赠的能力。当前我国部分俱乐部接受过社会捐赠，但所获金额较小，未接受任何资金捐助的俱乐部比例高达54.30%，这表明大部分俱乐部自身的社会公信力还非常有限，缺乏积极进行社会募捐的意识。

（四）俱乐部相关法规制度缺失，融资渠道不畅通

1. 内部治理制度缺失

俱乐部完整的治理结构应当是由决策机构、执行机构和监督机构组成的一个权责利明确的有机整体，任何一个方面缺失或薄弱，都可能造成管理的低效或偏差。当前，我国俱乐部内部治理制度缺失主要体现在组织管理结构不统一，财务制度、监督机制、评估制度和激励制度不完善等方面。研究表明，当前我国俱乐部还没有形成健全统一的组织管理结构，在已经创建的俱乐部中，有51%的俱乐部采用主任负责制，26%的俱乐部采用董事会制，17%的俱乐部采用理事会制，3%的俱乐部采用总经理负责制，还有3%的俱乐部采用其他组织形式。另外，明确的法规政策及评估办法，既有利于俱乐部的发展和管理，又能更好地实现其公益性宗旨，但目前各级行政部门出台的俱乐部评估制度尚不够健全，这是多数俱乐部面临的共性问题。调查结果表明，业务主管部门、依托单位和登记管理机关是俱乐部主要的年检和评估部门。当前有91.30%的俱乐部接受业务主管部门的年度评

估，有38.6%的俱乐部接受依托单位的年度评估，还有28.90%的俱乐部接受民政部门的年度评估。由于俱乐部的业务主管部门主要是各级体育行政部门，其自身工作任务比较繁重，精力有限，而且很多俱乐部往往依赖于业务主管部门扶持，两者之间关系密切，在这种情况下，业务主管部门对俱乐部的评估往往不够严格，严重制约了俱乐部社会公信力的提升，使俱乐部的融资能力难以增强，进而影响俱乐部的健康发展和功能发挥。

2. 外部监督制度缺失

健全的法律法规，既是非营利组织发展的制度环境，也是政府监督的法律凭据。由于特殊的社会背景和制度文化，当前我国俱乐部的监督体系整体上处于半真空状态，主要表现为缺乏严格透明的财务和信息披露制度，政府、大众媒体、利益相关者、志愿者与公众监督严重缺失等，监督机制的缺位已成为制约我国俱乐部良性发展的核心困境。因此，为提高俱乐部的融资能力，促进俱乐部可持续发展，既需要俱乐部内部自律、行业互律，更离不开他律的外部监督。俱乐部外部监督制度缺失主要体现在以下两个方面：（1）政府监督制度不完善。政府是唯一具有法律权威，可以强行对俱乐部进行监督的组织，政府在外部监督管理方面负有不可推卸的责任。现阶段我国政府对俱乐部实施双重管理制度：一方面登记管理部门（民政部门）负责俱乐部的登记工作；另一方面业务主管部门（各级体育行政部门）负责俱乐部筹备申请、成立登记、变更登记、注销登记前的审查与业务指导工作。这样在同一行政层级上，就存在两个分别对俱乐部负责的监督管理部门，尽管两类管理部门之间无论在法律上还是实践中都存在一定程度的沟通与协调，但因两类部门分别隶属于不同的政府职能部门，所执行的行政职能和所代表的部门利益无法完全统一，因此彼此之间在监督能力上存在较大差异。这种双重管理体制容易导致监督程序复杂化、办事官僚化及俱乐部自主权的丧失，不利于俱乐部的健康发展。政府监督制度缺失主要体现在俱乐部的登记注册方面，当前我国俱乐部登记注册的类型比较混乱，有64.2%的俱乐部注册为民办非企业单位，15.5%的俱乐部注册为社会团体，0.9%的俱乐部注册为企业，还有16.4%的俱乐部没有进行任何登记。（2）俱乐部相关法规制度不健全。到目前为止，我国俱乐部管理的相关法规制度主要有：《社会团体登记管理条例》（1989），新修订的《社会团体登记管理条例》（1998），《民办非企业单位登记管理暂行条例》（1998），《公益事业捐赠法》（1999）以及一些地方性、部门性规章制度，这些法规制度大部分都是程序法方面的内容，缺少实体方面的规定，对俱乐部的具体运作缺乏针对性。非常遗憾的是，我国至今没有一部专门的俱乐部法，这使得俱乐部的基本权利义务、财产关系和组织结构等一些本应由法律予以明确的问题，却只能成为法律上的漏洞，或者由行政法规代庖。此外，现行法规制度，如登记许可制度、双重管理制度、模糊的内部管理制度、缺乏实际可操作性的监管制度，都是制约俱乐部发展的重要因素。因此，如何构建符合我国现阶段俱乐部发展状况的法律体系，完善相关法规制度，从法律制定上加大政府对俱乐部的扶持和监管力度，是增强我国俱乐部融资能力、获得可持续发展的重要途径。

（五）俱乐部缺乏高素质的专业管理人才，融资执行力较弱

人才是决定一个组织或项目成败的关键，吸引高素质的专业人才作为管理者是俱乐部可持续发展的一个重要条件。尽管俱乐部的公益使命是组织凝聚力所在，但管理者总得有一定的经济待遇，而俱乐部资金不足导致俱乐部难以吸引或留住高学历和高素质的优秀人才，人才缺乏又反过来导致组织的融资执行力减弱，从而形成恶性循环，使俱乐部的可持续发展能力严重受限。研究表明，我国俱乐部的人力资源主要包括三个部分：专职从业人员（指以俱乐部工作为第一固定职业的人员）、兼职从业人员（指有其他固定职业，兼职从事俱乐部工作）以及志愿者，根据分工不同，从业人员又分为管理人员和体育活动指导员两大类。从调查结果来看，俱乐部均不同程度地设有专、兼职管理人员和体育活动指导员，但专兼职管理人员较少，专职管理人员占从业人员总数的21.9%，兼职管理人员占从业人员总数的17.8%，而志愿者占从业人员总数的88.5%。当前俱乐部从业人员主要为志愿者，而大部分志愿者又是离退休人员，因此，俱乐部需求高素质的专业管理人才与当前俱乐部管理人员的“业余性”存在巨大反差，人才缺失也是俱乐部融资困难的重要原因之一。

二、青少年体育俱乐部融资对策

随着我国社会主义市场经济的全面发展，体育体制改革和学校素质教育的不断深入，青少年体育的重要性日益突出。青少年体育不仅是提高青少年全面素质的重要途径，也是我国群众体育、竞技体育以及体育产业发展的基础。近年来，俱乐部在增进青少年身心健康、增强青少年体质、培养竞技体育人才等方面做出了有益贡献。然而，资金短缺成为制约当前俱乐部生存与发展的瓶颈，其主要原因为俱乐部行政色彩浓厚、过度依赖政府拨款，融资机制先天不足、自创收入比

例偏低，社会公信力不高、接受社会捐赠比例低，相关法规制度缺失、融资渠道不畅通以及俱乐部缺乏高素质的专业管理人才等。因此，为摆脱融资困境，促进俱乐部可持续发展，俱乐部应建立良好的公共关系（处理好俱乐部与政府之间的关系、处理好俱乐部与企业之间的关系、处理好俱乐部与资助组织的关系）以拓宽融资渠道，建立和完善相关法规政策和管理制度以创造良好的融资环境，秉承公益使命、提高社会公信力以增加俱乐部的社会捐赠比例，建立俱乐部融资机制以提高自创收入比例，注重信息管理以增强融资决策力，重视人力资源开发与管理以增强融资执行力。

（一）建立良好的公共关系，拓宽俱乐部的融资渠道

1. 处理好俱乐部与政府之间的关系

非营利组织是介于政府和市场之间的“第三部门”，它的作用在于提供政府和市场无法满足人们需求的各种产品和服务，协助政府做好公共服务工作。非营利组织与政府有着密切关系，政府通过制定各种法规对非营利组织进行宏观调控和监督，为非营利组织融资创造良好的政策环境。非营利组织提供公共服务，开展公益活动，在一定程度上执行了部分政府职能，有效弥补了“政府不足”。因此，在我国社会转型时期，构建非营利组织与政府之间的良性互动关系，使二者的职能作用互益互补，对非营利组织的发展以及和谐社会的构建都有重大的促进作用。现阶段我国俱乐部的主要资金来源是政府拨款，俱乐部与政府保持良好的关系是组织获得稳定资金来源的重要渠道，但需要注意的是，俱乐部在争取政府资金支持的同时，必须保持自身的独立性，不能过度地依赖于政府，不能成为“准政府”而失去俱乐部存在的意义。俱乐部应坚持为青少年提供高质量的体育服务，积极配合政府促进体育公益事业的发展，只有这样才会赢得公众的信任，才有可能获得政府更多的政策和资金支持。政府的资金支助，不仅可以增强俱乐部的经济实力，壮大其服务能力，而且可以用较少的财政资源引导较多的社会资源流向体育公益事业，实现政府期望公共目标的良性循环。因此，建议俱乐部与政府建立良性的合作关系，具体表现为：（1）政府以政策、权力、土地、实物、资金等进行直接投资，成为俱乐部的创始者（所有者），双方应明确划分产权关系，明确政府投资所产生的收益留归俱乐部，政府资助的方式主要有价格指导、购买服务、提供土地、特许经营权、减免税待遇和项目委托等。（2）俱乐部具有经营运作的决策权，但政府对俱乐部的服务方向、服务规模和服务产品的价格具

有监督权。政府在确定俱乐部收费服务价格时，应保证俱乐部合理的成本利润。俱乐部免费为社会提供服务或收取的费用不够组织成本开支时，政府应进行现金补偿或购买组织服务。（3）政府应为俱乐部的发展提供各种税收优惠政策，对俱乐部从事相关的公益性活动免征营业税，以企业所得税和个人所得税的优惠政策，鼓励企业和个人对俱乐部进行捐赠。（4）政府作为俱乐部融资的协调者，在国家政策允许的条件下，政府可以协助俱乐部申请企业、个人、国外政府及其他资助组织的贷款和捐赠。（5）政府应成为俱乐部所有者、支持者和协作者，鼓励俱乐部事业的发展，对良性发展的俱乐部给予扶持和优待，对恶性发展的俱乐部应予以取缔。

2. 处理好俱乐部与企业之间的关系

近年来，一些学者开始对企业的外部社会性资源产生了研究兴趣，认为企业的行为和绩效不仅受外部经济环境因素的影响，而且在很大程度上受到外部社会环境因素的影响。与此同时，非营利组织迅速成长，日益成为一支重要的社会力量，企业与非营利组织的合作发展将会是一种必然趋势。虽然非营利组织与企业在目标上有所不同，但在管理上却存在许多共同问题，改进这些问题所需要的工具是相同的。Andreasen（1996）提出了企业与非营利组织合作的三种方式，即与业务关联的公益推广活动、共同主题营销和核发许可证方式的营销。Wymer和Samu（2003）将企业与非营利组织的联盟方式概括为七种类型：企业慈善、企业基金、许可证协议、赞助、基于交易的推广、共同主题推广和联合经营。企业是俱乐部最大的潜在投资者和捐助者，俱乐部与企业进行合作是双赢的选择。俱乐部与企业合作，不仅可以使俱乐部能从企业获取资金和实物援助，还能吸引企业员工投身于公益事业，而企业则能充分利用俱乐部的公益特征实现社会责任，树立良好的社会形象以提高企业知名度，有利于取得更好的运营成效。但俱乐部与企业之间建立合作关系时应注意以下几点：（1）俱乐部要分析企业参与目的，确信企业没有从事与俱乐部宗旨背道而驰的商业行为，即俱乐部不能选择那些与组织使命、价值观念相左的企业合作，因为这种合作不仅难以成功，还将影响俱乐部的声誉和形象，进而降低组织的社会公信力。（2）企业的高层管理者对合作要有热情而且愿意率先垂范，只有这样，企业才会调动足够的人力、物力和财力支持合作计划。如果合作关系不能适应企业营销战略，或者与企业的经营战略相距甚远，将会使合作计划流于形式。（3）对愿意承担社会责任，树立形象的企业，俱乐部可以在组织各项公益活动时，采用出让“冠名权”的方式吸引企业进行赞助。（4）俱乐部必须保持组织的独立性，避免对合作企业的过分依赖，企业不能强加给俱乐部不合理的限制或者干涉其经营。如果俱乐部过分依赖某个合作企业，不仅会使组织丧失与其他潜在企业的合作机会，而且会失去组织运作的自主性和灵活性，沦为企业的附庸，遭受企业的钳制，一旦企业改变营销策略，终止合作关系，俱乐部将面临资金危机。

3. 处理好俱乐部与资助组织的关系

国内基金会（中国儿童少年基金会、中国青少年发展基金会等）和国际资助组织（联合国儿童基金会、联合国教科文组织、国际非营利组织等）拥有一定的资金，是俱乐部融资的重要来源渠道。因此，俱乐部需要了解国内外资助组织，精确分析它们的运作模式和资助兴趣，以增加获得资助的成功率。俱乐部在处理与国内基金会和国际资助组织的关系上应注意以下几点：（1）要以自身的定位和运作模式找到相匹配的基金会和国际资助组织，做到长期往来和相互了解。（2）俱乐部应加大宣传力度，扩大俱乐部的社会影响力，使一定范围内的基金会和国际资助组织了解俱乐部的创建背景、活动宗旨及其公益性特征，通过组织自身作为得到基金会和国际资助组织的认可，从而获得资金支助。

（二）建立和完善俱乐部相关法规政策和管理制度，创造良好的融资环境

1. 建立和完善俱乐部相关法规政策

俱乐部制度建设包括完善俱乐部内部管理制度与外部监督制度，在加强具体管理制度建设的同时，还应加强俱乐部相关法规政策的建设，为促进俱乐部的良性发展提供强有力的法规制度保障。首先，从政策角度而言，建议政府加大对俱乐部的扶持力度：（1）加快政府职能的转变，强化政府宏观调控职能，弱化微观管理职能。积极推进俱乐部发展模式的创新，俱乐部应尽快从行政化的模式中摆脱出来，改变依赖政府的发展模式，按照市场规则来培育、运作俱乐部，形成俱乐部发展的产业化，构建俱乐部自我发展的经济平台。（2）改革俱乐部的双重管理体制，设立专门的俱乐部协会负责俱乐部的登记和业务管理，以降低俱乐部成立和经营的门槛，加强对俱乐部运作的监管。（3）在税收政策方面，政府应给予俱乐部减免税收的优惠政策，鼓励俱乐部通过向社会提供服务的合法经营获得非分配利润，激励俱乐部从事公益活动。同时，政府还应扩大俱乐部价值补偿渠道，以免税方式，鼓励企业、社会和个人向俱乐部捐助发展经费。（4）体育行政部门应尽快出台俱乐部管理条例、俱乐部评估制度等，使俱乐部工作有章可循、

有法可依。在检查评估的基础上，对于不符合要求的俱乐部暂停拨经费，限期整改。（5）强化政府的有效监管，为俱乐部的发展营造良好的外部环境。俱乐部的快速发展不仅得益于政府财政、税收等政策的支持，而且也得益于政府对俱乐部的有效监管。其次，从法规角度而言，建议政府尽快对俱乐部进行法律规制：（1）明确界定俱乐部的法律地位。当前我国俱乐部登记注册的类型比较混乱，有些俱乐部注册为民办非企业单位，有些俱乐部注册为社会团体，有些俱乐部注册为企业，还有些俱乐部没有进行任何登记。由此可见，我国对俱乐部的性质认识还处于模糊阶段，如果政府不能明确俱乐部的性质和法律地位，在很大程度上将会导致俱乐部作为一项社会公益事业的身份不能被名正言顺地确立，政府也很难对俱乐部进行有效监管。（2）完善俱乐部的法人治理结构。研究表明，当前我国俱乐部还没有形成健全统一的法人治理结构，在已经创建的俱乐部中，有些俱乐部采用主任负责制，有些俱乐部采用董事会制，有些俱乐部采用理事会制，有些俱乐部采用总经理负责制，还有些俱乐部采用其他组织形式。治理的基本含义是指在一个既定的范围内运用权威维持秩序，满足公众的需要，最大限度地增进公共利益。我国目前对非营利组织内部治理的论述大多是以董事会制度为探讨核心，因为董事会承担了诸如决定组织使命、制定组织战略规划、监督组织运行、负责组织的绩效等职能。因此，建议俱乐部建立以董事会为核心的法人治理结构，下设执行委员会、审计委员会、薪酬委员会、提名委员会、公共政策委员会等专门委员会。（3）对俱乐部从事营利活动进行规制。俱乐部从事营利性活动不应受到限制，前提是俱乐部不能将赢利用于分配，但政府要对俱乐部的营利活动进行法律规制，防止俱乐部的资金用于营利活动而影响准公共产品的提供。（4）完善俱乐部外部评估制度。通过财政、税收、审计以及第三方评估的方式对俱乐部进行有效监管，防止俱乐部滥用俱乐部的公信力从事营利性活动，并且要对非营利活动的效果进行评估，对于不能再履行非营利职能的组织应予以取缔。

2. 建立和完善俱乐部管理制度

完善的管理制度可以从一定程度上预防俱乐部的违规行为以确保有效管理，这些管理制度主要包括俱乐部管理结构、财务制度、自律机制、评估制度、激励制度、薪酬制度、问责制度和信息公开制度等。（1）建立和完善俱乐部管理结构。俱乐部应当建立和完善董事会制度，董事会负责对俱乐部重大事项的决策，决策的具体执行由专职人员负责，同时完善董事会与专职人员之间的监督管理体制，通过严格的审核和定期的报告制度，实现俱乐部内部管理。（2）健全俱乐部财务制度。财务管理的内容主要包括预算管理、收入管理、支出管理、定员定额管理、结余及其分配管理、资产管理、负债管理、财务分析和财务监督等。由于缺乏法律规范，俱乐部可以制订一系列内部规章制度来规范其财务活动，并通过内部管理制度保障其履行，在条件成熟的时候再上升为法律。通过建立严格的财务制度确保财务的透明度，这是树立俱乐部社会公信力的重要基础。由于捐款人担心贪污和资金的滥用。如果没有严格的财务制度，不能够做到财务收支透明，那么俱乐部的廉洁无法得到保证，资金不可能得到有效使用，必将导致俱乐部无法树立社会公信力，因而无法筹集到实现组织使命所需要的资金。（3）建立俱乐部自律机制。自律是维护公信力的第一道防线，如果这一道防线严密而结实，就可以有力地制约俱乐部诸如贪污、腐化、浪费和低效等现象的发生。经验表明，俱乐部若注重自律，建立和维护良好的公信力和形象，有助于树立公众的信心并赞助该组织。俱乐部的自律机制，即俱乐部依据组织使命，建立精简高效的管理制度和激励创新的运行机制，如通过建立董事会制度、监事会制度、财务公开制度和信息披露制度等实施对组织中个人的监督，以提高俱乐部自身治理水平，建立良好的社会公信力，为积极寻找国内及国际资源协助创造良好条件。（4）建立俱乐部绩效评估制度。绩效评估包括使命与战略规划评估以及能力评估，使命与战略评估主要包括组织使命评估、战略管理评估；组织能力评估包括有形能力评估（对组织的人员、资金、活动场所、设备等有形资源的评估）与无形能力的评估（对组织的结构与资源网络、组织的能力等的评估）。绩效评估应由董事会进行，董事会应建立健全的评估规则与程序，以加强俱乐部的绩效评估制度。（5）建立俱乐部激励制度和薪酬制度。俱乐部崇高的社会责任感与使命感为组织赋予了明确的行为目标，社会使命和奉献精神是组织存在与志愿者工作的内在动力。对于志愿工作者而言，参与志愿活动并不是为了物质报酬，所以非物质性的精神激励是关键。对于有酬员工而言，报酬是激励员工的基本因素。因此，俱乐部建立合理的薪酬制度，完善俱乐部的激励和约束机制，并以此为契机，吸收优秀人才进入俱乐部，并形成良好的人才流动机制。（6）建立俱乐部问责制度。俱乐部属于公共组织，应当向它们的捐赠者、志愿者、受益者和其他各种利益相关者负责，这些群体所代表的是作为整个社会的公共利益，问责制度的核心是要保障和实现社会公共利益。首先，要实现俱乐部权责利的平衡，通过立法保障俱乐部的自治权力，明确政府管理部门职责与权限，防止政府部门的不正当干预行为。其次，要保障俱乐部的合法利益，明确俱乐部在道德与法律方面应该承担的责任，建立必要的机构与程序以实现俱乐部的公共责任。（7）建立信息公开制度。首先，应当健全俱乐部对公众的财务报告制度，以披露捐助资金的使用情况、组织行政费用支出的比例等。其次，应建立信用信息制度，信用信息包括俱乐部从设立、变更到注销整个过程的信息，组织在运营过程中与工商、税务、金融、保险、公安等部门的有关信息，政府部门做出的评估信息等。

（三）秉承公益使命，提高社会公信力，增加俱乐部的社会捐赠比例

非营利组织的公益使命是一面旗帜，代表着组织的发展目标和方向，也是组织提高社会公信力和取得社会捐赠的基本依据。提高非营利组织社会公信力的作用主要有：（1）可以使组织获得更多的社会支持，吸引更多人加入组织，增加组织的会费收取基数和收取力度。（2）吸引更多的捐赠者为组织提供资金和物质支助。（3）政府为组织发展提供更多的资金和法规政策方面的支持。由此得知，非营利组织融资与其公信力高低有密切关系，非营利组织公信力高，其融资能力强；公信力低，其融资能力就弱。因此，非营利组织要争取捐赠，必须做到资金运作民主化、制度化、公开化和透明化，如实行公示制度，定期向社会披露基本财务信息，邀请捐款者参与活动，克服民众疑虑，或通过建立独立的第三方评估机构，对非营利组织的工作绩效做出客观公正的评价，以实现高层次的责任监督，帮助组织完善各种决策和反馈机制，增强组织融资过程信息披露的透明度，还可以为企业、社会公众与团体选择高效运作的组织进行捐赠提供信息。社会捐赠是俱乐部重要的资金来源，要获得更多的和持续的社会捐赠，需要俱乐部做好以下几点工作：（1）提高服务质量，加强社会公信力建设，在一切经营活动中要秉承为青少年提供高质量的体育服务、增强青少年体质的公益使命，通过有效的服务在社会上产生广泛的影响，提高社会公信力，让企业和公众更多地了解并支持组织的活动，把组织的良好声誉转化为无形资产，以争取到政府的政策支持和企业、社会的捐赠，从而增强组织的融资能力。（2）与捐赠者坦诚相待，与之建立密切的合作伙伴关系。各种捐赠者，不管他们是个人、法人团体或是政府部门，都是俱乐部的合作伙伴，双方应该互信互益。俱乐部接受资助，必须建立财务披露制度，实行财务透明化，定期公布活动的绩效，努力使捐赠者的期望得到实现。（3）建立捐赠的利益驱动机制。在传统观念中，人们崇尚的是友情捐赠，对于带有利益补偿性质的捐赠往往不大容易接受。事实上，捐赠与利益回报是可以相容的。研究证明，正确地运用利益驱动机制，能够使社会融资取得事半功倍的效果，推动捐赠事业的发展；反之，则可能削弱社会融资和捐赠事业。这是因为，捐赠主体如果能够从自己的捐赠行为中获取一定的物质或精神的利益补偿，

势必能够增强或者巩固其捐赠的积极性，促使他再次采取或者动员其他人采取捐赠行动。因此，俱乐部可以在法律允许的范围内，给捐赠人以利益补偿。利益补偿的方式可以是多种多样的，例如，对于捐赠行为进行表彰和奖励，聘请捐赠人担任俱乐部名誉性职务；出让冠名权；利用俱乐部自身品牌的无形资产，与有关单位合作项目，捐赠人从中获取收益；对捐赠人增大情感投入，进行友情补偿或精神抚慰等等。当然，这并不是说，对于所有利益驱动下的捐赠，俱乐部都可以来者不拒。捐赠人在捐赠时可以有自己的利益考虑，但这种考虑不能破坏俱乐部公益性原则和形象。如果捐赠人提出一些不适当、不平等的要求，俱乐部应当坚持原则予以抵制，以维护自身的声誉和形象。（4）及时公开和反馈捐赠信息，让捐赠人了解资金的流向和用途，进而增强人们对俱乐部的信任程度，提高社会的捐赠愿望。为此，俱乐部必须维护自身的公信力，主动完善自律机制，建立和健全组织管理结构，确保组织运作的公开化和透明化，以提高俱乐部的社会捐赠能力。（5）建立和依靠广大的"拥护群"。俱乐部应有自己的"拥护群"。所谓"拥护群"就是俱乐部的成员、赞助者、志愿者、受益者、专家学者、媒体组织和政府机构等组成的群体，充分利用拥护群的"人力资源"和"关系网"，是增强俱乐部融资能力的重要途径。（6）重视媒体宣传，借助于媒体而形成的公共舆论往往具有强大的影响力。俱乐部应加强捐赠者资料库的管理，以及在公共关系和融资咨询等方面的投入，重视对具有典型意义的人和事件的宣传，唤起人们参与社会公益事业的意识，激发其回馈社会的责任心和认同感，形成公益重于私利的社会风气或公益压力，这些也有助于提升融资的绩效。

（四）建立俱乐部融资机制，提高自创收入比例

当前，我国俱乐部的资金来源主要有政府拨款，自创收入和社会捐赠等渠道，俱乐部应建立多元化融资机制，实现多元融资途径的有效开发、利用和组合。为了实现组织的社会使命，俱乐部必须委任专业技术人员担任专职融资任务，积极改善俱乐部内部治理结构，采用民主化和规范化的工作方法，保证公开化和透明化的资金运作，树立组织良好的形象以提高社会公信力，从而赢得政府的财政拨款和提高社会捐赠比例。另外，俱乐部还必须通过各种形式进行积极创收，俱乐部作为体育非营利组织，虽然不以营利为目标，但并不等于不能营利，它可以从事经营性活动并获取利润，只是俱乐部的利润（净收入）不能进行分配（分红），只能作为组织筹措资金的一部分，为完成组织的目标和使命而使用。俱乐部可以通过收取服务费用、从事经营活动和进行商业投资等途径来获取自创

收入。当前，在我国俱乐部的收入来源中，自创收入的比重还相当低。因此，努力扩大自创收入，是增强我国俱乐部融资能力的必要途径。俱乐部可以通过以下途径获取自创收入：（1）收取服务费用。俱乐部作为不以营利为目的的公共部门，在向社会提供服务的同时，收取一定的费用，以抵补运营成本，促进组织的发展，如向会员收取入会费、项目培训费等。（2）从事经营活动。俱乐部在开展实现其社会使命的主要业务活动的同时，还可以从事一些相关的经营活动，将获取的收入用于组织的发展壮大，以便向社会提供更多更好的服务。（3）进行商业投资。投资是指将财力投放于一定的对象，以期望在未来获取收益的经济行为。对俱乐部来说，投资是一种重要的融资方式，即俱乐部所获取的资金，在运用于实现其社会使命的具体项目之前，可以通过资本运作方式进行投资，获取投资收益，以实现资金的保值与增值。然而，投资是有风险的，俱乐部进行商业投资，必须遵循安全性、收益性、流动性和合法性的原则；必须认真研究投资项目的收益及其风险，优化投资组合，在不提高风险的条件下使收益最高，或者在一定的收益条件下使风险降至最低。例如，俱乐部可将闲置资金投入到房地产、股票或期货市场去实现资金的保值与增值。

（五）注重信息管理，增强俱乐部融资决策力

提高非营利组织的持续融资能力需要从多方面努力，其中信息披露制度的建立是非营利组织与资金提供者直接沟通的渠道。几乎所有的资金提供者都关心非营利组织整体的财务状况、资金使用效果以及资金是否用于指定用途等信息，资金提供者关心的信息就是非营利组织应该披露的信息，它与非营利组织融资能力息息相关。当前，我国俱乐部信息披露制度的欠缺，社会公信力不高，是造成俱乐部融资困难的重要原因之一。因此，俱乐部应加强融资信息管理：（1）加强融资信息需求分析。在融资信息需求分析处理上，可将俱乐部收入分为固定收入和变动收入，通过收入的定量分析，为融资决策提供定量数据，并争取对融资中各要素进行全面管理，以增加融资机会、降低融资成本和提高融资效率。（2）进行融资资源管理。融资资源管理的主要内容包括融资资源建设、融资资源的开发与利用、网络信息资源管理等。（3）注重俱乐部与融资对象的双向信息交流。俱乐部应做到广开财源，扩大信息来源，努力争取各种渠道和多种形式的资助。及时了解融资因素变化情况，掌握潜在融资资源变化趋势。通过广播、电视、互联网等传播媒介与融资对象进行双向交流，及时收集、整理和发布项目信息、优惠政策等相关信息，为各类投资主体提供信息咨询和服务，引导好各类投资主体的投

资活动。

（六）重视人力资源开发与管理，增强俱乐部融资执行力

当今社会正在走向知识经济时代，人力资源日益成为生产力发展过程中的决定性因素和第一资源，它要求各种组织必须把人力资源的开发与管理摆在管理的中心位置，作为第一要务来抓。人力资源管理的目的旨在运用有效的激励和开发机制，拓展人力资源的创新能力。由于我国俱乐部是一种新型的体育非营利组织，能力不足、士气不高和专业化人才稀缺是普遍存在的问题。因此，俱乐部应当形成一整套人力资源开发、配置、使用和管理的工作机制，全面提高员工的专业素质和职业意识，为完成组织的使命和目标提供高效的人力资源支持。为了赢得社会的信赖和支持，俱乐部需要秉承公益使命，认真对待人们在捐资过程中的利益取向，强化自身建设，提高服务能力，注重自律，重视融资目标的针对性和融资方式方法的多样化和灵活性。因此，俱乐部需要有魄力、有能力、有远见的领导者和管理者，需要专业化、职业化的从业人员来执行组织的决策。增加融资执行力就要让俱乐部的每个员工带着他们的价值观和理想进入组织，确定正确的融资目标，并将正确融资目标变成共识，在组织的宗旨下团结在一起，产生强大的向心力，在正确融资目标的指导下有创造性地开展融资工作，并能够在融资过程中遇到困难时保持求胜的欲望，只有充分发挥工作人员融资积极性，才能达到融资目的。

第八章 我国青少年体育俱乐部绩效管理与评估

当前，非营利组织作为一座政府与公众之间沟通的桥梁，已成为社会组织体系的一个重要组成部分，在整合社会资源、帮助弱势群体、落实社会公共服务及推动公众参与政府决策等方面发挥着重要作用。任何组织的存在，都有其既定的目标，组织中的领导者，必须透过各种管理控制活动，促使组织有效率的运作，从而顺利完成既定的目标。因此可以说，绩效是对组织目标达成程度的一种衡量，绩效管理也是组织运作中至关重要的一个环节。改善非营利组织的绩效管理，就是通过绩效考核等手段客观评价工作绩效，提高整体工作效率，提高工作人员的积极性，发挥非营利组织资源的最大效用，使非营利组织得以生存与发展壮大，以实现其社会价值与经济价值。非营利组织绩效管理要以人为出发点和中心，重视激发和调动人的主动性、积极性、创造性，以实现人与非营利组织的共同发展。因此，本章以平衡计分卡为理论视角，设计非营利组织的绩效管理模型，构建青少年体育俱乐部的绩效管理体系，从公益使命与战略目标、利益相关者满意度、财务绩效、内部流程、学习与成长五个维度构建青少年体育俱乐部绩效评估指标体系，旨在为我国青少年体育俱乐部的规范运营、绩效评估与可持续发展提供理论参考。

第一节 青少年体育俱乐部绩效管理与评估的理论基础

绩效评估是指按照一定的标准，采用科学的方法，对企业员工在规定的时间内，在企业提供的一定条件下对职务所规定职责的履行程度进行检查和评定，以确定其工作成绩的一种有效管理方法。绩效评估作为组织的一项制度，通常应定期进行，对员工进行正式的绩效评估。绩效评估本身不是目的，而是手段。它并不纯粹是为了进行对个人绩效的评估而设计的，它更深层的目的是为了有效地推动个人的行为表现，引导企业全体员工从个人开始，以至各部门或事业部，共同朝着企业整体战略目标迈进。绩效评估不仅仅是应用某种技术或方法考核员工的单纯过程，企业通过实施有效的绩效管理与评估，对组织内部及外部环境不断产生积极影响和作用，而不断增强市场竞争能力，实现企业的战略目标。评估是组织内部控制与外部监督的重要管理工具，是组织学习成长的主要手段，但由于非营利组织自身缺乏个人利益机制、提高效率的竞争机制、显示组织成功与否的利润机制，加之我国非营利组织存在组织运作不规范、相关法规制度不健全等问题，使得非营利组织评估的开展既缺乏充分的动力，也不能像企业那样容易形成明确的、可量化的评估标准，因此，建立与健全非营利组织的绩效管理与评估体系是一项复杂而困难的工作。20世纪90年代以来，国外非营利组织评估理论与方法被引入我国，我国有关学者也探索出一些针对我国实际的评估理论与方法，如“三E”评估、“三D”评估、“顾客满意度”评估、“APC”评估等……以上的评估理论及方法对于中国非营利组织评估具有重要的参考价值，但这些评估理论与方法存在一些不足：（1）评估往往集中于组织的某些方面或组织运作的某些环节，缺乏从组织整体进行的系统、完整、战略性的评估设计。（2）我国有关非营利组织评估研究停留在对非营利组织整体进行探讨的层面，而对各类具体组织（社会团体、基金会和民办非企业单位等）缺乏深入探讨。因此，非营利组织评估研究亟待深入，本研究主要采用平衡计分卡理论，对组织整体进行系统评估并引导组织规范发展。

一、平衡计分卡理论与企业平衡计分卡模型

1992年，罗波特·卡普兰（Robert Kaplan）与戴维·诺顿（David Norton）在《哈佛商业评论》上发表了一篇论文《平衡计分卡——业绩衡量与驱动的新方法》，首次引入平衡计分卡的概念。平衡计分卡（Balanced-scorecard-method）简称BSC，它是针对传统企业以财务指标为核心的绩效评估模式而提出的一套全面的、多维度的综合评价模型，它帮助组织把战略目标转化为一套相关的绩效指标，实现对组织的综合测评，从而使得管理者能从整体上把握和控制组织，最终实现组织的战略目标。在这个模型中，企业战略目标被逐层转化为财务、顾客、内部流程、学习与成长四个维度的绩效评估指标，企业战略始终居于核心位

置，四个维度围绕该核心而展开，其中财务维度居于最高位置，这决定于企业以追求利润最大化为目标的基本属性，其他三个维度是财务绩效的补充与支持（图8-1）。

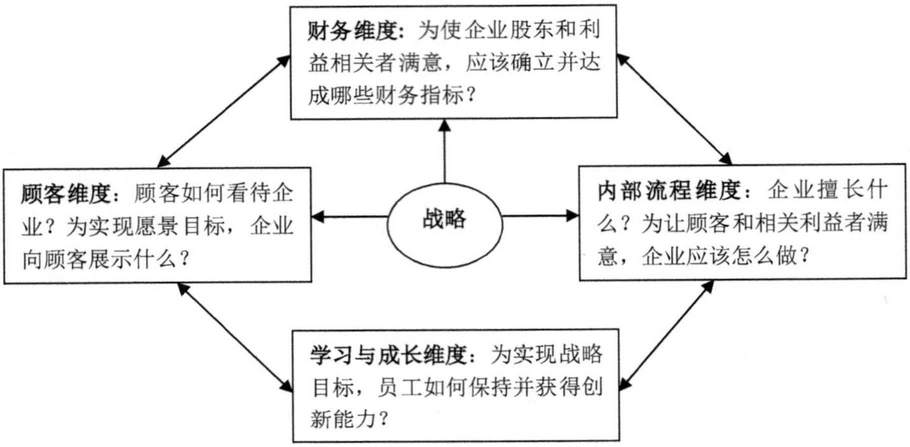

图8-1 企业平衡计分卡模型

（一）财务维度

企业是以获取利润最大化为根本目标，因此财务指标在企业绩效考核中占据重要地位，财务报表是企业经营效果的最终反映。尽管财务指标有诸多局限性，但作为对传统绩效管理系统的继承，平衡记分卡仍保留了财务方面的指标。其原因主要有两个：（1）因为财务目标能够集中体现企业的最终目标，即在风险一定的情况下取得最大的投资收益率，财务指标能够综合地体现企业的经营业绩，财务绩效衡量方法能够显示企业战略及其实施是否正在为最终财务状况的改善做出贡献；（2）因为财务指标体现了企业各利益相关者的利益。在平衡记分卡绩效管理系统中，财务指标主要围绕五个方面来进行设置：（1）获利能力，典型的指标有利润率、投资收益率（或经济增加值）和净现金流量等；（2）收入的增加，典型的指标有销售收入增长率和市场份额等；（3）降低成本和提高生产率，典型的指标有单位成本和费用功效等；（4）资产的运营效率，典型的指标主要有资产周转率、经营周期或现金周转期、设备开工利用率等；（5）经营风险和财务风险，典型的指标有经营杠杆、流动比率、负债比率和利息保障倍数等。需要注意的是，平衡记分卡中财务方面的指标并不是孤立的，它一方面要与企业发展战略密切相关，集中体现企业战略目标以及实现的情况；另一方面则要作为其他三个非财务维度的最终结果和衡量标准，使得企业的财务业绩与其非财务的业绩动因之间构成一条垂直的因果关系链，这条因果关系链始终贯穿于平衡记分卡的四个维度。

（二）顾客维度

在激烈的市场竞争中，顾客对于企业来说是至关重要的，因为顾客是企业利润的主要来源。企业应树立正确的顾客观，做到真正了解顾客，不断满足顾客的需要，使企业的产品能够适应市场需要，只有这样企业才能在复杂多变的经营环境中求得生存与发展。将顾客维度作为平衡记分卡绩效管理系统的一个重要组成部分，可以促使企业根据顾客需求制定市场战略和策略，从而为企业创造良好的财务回报。企业需要考虑“我们的顾客是谁？”“我们如何为顾客创造价值”等问题，企业需要从产品成本、服务质量、售后通道、意见反馈、品质改善等方面关注我们的顾客需求和满意程度，以此提高企业的竞争力。在平衡记分卡的顾客层面，管理者确认其经营单位准备竞争的顾客和市场部分，以及这些目标部分中对本单位绩效的衡量指标。这些衡量指标主要包括顾客满意度、顾客保持率、新顾客获得率、顾客盈利率及市场份额等。同时，顾客层面也应针对特定的市场因素，包括特定的指标来衡量公司提供给目标顾客的价值主张，顾客层面使业务单位的管理者阐明顾客和市场战略，从而提高组织经营绩效。

（三）内部流程维度

随着市场竞争的日益激烈，企业的内外部环境发生巨大变化，企业不得不调整自身的战略目标，企业内部陈旧的业务流程也必须进行相应的改造以适应组织战略目标的调整。新的业务流程能够为顾客创造价值，必须达到组织能够快速洞察、预测市场需求，根据顾客需要确定产品的生产，从而最终实现企业的战略目标。内部流程维度，组织主要考虑为了满足顾客需要，同时满足预算约束，我们必须擅长哪些业务流程？内部流程是形成企业竞争能力的主要过程，是企业改善经营业绩的重点，客户满意、股东价值的实现都要从内部流程中获得支持。内部流程可以按普通价值链原理分为创新、经营和售后服务三个过程。创新表现为企业确立和培育新的市场、新的客户以及开发新的产品和服务。只有不断创新，才能为企业带来持续不断的活力和经营利润，因此企业必须重视创新指标的设计和运用。通常，企业的创新能力可以用以下典型指标来进行衡量和评价：新产品开发所用的时间，耗用的人力、物力和财力以及新产品销售收入占总收入的比例等。经营是指把现有的产品和服务生产出来并支付给顾客的过程。经营过程一向为企业管理者所重视，但传统的业绩考核过分强调财务成本，而忽视了时间和质量等非财务指标。平衡记分卡把三者综合起来，主要依靠的业绩考核指标有产品生产周期、交货效率、产品质量、产品成本和产品返工率等。售后服务是企业在产品销售给顾客后为顾客提供的后续服务，它是同业之间非价格竞争的主要手段。良好的售后服务不仅为客户带来便利，而且可以使客户对产品的信赖程度提高。考核售后服务体系完善程度的主要指标为：售后服务质量、售后服务态度、售后服务的及时性、售后服务成本和备件备品质量等。从上述三个方面可以看出，平衡记分卡并不仅仅着眼于改进现有经营过程，更为重要的是它从满足客户要求和实现股东期望收益的角度出发，来对企业的经营过程进行重新审视，并对关键环节进行有效的创新，以保证企业的经营过程能够满足企业生存和发展的需要，在实现短期经营目标和取得长期可持续发展之间取得平衡。

（四）学习与成长维度

学习与成长维度是企业长期稳定发展的核心竞争优势，只有不断学习和创新，才能在竞争中立于不败之地，它是财务维度、顾客维度、内部流程维度的“强化剂”，也是其他三个维度取得良好效果的驱动因素，是组织发展的根本，如果员工没有学习与成长的能力，组织的发展就成了无源之水。此外，学习与成长维度关注如何提高企业应变能力和持续改进的能力，它主要来源于人、系统和组织程序，这三个方面一般会提示出企业的实际能力和实现突破性业绩所需能力之间的差距。为了弥补差距，企业必须投资于员工技术的再造、信息技术和系统的加强、组织程序和日常工作的理顺，以强调公司无形资产与战略目标一致的重要性。另外，创新能力的提高对组织的生存与发展至关重要，无论是顾客需求的满足，还是组织内部执行绩效的改善，均来自组织内部员工和团体的学习以及素质的提高。只有通过研发新产品、新业务为顾客增加新的价值，不断改进业务运行效率，企业才能够进入新的市场、增加利润份额，主要涉及员工技能水平、员工自我创新能力、核心职员的忠诚度、业务培训时数、信息的有效性和及时传达性等指标。

二、非营利组织平衡计分卡模型

非营利组织的管理颇具独特性，它们不是靠“利润动机”的驱使，而是靠“组织使命”的凝聚力和引导，反映社会需要的使命表述、宣传来获取外部的支持和捐助，实现组织内部的协调运作。由于非营利组织的“非营利性、不以追求利润最大化为目标”的特点，组织在运用平衡计分卡时，赋予非财务性因素的比重要大于财务性因素。这为平衡计分卡应用于非营利组织并建立绩效评估模型提供了必要依据。平衡计分卡作为企业的一种绩效管理工具，通过调整与改进后，同样也适用于非营利组织的绩效评估。但由于企业以追求利润最大化为发展目的，而非营利组织是以公益使命的实现为终极目标，因此，必须对企业的平衡计分卡模型、具体内容以及因果关系链等进行修正，建立一种适用于非营利组织绩效评估的模型（图8-2）。该模型的主要特征是：将组织使命置于平衡计分卡的最顶层，主要功能是指导实施；顾客维度更改为利益相关者维度，并置于平衡计分卡的首位，取代了企业平衡计分卡财务维度的重要位置。

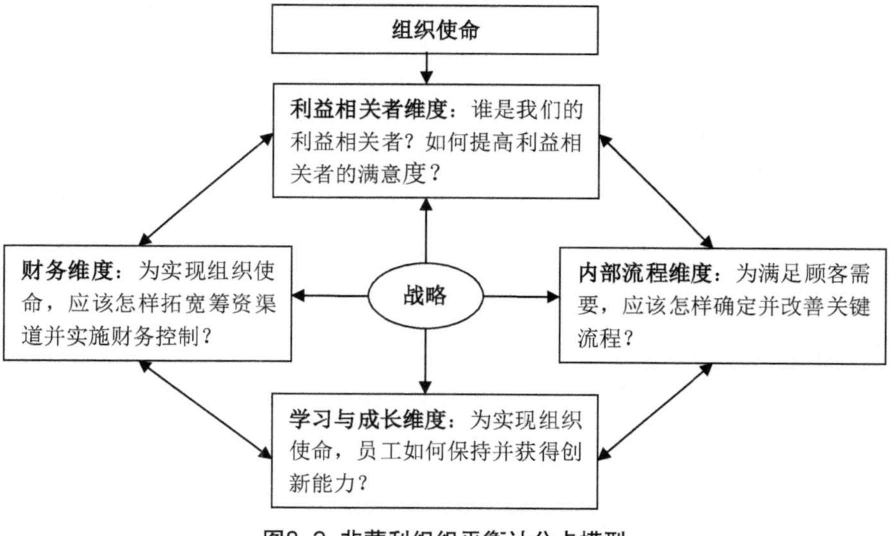

图8-2 非营利组织平衡计分卡模型

（一）组织使命

非营利组织不以“利润或财富”的增长为动机，旨在为社会提供各种志愿性的公益或互益活动，在于其社会责任的承担。组织服务于更高的目标，如降低贫困地区儿童失学率、防治艾滋病、慈善救济、环境保护等。非营利组织创建的初衷是满足社会需求，提供政府或企业无法或不能提供的服务。这要求非营利组织在其章程中明确组织的公益使命与宗旨， 以确保组织始终保持该公益使命与宗旨，进而在使命驱动下开展活动。当组织在使命驱动下运作时，使命的展开必然要求组织在使命引导下设计相应的、合理的战略规划，从而实现组织使命。将使命置于非营利组织平衡记分卡的上方，标示出与企业平衡记分卡的本质区别。组织使命是统领全局的最高目标和宗旨，也是平衡记分卡其他指标的出发点。虽然政府财政拨款是非营利组织的主要资金来源，但是完成组织的使命却并不是为财政部门工作，组织必须要确定到底是在为谁服务，以及怎样最好地满足他们的要求。非营利组织要把精力集中在客户身上，满足客户的需要，就是完成组织使命。

（二）战 略

战略是将一个组织的使命、政策和行动整合为一个有机的模式和计划。战略可以帮助组织合理地分配资源，许多成功的企业都是得益于一个正确、简明的企业战略。对于许多非营利组织，特别是具有多个职能的非营利组织而言，战略选择比企业战略的确定要复杂得多，因此，概括出一个简单明了的组织战略成为众多非营利组织目前面临的难题。另外，非营利组织还要搞清什么是战略，不要错将使命当成战略，诸如“减少文盲”“消除贫困”“加强社会治安”等，它们并不是战略，是公众希望政府部门奉行的职责目标，是为政府工作提供动力的使命。对于任何类型的组织，如果没有正确的战略目标，组织这艘大船就没有了舵，那么它就很难到达组织使命的彼岸。非营利组织平衡计分卡基本模型的核心是战略目标，所有维度及其指标的设计都应该围绕这个核心。非营利组织和政府部门在制定简明扼要的战略时通常会遇到困难，因此在确定战略目标时，应当先确定组织总目标，然后建立分目标，各个目标要分清关键性与次要性，根据轻重缓急程度进行目标的有序实施。

（三）利益相关者维度

在非营利组织和公共部门的平衡计分卡模型中，利益相关者维度置于模型中最重要的位置。对非营利组织来说，面临的疑惑是：“到底谁是组织的利益相关者”，这是非营利组织在建立平衡记分卡时不得不面对的复杂问题。营利组织的客户既是服务的付款方又是服务的获得者；而与营利组织不同，非营利组织服务的设计方、服务的付款与最终受益者往往是不同的团体。这种关系网使非营利组织在决定其服务对象，即利益相关者时面临巨大的难题。非营利组织的目的不是为了营利，而是为社会提供服务。非营利组织利益相关者的定义更具宽泛性，包括学生、社区、社会组织、捐赠者、地方政府、项目合作者；捐赠者或政府支付费用，受赠者则享受服务或商品，因此，作为为社会公益事业提供服务的非营利组织应该关注的利益相关者应主要包括捐赠者、公众、受助者、志愿服务者等。

（四）财务维度

财务维度是衡量企业绩效的核心标准，如果平衡计分卡缺乏财务维度，那么它就会失去其真正价值。而在非营利组织中，其大量资源、物质支持等都来自社会捐赠和政府财政支持，在平衡记分卡模型中，财务指标应该被看作是为客户服务成功的实现条件或者是组织运作的约束范围。组织最终的目标不是取得财务上的成功，而是完成组织使命和达到客户的要求。尽管这与营利组织平衡记分卡的财务指标的角色有很大不同，但财务在这个框架中也依然占据重要位置。非营利组织能否以最低成本为服务对象提供服务达到组织使命，是这些捐赠者最为关心的问题而不是求得资金上的回报，这是非营利组织与营利组织的最大区别。不是说非营利组织不需要财务指标，它的发展和运作也离不开捐赠者和政府的资金投入，只是在平衡计分卡模型中，非营利组织的财务维度指标权重低于营利性组织。财务维度是非营利组织达成使命的限制条件，提高组织的资金运营能力是组织持续运营的关键。将组织财务增长的驱动因素归纳为三个方面：创造营运收入、控制成本、财务审查，其中创造营运收入是积极吸纳资金的手段，可采用制定合适的服务定价，争取与政府、企业的合作项目，扩大服务群体的行动措施来实现。在积极吸纳资金的基础上，需秉承节约、提高资源利用率的态度控制组织运营成本，可从人力成本、管理成本、场地成本、设施成本等方面进行有效的控制，做好年度预算。要达成创收和成本控制，建立完善的财务审查制度是必不可少的，需建立经费收支审核制度、年度预算审核制度以及制定各种财务报表使组织账目清晰，也有利于审核。

（五）内部流程维度

营利组织的内部流程指标是由财务指标所驱动的，而非营利组织的内部流程评价指标由客户方面的相关价值理念所驱动，必须要很好地完成关键业务，才能增加组织客户服务方面成功的可能性。内部流程的选择与设计是非营利组织运营最为重要的环节，内部流程应以满足组织使命和服务需求为依据，重点应放在社区建设与服务、志愿者参与和管理、资源筹集与分配、项目的设计与开发等方面，内部流程评价指标由顾客方面的相关价值理念所驱动，内部流程设计是否科学决定能否直接增加为顾客服务的可能性。内部流程维度关系到组织运营的效率问题，流程设计运营顺畅，则组织能快速地发展，进而成功实现组织战略和使命。完善与有效的内部管理是组织达成使命的根本，将组织内部管理层面的驱动因素分为三类： 健全的组织、专业化的人力管理、信息科技化程度。健全的组织需建立组织使命，明确组织成员的职责与分工，建立规范的管理规章制度；形成专业化的人力资源管理需要聘任专职成员和志愿者，制定标准化的工作流程，为促进组织成员的持续服务热情，还须建立绩效评价制度，制定奖励制度，及时对组织成员的服务给予反馈和修正。对于非营利组织而言，应有长期记录和保留组织及服务群体资料的习惯，可从资料收集和分析过程中寻求组织的发展规律，有利于生成合理化建议，而在信息化时代，组织充分利用网络技术可以进行低成本的组织宣传和服务交流，利用微博、微信、网站等便捷的信息渠道已成为组织营销的趋势。

（六）学习与成长维度

随着政治经济全球化和信息化的不断发展，社会公众和服务对象对非营利组织提出了更高要求。如何提高组织员工与志愿者的综合素质，改进与创新组织管理模式和工作氛围，是组织有效管理的当务之急。无论是营利组织还是非营利组织，要想达成在内部流程、财务和客户等方面的目标，都必须在学习与成长层面建立某种制约，才能实现其他维度的发展目标。学习与创新能够有效增加员工工作的积极性与提高组织效率，组织内技术的革新也能减少不必要的浪费和管理成本，是非营利组织实现顾客价值和组织战略使命的根本性内在要素。现代非营利组织对绩效的审视是全方位的，更关注组织使命和一些核心价值，如责任性、社会服务等，体现了公共管理的战略导向，这些都将成为绩效管理制度的价值基础。整个绩效指标体系的设计、绩效考核过程的运用都必然以实现非营利组织所承载的使命和价值为前提，是一种战略实施和使命完成的途径。如何应用新的绩效管理理论和技术来实现此价值，成为非营利组织面临的重要问题。平衡计分卡法无疑是一个最优的方案，平衡计分卡的长期指标和短期指标的平衡、外部计量和内部计量的平衡、主观性测量和客观性测量之间的平衡等，与非营利组织绩效管理的价值取向相契合，在非营利组织中导入平衡计分卡进行绩效管理具有极强的可行性、适用性和可操作性。组织有了运行经费的保障，首要任务就是对组织成员进行教育和培养，提高组织专职人员和志愿者的服务能力，建立传递组织使命的信心，与组织的志愿精神达成共识。可采取制定组织的各类人才培养计划，对组织成员进行教育和培训等措施达成组织成员的专业成长。在注重组织员工的成长的同时，还应关注非营利组织对社会的影响，可通过开发多样的服务项目和宣传为公众营造良好的氛围，塑造积极的社会形象，进而促进组织的社会成长。

第二节　青少年体育俱乐部绩效管理与评估

随着经济全球化和市场格局的迅速变化，企业生存的外部环境日益复杂，市场竞争日趋激烈，企业为获取竞争优势，必须不断提高整体效能和绩效。绩效管理是指为了达到组织的目标，通过持续开发的沟通过程，形成组织目标所预期的利益和产出，并推动团队和个人做出有利于目标达成的管理过程。由于我国正处于社会转型时期，青少年体育俱乐部作为一种新型的社会体育组织，在各种相关法规制度还不够成熟的条件下，从微观运营到宏观管理都存在诸多问题，主要表现在俱乐部的相关法规政策不完善、财务管理不规范、市场竞争意识不强、缺乏高素质的管理员和体育指导员等方面。因此，为规范俱乐部的运作以保证俱乐部可持续发展，进一步提高青少年体育服务质量，以平衡计分卡为理论视角设计非营利组织的绩效管理模型，构建俱乐部的绩效管理体系势在必行。另外，当前大部分俱乐部还存在绩效评估观念落后、评估主体单一、缺乏规范与健全的评估制度、评估目的是为了获得资金支助，而不是为了提高管理水平等问题。俱乐部运营是一项系统工程，其涉及政府、依托单位（学校、体育场馆中心等）、捐赠企业或个人等多个相关部门与主体，要想充分发挥组织为青少年提供优质体育服务的功能，必须抓好与加强组织机构与制度的建设，尤其需要建立一套完善的绩效评估制度与体系，对组织的经营管理进行科学合理的监控，以确保组织的规范运营与可持续发展。所谓绩效评估，是指运用数理统计、运筹学等原理与方法，将组织管理的实际水平与评价标准进行比较，并与其他的激励约束指标体系相结合，以建立一种提高管理效率、实现组织目标的综合评估机制。当前，我国俱乐部缺乏科学合理的、可操作的绩效评估标准与制度体系，也没有制定第三方绩效评估办法。因此，为提高俱乐部的经营管理效率、确保俱乐部规范运营与健康发展，建立科学规范的绩效评估体系，采用较为完善的评估办法是非常必要的。

一、青少年体育俱乐部绩效管理体系的构建

由于俱乐部是一种新型的社会体育组织，既无管理经验可以借鉴，又无管理模式可循，况且俱乐部的主要职能是提供公益服务，俱乐部产生的社会效益很难用客观的标准和检测工具来度量，当前大多数俱乐部管理还停留在绩效评价阶段，没有形成完整的绩效管理体系。因此，依据非营利组织的绩效管理模型，对俱乐部的组织使命与战略目标进行解析，并将其分解成相互平衡、因果驱动的顾客、财务、内部流程、学习和成长四个维度的各项具体指标，进而构建俱乐部的绩效管理体系（图8–3）。

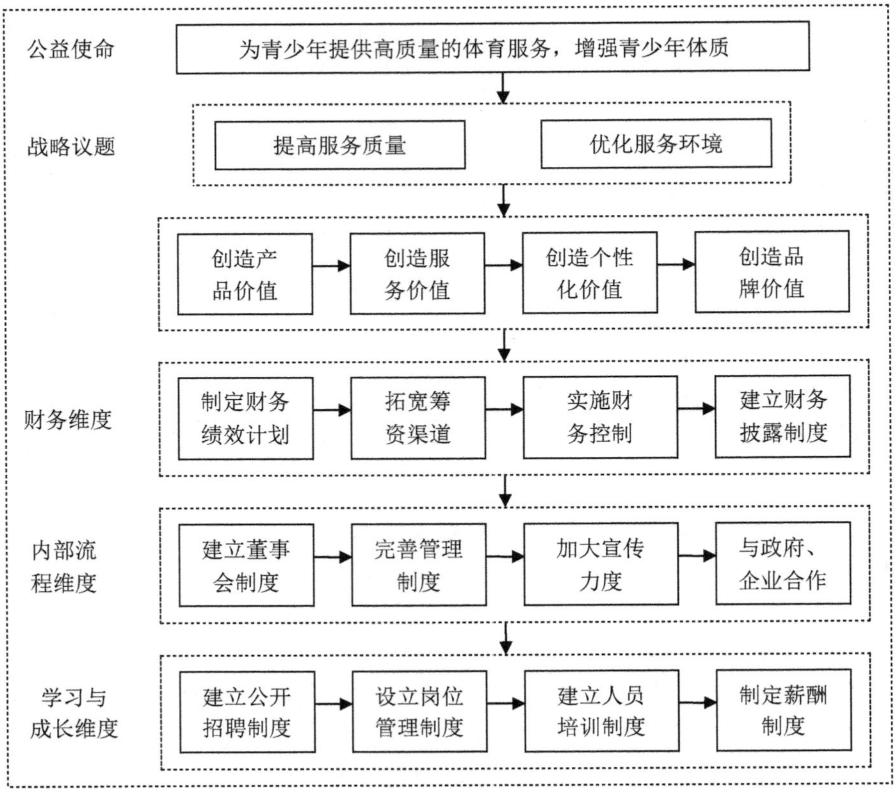

图8–3　青少年体育俱乐部绩效管理体系

（一）使命与战略

任何一个组织都是为完成一定的使命而建立和发展的，所以使命是一个组织存在与发展的根本动因和前提条件。依据俱乐部的概念与属性，认为俱乐部的公益使命主要是为青少年提供高质量的体育服务、增强青少年体质。但在俱乐部的创建过程中，有的俱乐部把服务对象界定为会员，非会员不能享受服务；有的俱乐部对会员资格设置各种条件，如高额的会费、较高的运动素质等，把相当一部分青少年挡在俱乐部门外，这两种情况明显有悖于俱乐部的公益使命。因此，建议俱乐部树立以公益使命为核心价值观，确定以提高服务质量与优化服务环境为战略议题，并通过目标承接与分解的方式分层制定各级战略目标，进而构建俱乐部绩效管理体系。使命是俱乐部经营管理的起点，管理者应经常检讨组织的行为是否有悖于使命、使命是否被服务对象所需求、是否被社会所肯定。建议俱乐部对使命实现的绩效评价指标主要包括：（1）俱乐部使命是否被社会大众所了解；（2）社会对俱乐部使命是否有明确而一致的认识；（3）社会对俱乐部使命是否持高度肯定的态度；（4）媒体对俱乐部的正面报道频度；（5）相关部门与专家学者参与俱乐部活动的意愿与频度。

（二）顾客维度

在顾客维度方面，俱乐部需要回答三个问题：谁是我们的顾客？应该怎样为顾客创造价值？如何提高顾客满意度？其中关键的问题是俱乐部服务对象的确定，这直接关系到顾客评价指标的制定。俱乐部是一种广泛开展青少年日常体育活动的社会组织，据此可认为青少年是俱乐部的主要顾客，也是主要受益人。近年来，顾客价值已成为企业与非营利组织共同关注的焦点领域，被视为竞争优势的新来源。顾客价值是指顾客在消费过程中期望或感知到的产品和服务所给他带来的价值。顾客价值的核心内容是感知利得与感知利失之间的权衡，顾客价值的本质是顾客感知，体现在一系列消费感知过程之中，包括消费前、消费中和消费之后。顾客在消费服务之前已经形成对服务感知价值的预期；顾客在消费服务过程中得到的经历或者体验，直接影响顾客感知价值；顾客消费之后的感知满意度是通过自己对服务的体验与消费服务之前的预期来进行比较而产生的。顾客价值因人而异，受顾客的价值观、文化背景、资金实力、消费偏好等众多因素的影响，表现相当多样化。在市场竞争中，顾客成为俱乐部之间争夺的稀缺资源，俱乐部只有提供比其他竞争者更多的价值给顾客，才能保留和造就忠诚顾客。那么，俱乐部怎样为顾客创造价值，如何提高顾客满意度是一个重要议题。

1. 创造产品价值

俱乐部在为顾客创造价值过程中，产品价值是核心。从价值角度分析，体育产品价值主要由核心价值、外在价值、附加价值和延伸价值四个层面构成。（1）产品的核心价值，是指能满足消费者强身健体、享受娱乐、精神愉快、完善人格、实现自我所产生的效用；（2）产品的外在价值，是指体育场馆，产品的质量、组合方式、信誉和知名度等方面给消费者带来的价值体验；（3）产品的附加价值，是指消费者在核心价值满足的条件下所得到的其他额外的价值，如价格优惠、礼品赠送、提供便利和社会交往等为消费者创造的超出基本效用的价值；（4）产品的延伸价值，是指消费者在消费体育产品时在得到即时效应的同时，还将带给消费者延时价值。如比赛、表演类体育产品在交易后，观众观看比赛、表演后，对于消费者来说不仅产生即时效果（给观众以娱乐、刺激和文化享受），这种效果还将在消费者的头脑中留下记忆，延伸持续一段甚至很长时间。为了更好地实现俱乐部组织使命和目标，建议俱乐部立足于产品核心价值的创新，优化产品的外在价值，增加产品的附加价值与延伸价值，加强与顾客联系，确定并满足顾客的价值需求，提高顾客满意度。

2. 创造服务价值

为创造顾客服务价值，建议俱乐部提高员工素质，加强对服务过程的管理。（1）提高员工素质。由于服务的无形性，顾客通常根据员工的素质与水平来判断俱乐部提供的服务质量的好坏，通过员工在服务提供过程中的表现来评判服务产品的价值。因此，员工在顾客价值的创造和传递过程中起着至关重要的作用，员工的经营思想、知识水平、业务能力、创新意识、敬业精神等直接影响着顾客的服务感知价值，建议俱乐部必须注重员工的培训，通过培训提高员工的职业素质，进而提高服务质量，为顾客创造感知价值；（2）加强服务过程管理。加强服务过程中的互动情景管理是俱乐部创造服务价值的重要途径。顾客对服务质量的感知在很大程度上体现在服务交互过程的质量上，俱乐部可以通过对关键时刻进行科学设计和管理，提高员工的服务水平和应付能力，创造顾客感知价值；对顾客之间的互动进行管理，对顾客进行适当的引导，让他们把积极的形象展示给其他顾客，这将有助于在满足顾客价值的同时，通过顾客之间的友好互动关系提高他们的情感价值和社会价值。

3. 创造个性化价值

由于顾客的个体差异，往往呈现出复杂、迥异的消费需求，顾客在消费过程中期望俱乐部能给予他们更多的关怀，这就要求俱乐部根据顾客的个性化需求，采取不同方式为顾客创造个性化价值。互联网技术的迅速发展，使俱乐部与顾客保持接触，理解顾客的特殊需求变得更容易，而且互联网的低成本和一对一互动，为俱乐部提供了实现个性化服务的平台。建议俱乐部员工与顾客建立长期友好的关系，了解顾客的需求，增加顾客的情感价值和心理价值，为顾客提供个性化服务，进而提升顾客对俱乐部的信任，有助于形成顾客对俱乐部的忠诚。通过对顾客个性化需求的满足，以形成俱乐部的核心竞争力，进而不断增强和扩大竞争优势。

4. 创造品牌价值

对于俱乐部来说，品牌更具有特殊意义，由于服务的无形性，品牌则是服务质量的象征，成为顾客选择服务的重要标准。俱乐部可以通过对服务产品的创新、服务质量的改进、与顾客长期友好关系的培养等方式传递和创造俱乐部的顾客价值，进而树立俱乐部形象和提升品牌价值。俱乐部创造品牌价值的主要路径为：（1）俱乐部根据顾客的价值需求定位与发展俱乐部；（2）根据顾客的价值感知、价值体验优化资源配置，设计适合于青少年群体的特色项目；（3）通过提高体育服务质量，满足顾客的价值需求，以达到吸引更多顾客加入俱乐部，进而提高顾客的满意度和提升顾客增长率。俱乐部通过创造品牌价值，可以造成顾客认知上的差异，有利于建立差别化优势，利用品牌价值可以维系与顾客的联系，传达俱乐部的经营理念，加深顾客对俱乐部的认识和了解，有助于提高顾客对俱乐部的忠诚度。

（三）财务维度

为实现俱乐部的公益使命，应该怎样拓宽筹资渠道并实施财务控制？俱乐部虽然不以利润最大化为目标，但在竞争日益激烈的今天，高效率的工作和低成本的创造价值对任何组织都是至关重要的。俱乐部经费主要来源于体育彩票捐助、会费及培训费、社会捐赠等渠道。俱乐部拥有健全的财务管理制度，不仅有助于提高组织的内部效率和有效降低运作成本，而且有助于树立形象、提高组织的公信度，从而促进俱乐部宗旨、任务和目标的实现。但当前大多数俱乐部存在资金来源不稳定、筹资渠道单一、自创收入比例低、俱乐部公信度不高和接受社会捐赠比例低等问题，因此，建立健全完善的财务管理制度进行有效的财务绩效管理，对俱乐部的可持续发展极为重要。

1. 制定财务绩效计划

俱乐部要进行有效的财务绩效管理，绩效计划是基础。绩效计划是管理者和被管理者根据组织目标、本工作单元的业务重点与工作职责共同讨论，以确定被管理者考核期内应该完成的工作和达到绩效目标的过程。财务绩效计划的内容决定于组织的绩效管理目标，比如企业是以利润最大化或股东财务价值最大化为绩效管理目标，筹资、投资是财务绩效计划的主要内容。而俱乐部不以营利为目的，组织资金绝大部分来自政府扶持、企业赞助和社会捐赠等渠道，因此，资源最优配置应成为俱乐部财务绩效计划的主要内容，建议俱乐部财务主管在配置、开发利用与分配财务资源时应遵循公平与效率原则。

2. 实施财务控制

财务控制是指财务控制主体以法律、法规、制度和财务预算目标等为依据，通过对企业财务活动进行组织、指导、监控和约束，促使企业目标实现的管理活动。财务控制是实现绩效计划的重要保证，根据控制主体的不同可以分为外部财务控制和内部财务控制。以俱乐部为例，外部财务控制主要是对俱乐部整体财务行为的控制，通常是通过制定规范俱乐部行为的章程、宗旨以及相关法规制度等来进行的；内部财务控制则主要是对俱乐部内部员工的个体行为的控制，通常是通过预算、计划以及具体的财务内部控制制度等来进行的。俱乐部财务控制起始于财务计划的制定和执行，在财务计划的执行过程中，如果实际情况与相关指标数值有较大差异，就必须进行调查研究，并找出产生差异的具体原因。同时，采取有效措施对制约因素加以控制，以使实际结果接近计划目标。

3. 拓宽筹资渠道

俱乐部虽然是公益组织，不以营利为目的，但资金同样是俱乐部存在、发展壮大的基础。当前俱乐部的资金主要来源于政府扶持、社会捐赠及经营收入。拓宽筹资渠道的主要途径有：（1）争取政府财政支持。俱乐部提供公益服务，在一定程度上执行了部分政府职能，有效弥补了“政府失灵”，因此，俱乐部应加强自身组织能力建设、树立组织良好形象和提高组织公信度，以赢得政府奖励、减免税优惠和项目委托等政策与资金支持；（2）争取企业公益赞助和商业赞助。公益赞助一般是指个人、企业、社会团体等以有利于整个人类社会自身生存发展这样一个广泛的大目标，按照一般的社会公益行为标准，为社会所做的一切贡献活动。企业公益赞助追求的是一种社会责任，而商业赞助所追求的是经济效益最大化。建议俱乐部积极稳妥地改善内部治理结构，采用民主化和规范化的工作方法，保证公开化和透明化的资金运作，从而提高获取企业赞助的能力；（3）采用银行信贷。适度负债是任何组织发展壮大的共同经验，尽管俱乐部不像企业那样通过盈利来偿还债务，但可以通过取得结余资金来偿还债务，因此，建议俱乐部在创建初期可以采用适度负债来求得组织的发展。（4）拓宽经营渠道。当前俱乐部主要有会费、培训费、举办体育赛事和夏令营的报名费等经营收入，为了实现组织使命，俱乐部必须改变对政府财政过度依赖的观念，通过拓宽经营渠道进行积极创收，以保证俱乐部的正常运作。

4. 建立财务披露制度

由于俱乐部初创资金主要来源于体育彩票公益金、依托单位出资、企业与个人捐赠等，虽然资财提供组织或个人一般都远离俱乐部的日常运作及项目开展，但其财务披露信息同样具有经济后果和财富分配效应，是引导资财提供者做出捐助决策时的最主要信息，更重要的是俱乐部的财务信息披露具有提升社会公信力的特殊作用。只有通过真实完全的信息披露，才能不断提高俱乐部的社会公信度和知名度，构建基于信息披露之上的资金融通平台，才能吸引资财提供者稳定而持久的捐助，最终使俱乐部走出资财困境。

（四）内部流程维度

为满足顾客需要，俱乐部应该怎样制定并改善关键流程？组织通常在设定了财务和顾客维度的目标和指标后，就开始为内部流程维度设计目标和指标。为了满足顾客的需要，俱乐部必须制定关键流程和提出战略目标，并将目标转化为反映员工行为的可衡量指标。俱乐部的内部流程维度的评价指标是由组织使命的实现与顾客维度的相关指标所驱动的，这与企业由财务指标驱动不同。因此，俱乐部应明确自身的核心竞争能力，甄选出对顾客满意度有最大影响的业务流程，并把它们转化成具体的绩效指标，使之成为组织改善绩效的重点，并持续为顾客创造价值并最终完成组织使命。

1. 建立董事会制度

研究表明，我国有51%的俱乐部的治理结构采用主任负责制，26%的俱乐部采用董事会制，17%的俱乐部采用理事会制，3%的俱乐部采用总经理负责制，还有3%采用其他组织形式。治理的基本含义是指在一个既定的范围内运用权威维持秩序，满足公众的需要。治理的目的是在各种不同的制度关系中运用权力去引导、控制和规范公民的各种活动以最大限度地增进公共利益。我国对非营利组织内部治理的论述大多是以董事会制度为探讨核心，因为董事会承担了诸如决定组织使命、制定组织战略规划、监督组织运行、负责组织的绩效等职能，因此董事会成为当前非营利组织治理结构的核心组成部分。由于俱乐部属于一种新型的体育非营利组织，建议采用董事会制，下设执行委员会、审计委员会、薪酬委员会、提名委员会、公共政策委员会等专门委员会。它们的职责分别是：（1）执行委员会。执行委员会是董事会治理的核心，在董事会不召开会议期间代表董事会行使权力，同时它也是董事会的主要协调机关，确定董事会的行为方式、日程安排、协调其他委员会的活动等。（2）审计委员会。审计委员会的主要职能是监管俱乐部内部审计人员及外聘会计师审计的有效性，具体职责包括选择推荐独立的外部会计师、检讨俱乐部内部审计与财务控制系统的构成与活动范围、检讨俱乐部的财务报告活动以及会计标准和遵循的原则、检查雇员遵守俱乐部章程及相关法律的情况等。（3）薪酬委员会。薪酬委员会的基本职能是监察高层管理人员的来源、构成、继承人计划、培养与选择过程；检讨与批准高层管理人员的薪酬和调整等。（4）提名委员会。提名委员会的职责是向董事会提出担任董事的人选，同时也包括对现有董事会的组成、结构、成员资格进行考察，以及进行董事会的业绩评价等 。（5）公共政策委员会。公共政策委员会的职责是通过经常性的研究，从事俱乐部的战略规划，审视俱乐部的宗旨，确保董事会的延续性等。

2. 完善管理制度

完善的管理制度可以从一定程度上预防俱乐部的违规行为以确保有效管理，这些管理制度主要包括俱乐部章程及管理办法、会员制度、大型活动组织条例、场馆设施管理制度、公开招聘制度、岗位管理制度、薪酬制度、财务披露制度（提高财务信息披露的真实性和准确性，形成俱乐部良好的财务信誉）、费用报销制度（以降低俱乐部成本开支，提高资金使用效率）和财务监管制度（俱乐部作为一种吸收大量公益资金的社会体育组织，其运营必然要以提供公益体育服务为主，必然要承担一定的公共责任并接受必要的监管，从而确保俱乐部的公益性质，实现组织使命）等。

3. 加大宣传力度

宣传活动对俱乐部的发展有着重大意义：（1）使社会了解俱乐部的创建背景、活动宗旨及其公益性特征。（2）扩大俱乐部的社会影响力、提高社会声誉以形成俱乐部的无形资产，以达到吸引和招收更多顾客，推动俱乐部的良性运转。（3）推动全民健身活动、促进人们科学健身以形成健康观念。具体措施主要包括：（1）利用主流媒体进行俱乐部的推介工作。通过与当地媒体的合作，宣传创建俱乐部的宗旨、目的和意义，介绍试点单位的体育设施和技术力量，努力树立俱乐部的良好形象以达到吸引更多顾客的目标。（2）举办青少年健身效果展示会。分阶段对俱乐部开设的课程内容（如健美操、街舞、体育舞蹈、武术、跆拳道等项目）以多种形式进行表演，给顾客提供展示自我的机会，对青少年及广大体育爱好者进行直接的感官刺激，以吸引他们积极参加俱乐部的体育活动。（3）建立俱乐部网站。建议俱乐部成立特约通讯小组，选派责任心强的管理员或指导员，对俱乐部的日常活动及大型赛事活动通过网站进行及时发布，以吸引各行各业的支持者和赞助者，为俱乐部争取更多的社会资源创造条件。

4. 与政府、企业合作

（1）俱乐部与政府的合作。俱乐部是一种社会体育组织，但在某种程度上带有明显的政府色彩，主要表现在俱乐部的宗旨是由政府进行政策定向的、对政府法规政策与资源的依赖、运作方式带有强烈的行政色彩等，俱乐部的发展与政府有着千丝万缕的联系，并与政府发生着不可避免的互动，因此可以说俱乐部是对政府职能的补充。当前俱乐部发展的相关法规政策还不够健全、志愿精神缺乏、公益精神不足等因素都严重制约着俱乐部的发展，而这些问题要得到较好的解决，都离不开政府的配合与支持。因此，建议俱乐部与政府建立良好的合作关系，使政府和俱乐部之间形成良好的职能互补关系，从而有利于俱乐部的发展。（2）俱乐部与企业的合作。俱乐部与企业的合作缘起于企业的社会责任，在全球公民群体的共同努力下，企业的社会责任要求逐渐由理念走向实践，并表现为一系列有关社会责任的法规政策出台。目前，我国愈来愈多的企业为了体现社会责任意识和道德伦理准则，纷纷展开同非营利组织的公益合作。因此，建议俱乐部努力塑造公益形象、提高知名度，争取与企业建立合作关系。企业通过赞助、许可协议或者公益事业关联营销的方式与俱乐部共同开发、设计既能满足企业社会目标，又能促进企业经济目标的公益活动。企业承担社会责任有利于提升企业的社会形象，获取更好的经济效益，而俱乐部可以从中获得有利于自身发展的资金。

（五）学习与成长维度

为实现俱乐部的公益使命，管理者与指导员如何获得创新能力？学习与成长维度反映组织是否具有继续改进和创造未来价值的能力，俱乐部是一项涉及领域广泛、技术性很强的专业工作，而俱乐部的绩效管理能否科学有效，人才是关键，因此，人才的培养是俱乐部绩效管理不可缺少的一项重要工作。调查结果表明，我国俱乐部均不同程度地设有专、兼职人员从事管理和体育活动指导工作，平均每个俱乐部有专职管理人员约11人，兼职管理人员22人；其中，社会体育指导员约6人，体育教师约11人，教练员约9人，其他管理人员约8人。另外，87.7%的俱乐部拥有一定比重的志愿者参加管理和体育活动的指导工作。由此而得知，俱乐部作为使命导向型组织，管理者与指导员的来源及构成极其广泛而复杂，因此人力资源管理是一项极其复杂的工作，俱乐部要实现组织使命与满足顾客需求，很大程度上取决于管理者与指导员的品德、技能与业务水平。

1. 建立公开招聘制度

俱乐部的原动力来自它的价值体系，同时理想主义和公益使命在俱乐部经营理念中也占据着重要的地位。当前俱乐部在人员招聘时，没有太多的管理能力与业务水平要求，品质与思想考察也比较随意。实际上，任何组织都应该注重效率与效果，公益性的俱乐部也不能例外。俱乐部的效率与效果来自每个管理者与指导员的品质、能力与专业水平，建议俱乐部设定关键岗位进行能力模型分析，并且在此基础上进行公开测评与招聘。俱乐部实行公开招聘制度是深化人事制度改革的重要举措，公开招聘不仅能扩大俱乐部选人用人的视野、拓宽选人进人的渠道、保证俱乐部新进人员素质和优化人才资源配置，还能通过制度建设，规范俱乐部进人程序，加强体育行政部门与依托单位对俱乐部人事管理的监督，为提高俱乐部的服务质量打好基础。

2. 设立岗位管理制度

俱乐部的自治性与志愿性导致了俱乐部人力资源管理的随意性与多向流动性，尤其对兼职人员、志愿者的管理，存在许多不规范的行为。由于兼职人员与志愿者的随意流动，经常导致岗位缺编。因此，建议俱乐部将当前的人员管理制度转化为岗位管理制度，需要进行以战略为导向的工作分析与组织设计，在定岗、定责、定编与定员的基础上进行工作流程优化。俱乐部推行岗位管理制度，需要比较完善的配套政策和制度体系作为基础，这是设立岗位管理制度的前提条件，体育行政人事部门是制定政策和运行规则的主体，建议在深入调查研究的基础上，结合实际制定以下政策：（1）不同类型俱乐部的岗位设置标准、岗位等级规范；（2）各等级人员的资格条件（学历证、社会体育指导员等级证、资质等级证等）；（3）人员竞聘的实施意见；（4）岗位聘用合同管理办法；（5）岗位工资政策等。

3. 建立人员培训制度

知识经济时代，俱乐部的竞争力外在表现为产品与服务受欢迎，顾客增长率不断提高，而构成竞争力的内在因素是俱乐部拥有一支高素质的人才队伍。俱乐部人员承担着体育产品设计和项目创新的重要职责，人力资源的培训与开发是提高员工队伍综合素质，也是提高俱乐部整体竞争力的重要手段。当前，由于俱乐部人员流动性大，新成员不断进入，有一定经验的人员经常离职，为了保持组织的工作效率与效果，人员培训的任务特别艰巨与频繁。建议俱乐部针对不同职位特点，并结合培训对象的年龄、知识结构和能力水平，建立及时性与系统化的培训制度，有效引导员工把个人的发展与组织的目标密切地联系起来，并从中激发员工的内在动力，以实现员工与俱乐部的共同发展。俱乐部培训的形式主要包括岗前培训、在岗培训、单项技能培训和高层管理人员培训等。

4. 制定薪酬制度

俱乐部崇高的社会责任感与使命感为组织赋予了明确的行为目标，社会使命和奉献精神是组织存在与志愿者工作的内在动力。虽然报酬不是吸引员工为俱乐部工作的唯一因素，但是在市场经济条件下，没有哪个组织可以避免市场竞争，如果俱乐部提供的薪酬不能使管理者和体育指导员（志愿者除外）满意，他们就不可能提供高质量的管理和服务。薪酬作为评价个人价值的经济尺度，是组织用来吸引、留住和激励员工的主要手段，薪酬制度是俱乐部人力资源管理的重要组成部分。俱乐部建立合理的薪酬制度，完善俱乐部的激励和约束机制，不仅可以帮助俱乐部选择优秀人才，还可以吸引和保留住一支高素质人才队伍，进一步提高俱乐部的管理水平与服务质量，增加社会公众对俱乐部的信心，并以此获得更多的社会资金捐赠。

二、青少年体育俱乐部绩效评估指标体系的构建

俱乐部要在激烈的市场竞争中发展壮大，必须要借助组织自身的竞争优势，建立高效的绩效评估体系以提高组织的管理水平。绩效评估指标体系是评估系统的重要组成部分，由于评估任务的完成最终取决于评估指标的测度值，因此，筛选评估指标和构建评估指标体系对评估系统来说极为重要。以平衡计分卡为理论

视角，结合非营利组织与俱乐部的主要特征，构建俱乐部的绩效评估指标体系，旨在把俱乐部的财务指标与非财务指标、效率指标与效益指标、长期指标与短期指标结合起来，实施动态调整，从而提高俱乐部的绩效管理水平（表8-1）。

表8-1　青少年体育俱乐部绩效评估指标体系

一级指标	二级指标	三级指标
公益使命与战略目标	公益使命	（1）树立明确的公益使命 （2）社会公众对公益使命的认可度 （3）合理收取会员费与培训费 （4）媒体的正面报道频度
	战略目标	（1）战略目标与公益使命的吻合度 （2）战略结果与目标的偏差度 （3）战略目标对组织成员的激励效果 （4）战略目标创造的社会效益 （5）战略目标的募捐能力
利益相关者满意度	顾客满意度	（1）体育场馆设施规范 （2）锻炼、活动环境安全 （3）体育器材种类与数量 （4）团体会员与个体会员数量 （5）场馆对周边学校及青少年开放 （6）管理员与体育指导员数量、质量及专兼职比例 （7）制定体育活动计划 （8）周体育活动与竞赛次数 （9）假期开展项目培训与夏令营活动
	政府、捐赠企业与个人满意度	（1）政府部门（体育行政部门、民政部门、税务部门及物价部门等）对俱乐部运作的满意度 （2）捐赠企业与个人对资金使用的满意度
	员工满意度	（1）志愿者对俱乐部管理的满意度 （2）支薪员工对俱乐部管理的满意度
财务绩效	财务制度	（1）制定财务绩效计划 （2）实施财务控制 （3）建立财务披露制度 （4）建立年度财务报告外部审计制度
	资金筹集与使用	（1）建立独立账户 （2）接受社会捐赠额度 （3）筹资渠道多元化 （4）接受政府拨款与自创收入额度 （5）资金使用的合理性

续表

一级指标	二级指标	三级指标
内部流程	组织机构	（1）建立董事会或理事会机构 （2）建立办公室、训练部、场地部、财务部、宣传部等部室，并配备专兼职人员管理
	组织管理	（1）登记注册 （2）制定规章制度及管理办法 （3）建立会员制度 （4）制定发展规划和工作计划 （5）接受体育行政部门与民政部门的管理
学习与成长	人才招聘与管理	（1）建立公开招聘制度 （2）设立岗位管理制度 （3）制定科研及输送人才制度
	人才培训与薪酬	（1）建立培训制度 （2）设立薪酬制度 （3）建立奖惩激励制度

（一）公益使命与战略目标评估

现代管理学家彼得·德鲁克认为“使命为先”是非营利组织的核心。使命是非营利组织发展的生命线，它明确了一个组织存在的原因、目的及需要完成的任务等。企业主要通过工资、福利待遇等方式吸引员工和志愿者的参与，而非营利组织必须以“使命为先”，通过使命的明晰及其影响来吸引员工与志愿者的参与。战略是组织为实现使命与目标、获取竞争优势而做出的一系列综合的、协调的规划与安排。权变理论认为，当一个组织面临复杂的动态环境时，必须分析环境的变化趋势，从而调整组织的策略、人力资源、结构及运作方式等，甚至主动创造优势环境。在经济高速发展的现代社会，企业之间的竞争异常激烈，战略目标的正确制定是决定企业生存与发展的关键因素。因此，可以说，组织使命和战略目标决定了非营利组织的发展方向、目标及所能提供的产品与服务等。

俱乐部是试点单位利用自身的体育场馆与设施创建的一种新型的、具有公益特征的、旨在广泛开展青少年日常体育活动的社会组织，它具有非营利性的特点，在运营过程中的一些程序与其他营利组织有所不同，其发展目标不是创造利润，而是实现组织的公益使命。依据俱乐部的创建目的与性质，可以明确俱乐部的公益使命是为青少年提供体育锻炼场地设施与服务，以增强青少年体质与增进身心健康。因此，俱乐部必须树立发展青少年体育的公益使命与战略目标，提升俱乐部市场竞争能力，走可持续发展之路，不仅是俱乐部的战略目标，也是国家和社会赋予俱乐部的使命。但是现阶段，部分俱乐部规定只有会员才能参加，而非会员不能享受体育服务；部分俱乐部对会员资格规定各种条件，如高额的会费、较高的运动基础等，这样一些规定导致相当一部分青少年不能成为俱乐部会员，这些现象与问题都有悖于俱乐部的公益使命。因此，建议通过设立是否树立明确的公益使命；社会公众对公益使命的认可度；合理收取会员费与培训费；媒体的正面报道频度；战略目标与公益使命的吻合度；战略结果与目标的偏差度等指标对俱乐部公益使命与战略目标进行评估。

（二）利益相关者满意度评估

管理学意义上的利益相关者（stakeholder）是组织发展过程中受组织决策和行动影响的任何相关者，既可以是组织内部的员工、志愿者或投资者，也可能是组织外部的客户、供应商或受益群体等。当前，利益相关者问题已经得到了美、英、日、德、欧共体及一些发展中国家的立法和判例考虑。我国《上市公司治理准则》的第六章第81条规定："上市公司应尊重银行及其他债权人、职工、消费者及供应商等利益相关者的合法权利。"企业利益相关者理论为非营利组织绩效管理提供了有益的思考和启示，非营利组织也可以通过辨识组织的利益相关者来确定绩效管理目标，尤其是可以据此进行市场细分，从而明确非营利组织绩效管理的目标群体，提高非营利组织绩效管理的针对性和有效性。由于俱乐部是体育非营利组织，俱乐部的相关利益者是多元的，既包括政府部门、捐赠企业与个人，也包括志愿者、支薪员工和顾客等，提高利益相关者的满意度是实现组织使命、促进组织可持续发展的关键因素。

1. 顾客满意度

创建俱乐部的主要目的是为广大青少年提供日常与经常性的体育场地设施、体育活动与竞赛等，据此可认为青少年是俱乐部的主要顾客，也是主要受益人。由于俱乐部创造的社会效益主要是提供体育服务，很难用量化的指标来衡量服务质量的优劣，因此建议采用顾客满意度这项指标来衡量俱乐部工作的成效。所谓顾客满意度是指顾客感受到的服务质量达到其期望值的程度，主要包括俱乐部了解顾客的需求，并能迅速、准确地回应顾客的需要；体育指导员具备提供高质量服务所需的知识与技能；管理员与体育指导员能听取顾客的意见与建议等。当前，我国俱乐部在运作过程中还存在诸多问题，如俱乐部从业人员主要为志愿者，而大部分志愿者又是离退休人员，因此，俱乐部需求高素质的专业管理人才与当前俱乐部管理人员的"业余性"存在巨大反差；俱乐部活动场地与依托单位教学、训练用地的矛盾；俱乐部兼职教练与自己正常工作之间的冲突；俱乐部活动时间与正常教学、训练时间的冲突等，这些问题如果得不到解决，将在一定程度上影响俱乐部的可持续发展。因此，建议通过采用顾客满意度这项指标对俱乐部的服务质量进行评估，调查问卷的主要内容包括俱乐部体育场馆设施的规范程度；体育锻炼、活动环境是否安全；体育器材种类与数量是否充足；俱乐部场馆对周边学校及青少年的开放程度；俱乐部管理员及体育指导员（包括志愿者）的数量与质量等指标。

2. 政府、捐赠企业与个人满意度

俱乐部与政府（体育行政部门、民政部门、税务部门及物价部门等）有着密切关系，政府部门通过制定各种法规政策对俱乐部进行宏观调控和监督，为俱乐部的发展创造良好的政策环境。俱乐部提供公益体育服务，在一定程度上执行了部分政府职能，俱乐部具有经营运作的决策权，但政府对俱乐部的服务方向、服务规模和服务产品的价格具有监督权。如体育行政部门是俱乐部发展的业务主管部门；民政部是俱乐部的登记管理部门；税务部门为俱乐部的发展提供各种税收优惠政策，对俱乐部从事相关的公益性活动免征营业税，以企业所得税和个人所得税的优惠政策，鼓励企业和个人对俱乐部进行捐赠；俱乐部的经营定价需要通过物价部门的审核与批准。因此，俱乐部应积极与政府合作，以促进体育公益事业的发展，为青少年提供高质量的体育服务，只有这样才会获得社会公众的支持与信任，提高政府与社会对俱乐部运作的满意度，才能获得政府更多的政策和资金支持。另外，当前俱乐部发展的资金主要来源是自创收入、政府拨款、社会捐赠和企业赞助等，但获取社会捐赠与企业赞助额度的大小主要取决于组织的发展状况与社会公信力，而树立组织社会公信力的基础又依赖于健全的财务披露制度。因此，俱乐部必须加强财务披露制度的建设，采用规范化的工作方法，保证公开化与透明化的资金运作，树立良好的组织形象以提高俱乐部的知名度和社会公信力。

3. 员工满意度

员工满意度是指员工对企业管理实际感受的满意程度，既是企业幸福指数的评价指标，又是企业管理成功与否的晴雨表，该定义既是员工满意程度的体现，又可以反映企业满足员工需求方面的程度，但满意只是一个以期望值为标准的相对概念，即超出期望值为满意、达到期望值为基本满意、低于期望值为不满意。员工满意度是组织行为学中的一个重要变量，也是考察员工对工作或岗位态度的重要指标。在服务利润链的组织架构中，内部服务质量是基础，也是最直接的因素，它作为传导因素影响着外部服务质量，也会影响员工满意度、忠诚度及工作效率等。因此，企业应该从内部服务管理的视角来考察，把员工当作内部顾客来对待，以改善和提高组织内部管理效率，满足内部顾客员工的需求，激发他们的潜力，使他们更好地为组织创造价值。俱乐部是一项涉及领域广泛、专业技术性较强的组织，拥有一批较高水平的管理人才和教练是俱乐部发展的关键，因此，高层专业人才的培养与管理是俱乐部绩效管理的一项重要工作。俱乐部的工作人员主要包括管理员与体育指导员，其中既有支薪员工，也有志愿者。因此，俱乐部既要建立岗位管理制度、人员培训制度、薪酬制度、激励和约束制度等，确立以组织使命为导向的管理策略，在定岗、定责与定薪的基础上优化工作流程，满足员工的多样化需求，以提升员工满意度。同时，又要通过具体的绩效评估，把员工的个人利益与俱乐部的发展结合起来，提高俱乐部服务质量，相应就会获得顾客满意与忠诚，从而达到员工、顾客满意和组织发展相协调的良性互动循环，最终实现组织使命。

（三）财务绩效评估

在企业的绩效管理中，利润指标能为企业的绩效评估提供标准，而非营利组织是不以获取利润为目标的公益组织，虽然财务绩效不是非营利组织的最终目标，但是财务绩效的好坏直接影响到组织的运营与目标的实现。俱乐部虽然不以追求利润最大化为组织目标，但在激烈的市场竞争环境中，高效工作对任何组织的发展都极为重要。俱乐部发展资金主要来源于体育彩票公益金、培训费及会员费、社会与企业捐赠等渠道。俱乐部拥有健全的财务制度，不仅有助于降低运作成本和提高管理绩效，而且有助于树立组织形象、提高社会公信度，从而促进俱乐部健康有序的发展。但当前大多数俱乐部存在融资困难的问题，如自创收入、接受社会捐赠等比例偏低，因此，建立健全的财务管理制度（如制定财务绩效计划、实施财务控制、建立财务披露制度、建立年度财务报告外部审计制度等）进行有效的财务绩效管理，对俱乐部的可持续发展极为重要。另外，多渠道筹集与合理使用资金也是俱乐部财务管理的主要内容。现阶段，由于俱乐部过于依赖政府财政拨款，自身造血功能较弱，自创收入在俱乐部总收入中所占的比重偏低，融资困难成为制约俱乐部发展的瓶颈。研究表明，当前我国只有部分俱乐部通过社会捐赠获得金额较小的融资，54.30%的俱乐部从未接受过任何形式的资金捐助，这种现象表明大部分俱乐部的社会公信力非常有限，缺乏主动积极的社会募捐意识与能力。此外，部分俱乐部还被检查出资金使用不当的问题，在俱乐部前期创建经费中，有体育彩票公益金资助的20万元经费，资助期限为两年，这笔款项属于专款专用，但是在检查与评估过程中，发现下拨经费被用于规定范围之外的一些领域，如举办学校运动会、参加上一级运动会和劳务开支等方面。因此，建议通过设立俱乐部是否建立独立账户、筹资渠道多元化、接受社会捐赠额度、资金使用的合理性等指标评估青少年体育俱乐部的资金筹集与合理使用能力。

（四）内部流程评估

在青少年体育俱乐部管理中，既不存在企业中明确又相互制约的权力，也不存在政府组织中等级分明的结构。这种特殊的组织结构，使其不能采用企业在内部建立的以利润或者股东利益最大化目标为指引的治理结构，而必须引入适合组织特点的管理机构来落实绩效，这样才能使其运营更为有效。为了满足顾客的需要，俱乐部必须提出战略目标并制定工作流程，并将目标转化为可操作性的绩效指标。青少年体育俱乐部内部流程维度的评估指标主要包括组织使命、顾客维度等相关指标，而企业内部流程维度的评估指标则由财务指标所驱动，这一点是有所区别的。因此，青少年体育俱乐部应明确自身的竞争优势，甄选出对组织使命有较大影响的工作流程，如组织机构的建立、管理制度的健全等，并把它们转化成具体的绩效指标，使之成为绩效管理的重点并最终完成组织使命。青少年体育俱乐部组织机构主要由决策机构、执行机构和监督机构构成，任何一个方面薄弱或缺失，都可能导致管理的低效或偏差。研究表明，当前我国青少年体育俱乐部所采用的内部治理结构不统一，采用主任负责制的俱乐部占比51%，采用董事会制的俱乐部占比26%，采用理事会制的俱乐部占比17%，采用总经理负责制的俱乐部占比3%，还有部分青少年体育俱乐部采用其他的组织结构。因此，建议通过对青少年体育俱乐部组织机构的建立与健全、管理制度的完善程度等指标对青少年体育俱乐部内部流程进行评估，如建立董事会或理事会机构、办公室、训练部、场地部、财务部、宣传部等部室，制定规章制度及管理办法，接受体育行政部门与民政部门的指导和管理等评估指标。

（五）学习与成长评估

当今社会正处于知识经济时代，人力资源日益成为组织发展过程中的决定性因素，它要求各种组织必须把人力资源的开发与管理摆在管理的中心位置，人力资源管理的目的旨在运用有效的激励和开发机制，拓展人力资源的创新能力。无论是企业还是非营利组织，要在激烈的市场竞争中可持续发展，必须在某些方面拥有绝对或相对的竞争优势，而拥有人力资源的竞争优势对组织发展极为重要。由于青少年体育俱乐部是一种新型的体育非营利组织，能力不足、士气不高和专业化人才稀缺是现存的主要问题。因此，青少年体育俱乐部应当形成一整套人力资源开发、配置、使用和管理的工作机制，全面提高员工的专业素质，为完成组织的使命提供高效的人力资源支持。在学习和成长方面，青少年体育俱乐部的目标是追求较高的雇员满意度，关键因素是人才招聘、岗位培训、薪酬与奖惩等激励制度的建立与完善。因此，青少年体育俱乐部需要有能力、有远见、有魄力的领导者和管理者，需要专业化与职业化的从业人员来执行组织的决策，评估作为组织的一种制度，它可以衡量与评价员工的成绩与组织的效率。对于任何组织而言，只有通过评估或评价员工的业绩，对他们进行有效奖惩，才能让员工看到自己优势与不足，进而对评估制度增强信心，使他们对组织产生认同并积极配合评估制度的实施而提高组织绩效。

参考文献

外文参考文献

[1]Amen A. Alehain. Some Economics of Property Rights[J]. politico Vol. 30, 1965: 816–829.

[2]Andreasen, Alan R. Profits for nonprofits: find a corporate partner[J]. Harvard Business Review, 1996, (Nov. /Dec.): 47–59.

[3]Bourdieu Pierre. The forms of Capital, Handbook of Theory and Researeh for Sociology of Education[M]. edited by John G. Richardson, Westport, CT. : Greenwood Press, 1986.

[4]Burt R. S. Structure holes: The social structure of competition[M]. Cambridge, MA: Harvard University Press, 1992.

[5]Bourdieu, Pierre and Wacquant, L. J. D. An invitation to reflexive sociology[M]. Chieago, IL: University of Chicago Press, 1992, 224.

[6]Coleman. R, Foundations of Social Theory[M]. Cambridge: Cambridge University Press, 1990.

[7]Coleman, J. S. Social capital in the creation of human capital[J]. American Journal of Sociology, 1988: 95–120.

[8]Elinor Ostrom and Ahn. A Social Science perspective on social capital: social capital and Collective Action[Z]. Workshop in Political Theory and Policy Analysis Indiana Universitay 2001.

[9]Fukuyama. Trust: The Social Virtues and the Creation of Prosperity[M]. NewYork: Free Press, 1995.

[10]Fama, Eugene, andjensen, Miehael. Ageney Problems and Residual ClaimS[J]. Journal of Law and Eeonomies1983, (26): 172.

[11] Gidron B, Kramer R, Salamon L. Government and the Third Sector: Emerging Relationships in Welfare States[M]. San Francisco: Jossey–Bass, 1992: 18.

[12]Gabbay S. M. and Leenders R. T. A. J. 1999. CSC: The structure of advantage and disadvantage[M]. In R. T. A. J. Leenders and S. M. Gabbay(Eds.), Corporatesocial capital and 1iability: l–14. Boston: Kluwer Academic.

[13]Hall R. Organizations: Structure, Process and Outcomes[M]. New York, Jersey Prentice Hall, 1991: 278.

[14]Ingram R T. Ten Basic Responsibilities of Nonprofit Boards[J]. Washington, D. C. National Center for Noprofit Boards, 1988.

[15]Levitt. TheThirdSeetor: New Tactics of raresopnsive Society[M]. New York: AMACOM, 1973.

[16]J. ONeil. Linking Public Relations Tactics to Long–Term Success: An Investigation of How Communications Contribute to Trust, Satisfaction, and Commitment in a Nonprofit Organization[J]. Journal of Promotion Management, 2009, (14): 28–32.

[17]Jenson M, Mecklnig W. Theory of the Firm：Managerial Behavior, Agency Costs and Ownership Structure[J]. Journal of Financial Economics 1976，3（4）: 305–360.

[18]Kenneth. Joseph. Arrow: The limits of organization[M]. New York: Norton press, 1974.

[19]Kramer. R. M. A Third Sector in the Third Millennium[J]. Voluntas: International Journal of Voluntary and Nonprofit organizations 2000, 11(l): 1–23.

[20]Kaplan, R. S. Strategic performance measurement and management in nonprofit organization. Nonprofit Management & Leadership[J]. 2001(3): 353–354.

[21]Kaplan, Norton. The balanced scorecard–measures that drive performance[J]. Harvard Business Review, 2002 (1): 71–80.

[22]Kearns K P. Managing for Accountability: Preserving the Public Trust in Public and Nonprofit Organizations[M]. San Francisco, CA：Jossey–Bass, 1996: 7.

[23]Kramer R. Privatization in Four European Countries: Com–parative Studies in Government–third Sector Relationships [M]. Armonk, NY, M. E. Sharpe, 1993: 123.

[24]Leat D. Voluntary Organization and A accountability[M]. London：NCVO, 1988: 36.

[25]Lin, N. . Aeeess to occupations through social ties[J]. Social Networks, 1996, (8): 24-28.

[26]MH Schnitzer, VM Arroyave, Nonprofit Governance, Management, and Organizational Learning: Exploring the Implications of One Mega-Gift[J]. The American Review of Public administration, 2010, (19): 12-16.

[27]NahaPiet J. and Ghoshal S. , Social Capital, Intellectual Capital, and the Organizational Advantage[J]. The Academy of Management Review, 1998, 23: 242-266.

[28]Oster, S. M. , Nonprofit Organizations & Their Local Affiliates: A Study in Organizational Forms[J]. Journal of Eeconomic Behavior & organization, 2002, vol. 30, pp. 83-95.

[29]Pierre Bourdieu. Handbook of Theory and Research for the Sociology of Education[M]. Green wood press. 1980: 248.

[30]peffer. Jeffrey & Gerald Salancik. The External Control of organizations: A Resource Dependence Perspective[M]. New York: Harper and Row. 1978.

[31]PaulR. Niven. Balanced Scorecard Scorecard Step-by-step: maximizing performance and maintaining results, John Wiley & Sons, Inc. [M]. New York. 2002: 297.

[32]Roshayani Arshad, Noorbijan Abu Baka, Nuraadhiah Yusoff Thani, Normah Oma: Board Composition And Accountability Of Non-Profit Organizations[J]. The Journal of Applied Business Research, 2013, (29): 46-52.

[33]Richard Steinberg, BradfordH. Gray, The Role of Nonprofit Enterprise[J]. Quarterly Nonprofit and Voluntary Sector, 1993, (22): 33-36.

[34]Rusty & Oliver, Service Quality: Insights and Managerial Implications from the Frontier[M]. Thousand Oaks CA: Sage, 1994: 67-69.

[35]R. Rhodes. The New Governanee: Governing without Government[J]. Politieal Studies, XllV, 1996.

[36]Rochester. Colin. Voluntary Agencies and Accountability [MJ. In Smith, J. et al. (eds.). An Introduction to the Voluntary Sector . London: Routledge, 2005.

[37]Salamon L. M. and Anheier H. K. , In Search of the Nonprofit Sector II: The Question of Classifications[J]. Voluntas 3: 3(1992): pp. 267—309.

[38]Stoker G. The New Management of British Local Governance[M]. London: Macmillan, 1998: 17.

[39]Salamon Lester M. The International guide to Nonprofit Law[M]. John Wiley

&Sons, Ine. 1997.

[40]Saidel J. Resource Interdependence: the Relationship between State Agencies and Nonprofit Organizations[J]. Public Administration Review, 1991 (6): 543–553.

[41]Stean，Peter D. Nonprofit Boards in Australia: A Distinctive Governance Approach[J]. Corporate Governance. 2001 (1)：45–58.

[42]Tsai W. and Ghoshal S. Social capital and value creation: The role of intra–firm networks[J]. Aecdemy of Management Journal, 1998, 41: 464–476.

[43]Wymer, W W, & Samu, S. Dimensions of business and nonprofit collaborative relationships[J]. Journal of Nonprofit and Public Sector Marketing, 2003, 11(1): 3–22.

[44]Wood MM. Governace and leadership in Theory and Practice . In Wood MM. , Eds. Nonprofit Boards and leadership: Cases on Governance, Change, and Board–Staff Dynamics[M]. San Francisco: Jossey–Bass Publishers, 1996: 1–14.

中文参考文献

[1]布莱尔. 所有权与控制[M]. 北京: 中国社会科学出版社, 1999: 302.

[2]彼得. 德鲁克. 非营利组织的管理[M]. 吴振阳, 等, 译. 机械王作出版社, 2015: 112–120.

[3]崔之元. 美国二十九个州公司法变革的理论背景[J]. 经济研究, 1996(1)：35–40.

[4]崔淑霞. 我国非营利组织公共责任缺失的原因及对策分析[J]. 新疆石油教育学院学报, 2010(2): 89–90.

[5]陈林. 非营利组织法人治理[M]. 洪叶出版社, 2004: 4.

[6]陈柳钦，王鹏姬. 平衡计分法与物流服务企业绩效评价[J]. 商业经理人. 2003(11): 61–63.

[7]杜志娟. 我国青少年体育俱乐部发展现状及对策研究[J]. 广州体育学院学报, 2006(4): 25.

[8]邓国胜. 非营利组织评估[M]. 北京: 社会科学文献出版社, 2001.

[9]丁元竹. 非政府公共部门与公共服务：中国非政府公共部门服务状况研究[M]. 北京: 中国经济出版社, 2005.

[10]高力翔, 孙国友, 王步. 我国市民社会对非营利性体育组织发展的影响[J]. 天

津体育学院学报, 2007, 22（5）：430-453.

[11]弗郎西斯・福山. 信任——社会美德与创造经济繁荣[M]. 彭志华, 译. 海口：海南出版社, 2002: 30.

[12]范丽珠. 全球化下的社会变迁与非政府组织[M]. 上海：上海人民出版社, 2003.

[13]高力翔, 陆森召, 孙国友, 等. 我国市民社会发展滞后与非营利性体育组织异化的相关性[J]. 上海体育学院学报, 2008, 32（1）：31-34.

[14]郭国庆. 现代非营利组织研究[M]. 北京: 首都师范大学出版社, 2001: 79-81.

[15]国家体育总局政法司. 体育事业“十一五”规划名词解释[G]. 2006.

[16]胡乐明, 张建伟, 朱富强. 真实世界的经济学——新制度经济学纵览[M]. 当代中国出版社, 2002: 147.

[17]胡艳霞. 我国非营利组织发展中的问题与对策[J]. 合作经济与科技. 2008(11): 256-259.

[18]胡玉明. 平衡计分卡: 一种战略绩效评价理念[J]. 会计之友, 2010(12): 35.

[19]亨利. 汉斯曼. 企业所有权论[M]. 于静, 译. 中国政法大学出版社, 2001：14.

[20]韩新宝, 李哲. 比较视野下的我国非营利组织筹资问题探究[J]. 学会, 2010, 36(4). 35-39.

[21]韩会君. 国家青少年体育俱乐部运行机制的研究[J]. 中国体育科技, 2006 (6): 3-7.

[22]韩茜. 社会资本理论视角下非营利性组织信任危机的对策研究[J]. 柳州职业技术学院学报, 2017(1): 24-28.

[23]康晓光, 许文文. 权威式整合——以杭州市政府公共管理创新实践为例[J]. 中国人民大学学报, 2014（3）：90-97.

[24]孔繁斌. 公共性的再生产——多中心治理的合作机制构建[M]. 南京: 江苏人民出版社, 2012.

[25]吕克臻. 我国民间非营利组织会计规范及美国经验借鉴[J]. 商业经济, 2013(1): 93-94.

[26]李健. 公司治理理论[M]. 经济科学出版社, 1990.

[27]李健, 陈淑娟. 如何提升非营利组织与企业合作绩效——基于资源依赖与社会资本的双重视角[J]. 公共管理学报, 2017(2): 71-80.

[28]李明. 体育产业学导论[M]. 北京: 北京体育大学出版社, 2001: 303.

[29]李昌扣. 我国非营利组织信息披露问题研究[J]. 当代经济, 2017(9): 108-109.

[30]李霞, 干胜道. 非营利组织财务公平机制的构建[J]. 云南社会科学, 2017(3): 87-92.

[31]龙国强, 许仲槐. 当前体育社团实体化建设待商榷的基本问题[J]. 体育与科学, 2007, 28（6）: 24-26.

[32]李亚平, 于海. 第三域的兴起[M]. 上海: 复旦大学出版社, 1998: 33-35.

[33]李安娜. 我国体育非营利组织的理论问题与发展路径[J]. 体育文化导刊, 2013(8) : 9-11.

[34]栗松. 平衡计分卡：企业战略规划评估的新体系[J]. 东北大学学报（社会科学版）. 2001(2): 11-12.

[35]刘启亮, 罗乐, 张雅曼. 高管集权、内部控制与会计信息质量[J]. 南开管理评论. 2013(1): 15-23.

[36]刘进水. 非营利组织的人力资源管理[J]. 山东大学学报. 2005(l): 63-64.

[37]刘芳梅. 我国青少年体育俱乐部绩效管理体系的构建[J]. 北京体育大学学报, 2009(2): 42.

[38]刘芳梅. 我国青少年体育俱乐部监督机制的构建[J]. 韶关学院学报, 2009（3）: 112-117.

[39]刘德林. 上海市青少年体育俱乐部发展的对策研究[D]. 华东师范大学, 2007: 46.

[40]刘俊海. 强化公司的社会责任: 建立我国现代企业制度的一项重要内容. //王保数. 商事法论集(第二卷)[C]. 北京: 法律出版社, 1997: 82.

[41]刘来福, 曾文艺. 数学模型与数学建模[M]. 北京: 北京师范大学出版社, 2002: 52.

[42]刘庆山. 重构与嵌入: 政府职能转变背景下我国体育非营利组织健康发展研究[J]. 西安体育学院学报, 2011, 28(3) : 283-287.

[43]刘春湘, 李自如. 国外非营利组织研究述评[J]. 中南大学学报. 2006(12): 582-586.

[44]林顿・弗里曼. 社会网络分析发展史[M]. 张文宏, 刘军, 译. 北京: 中国人民大学出版社, 2008: 38-45.

[45]莱斯特・M・萨拉蒙. 全球公民社会——非营利部门视界[M]. 北京: 社会科学文献出版社, 2002: 28.

[46]卢曼. 信任：一种社会复杂性的简化机制[M]. 上海: 上海人民出版社, 2005: 52.

[47]陆作生. 我国青少年体育俱乐部资金筹集的分析研究[J]. 体育科学, 2005(7): 4–6.

[48]马志和, 张林. 非营利体育组织发展前瞻：一个市民社会的视角[J]. 天津体育学院学报, 2003, 18（2）：59–61.

[49]马克思. 资本论（第二卷）[M]. 北京: 人民出版社, 1975 : 484.

[50]苗大培, 刘国永, 贺凤祥, 等. 我国青少年体育俱乐部评估体系研究[R]. 国家体育总局体育社会科学、软科学研究项目, 2005. 12–17.

[51]苗大培, 刘艳丽, 刘国永, 等. 我国青少年体育俱乐部现状调查及发展对策[J]. 体育科学, 2007(6): 9.

[52][美]杰弗里, 萨兰西克. 用权之道[M]. 北京: 新华出版社, 1998: 23.

[53][美]罗伯特·帕特南. 使民主运转起来[M]. 王列, 赖海榕, 译. 南昌: 江西人民出版社, 2001: 191–195.

[54] [美]詹姆斯·科尔曼. 社会理论的基础[M]. 邓方, 译. 北京：社会科学文献出版社, 1990: 333.

[55][美]保罗·尼文. 平衡计分卡. 战略经营时代的管理系统[M]. 北京: 中国财政经济出版社, 2004.

[56][美]彼得·德鲁克. 非营利机构的经营之道[M]. 余佩珊, 译. 台北: 远流出版社, 1994.

[57][美]罗伯特. R. 穆勒. COSO内部控制实施指南[M]. 藻荣生, 张庆龙, 韩菲, 译. 电子工业出版社, 2015: 48–49.

[58]裴立新, 李满春. 青少年体育俱乐部组织性质研究[J]. 武汉体育学院学报, 2008(1): 16–17.

[59]秦超. 基于平衡计分卡的非营利组织绩效评估研究——以某公立医院为例[D]. 南京航空航天大学, 2007.

[60]戚安邦. 论组织使命、战略、项目和运营的全面集成管理[J]. 企业管理, 2004(3): 110–113.

[61]全球治理委员会. 我们的全球伙伴关系[M]. 牛津大学出版社, 1995: 23.

[62]任志伟. 非营利组织营销的困境与策略研究[D]. 华东政法大学, 2012, 4.

[63][日]重富真一. 亚洲的国家与NPO（日文版）[M]. (株)明石书店, 2001：17–19.

[64]孙国方, 霍兴彦, 等. 我国青少年体育俱乐部评估制度化研究[J]. 天津体育学院学报, 2008(4): 310–312.

[65]沈雨婷. 非营利体育组织预算绩效考核体系指标[D]. 成都体育学院, 2013.

[66]沈文浩. 非营利组织社会资本对组织公信力影响研究[D]. 湖南大学, 2014.

[67]孙颖. 民间非营利组织会计制度执行中的若干问题探析[J]. 学会, 2017（1）: 53-55.

[68]宋丹丹. 合作与互补: 非营利组织与政府的良性互动关系[D]. 山东大学, 2008: 30.

[69]童星, 罗军. 社会规范的三种形式及其相互关系[J], 江海学刊, 2001 (3): 50-55.

[70]唐斌. 中国非营利组织研究述评[J]. 社会科学辑刊. 2006(4): 55-60.

[71]王浦劬, 莱斯特. M. 萨拉蒙. 政府向社会组织购买公共服务研究：中国与全球经验分析[M]. 北京: 北京大学出版社, 2012.

[72]王玉生, 罗丹. 非营利组织联盟现状及展望[J]. 时代金融, 2013(02): 137-144.

[73]魏来, 石春健. 体育非营利组织的界定[J]. 体育学刊, 2005, 12（3）: 129-131.

[74]王广虎, 胡艳. 论我国体育社团改革的基础构建[J]. 成都体育学院学报, 2005, 31（2）: 12-16.

[75]王名. 非营利组织管理[M]. 北京: 中国人民大学出版社, 2002: 2.

[76]王名, 刘培峰. 民间组织通论[M]. 北京: 时事出版社, 2004: 9.

[77]王锐兰, 刘思峰. 我国非营利组织融资“脆弱性”及相机治理[J]. 审计与经济研究, 2005(3): 77.

[78]王怀明. 绩效管理[M]. 济南: 山东人民出版社, 2004: 10-83.

[79]王向南. 中国非营利组织发展的制度设计研究[D]. 东北师范大学, 2014.

[80]王绍光. 多元与统一：第三部门国际比较研究[M]. 杭州: 浙江人民出版社, 1999: 67.

[81]王诗宗. 治理理论及其中国适用性[M]. 杭州: 杭州大学出版社, 2009.

[82]王浦劬, 莱斯特. M. 萨拉蒙. 政府向社会组织购买公共服务研究：中国与全球经验分析[M]. 北京: 北京大学出版社, 2012.

[83]汪流, 王凯珍, 李勇. 我国体育类民间组织现状与未来发展思路[J]. 成都体育学院学报, 2008, 34（1）: 22-26.

[84]汪流. 全国性体育社团发展研究[J]. 体育文化导刊, 2009(8)：19-24.

[85]汪流. 我国体育类民间组织未来发展的思考[J]. 社团管理研究, 2008(3)：50-55.

[86]汪伟信. 安徽省青少年体育俱乐部发展现状与运行模式研究[J]. 中国体育科技, 2003 (1): 50-52.

[87]汪锦军. 走向合作治理：政府与非营利性组织合作的条件、模式和路径[M] . 杭州: 浙江大学出版社, 2012.

[88]汪玉凯. 公共管理与非政府公共组织[M]. 北京：中共中央党校出版社, 2003.

[89]吴东民, 董西明. 非营利组织管理[M]. 北京: 中国人民大学出版社, 2003, 6-7.

[90]吴宝升. 上海市公益型青少年体育俱乐部研究[J]. 体育文化导刊, 2008(12): 47.

[91]吴宝升. 公益型青少年体育俱乐部可持续发展能力研究[J]. 成都体育学院学报, 2008(12): 39.

[92]吴晓兰. 平衡计分卡在战略管理中的应用[J]. 河南经济. 2003(11): 82-83.

[93]吴锦良. 政府改革与第三部门发展[M]. 北京: 中国社会科学出版社, 2001.

[94]肖林鹏, 李宗浩, 杨晓晨, 等. 论我国公共体育服务的供给困境[J]. 山东体育学院学报, 2008, 24（8）：1-4.

[95]肖林鹏, 李宗浩, 杨晓晨. 公共体育服务概念及其理论分析[J]. 天津体育学院学报, 2007, 22（2）：97-101.

[96]肖林鹏, 霍兴彦. 我国青少年体育俱乐部融资现状与对策研究[J]. 体育与科学, 2007(2): 50-51.

[97]谢岳. 后现代国家“第三部门”运动评析[J]. 复旦大学学报（社会科学版）, 2000（4）: 130-132.

[98]谢蕾. 西方非营利组织理论研究的新进展[J]. 国家行政学院学报, 2002(1): 89-92.

[99]谢永力, 蔡晓菲. 基于“钻石模型”的青少年体育俱乐部竞争力研究——以安徽省康友青少年俱乐部为例[J]. 山东农业工程学院学报, 2016(4): 102-103+160.

[100]谢平仄. 社会结构论[M], 武汉: 湖北人民出版社, 1993 : 2.

[101]辛蕾. 论第三部门的发展与中国的法制建设[D]. 北京: 中国政法大学法学院, 2006.

[102]徐家良. 中国第三部门研究（第五卷）[M]. 上海：上海交通大学出版社, 2013.

[103]俞可平. 治理与善治[M]. 北京: 社会科学文献出版社, 2000.

[104]徐顽强. 非营利组织管理[M]. 科学出版化, 2013: 137-156.

[105]约翰州韦尔・新帕尔格雷夫. 经济学大辞典[M]. 北京：经济出版社, 1992：

1035.

[106]苑丽, 罗林. 体育社团的合法性分类及发展对策[J]. 北京体育大学学报, 2001, 24（2）: 155-157.

[107]俞琳, 曹可强, 沈建华, 等. 非营利性组织在体育公共服务中的作用[J]. 体育科研, 2008, 29（2）: 42-46.

[108]俞可平. 治理与善治[M]. 北京: 社会科学文献出版社, 2000.

[109]袁平君, 闫彩红. 省级青少年体育俱乐部发展对策研究——基于宁波市的调研[J]. 浙江体育科学, 2016(6): 9-12.

[110]杨晓晨, 肖林鹏, 孙荣会, 等. 我国青少年体育俱乐部治理研究[J]. 成都体育学院学报, 2015(4): 75-80.

[111]杨团, 葛道顺. 公司与社会公益[M]. 北京: 社会科学文献出版社, 2002: 228.

[112]杨伟林. 长沙市市区体育非营利组织现状调查与研究[D]. 湖北师范大学, 2013.

[113]于洋. 依托社区发展河北省青少年体育俱乐部的理论探讨[D]. 河北师范大学, 2007：16-47.

[114]喻国明. 传媒影响力[M]. 广州：南方日报出版社, 2003: 4.

[115]1999年度体育彩票公益金用于扶持创办青少年体育俱乐部实施方案[Z]. 国家体育总局体群字[2000]63号文件, 2000.

[116]赵黎青. 非政府组织与可持续发展[M]. 北京: 经济科学出版社, 1998.

[117]赵黎青. 组织治理与中国非营利组织建设[M]. 经济出版社, 1992: 103.

[118]赵子江. 从消费角度看体育产品[J]. 北京体育师范学院学报, 2000(3): 9-11.

[119]赵贯玲. 非营利组织社会企业化的困境与出路[J]. 天津商务职业学院学报, 2017(1): 42-46.

[120]竺素娥. 公司治理与财务控制[M]. 北京: 经济科学出版社, 2001: 41.

[121]张成福, 党秀云. 公共管理学[M]. 北京：中国人民大学出版社, 2001: 302.

[122]张冉. 社会转型期我国非营利组织声誉研究：危机溯源与重塑路径[J]. 浙江大学学报. 2014(1).

[123]张宏. 我国西部地区国家青少年体育俱乐部发展现状及对策[J]. 西安体育学院学报, 2008(5): 51.

[124]张霞, 张智河, 李恒光. 非营利组织管理[M]. 山东: 山东人民出版社, 2005: 10.

[125]张永韬. 我国非营利体育组织市场导向研究[J]. 体育与科学, 2012, 33(5) :

56-60.

[126]张欣. 我国体育非营利组织发展思考[J]. 湖北体育科技2012, 31(2) : 171-174.

[127]仲伟周. 中国非营利组织行为的研究现状与未来趋势[J]. 预测. 2003 (3): P12-16.

[128]詹姆斯. 科尔曼. 社会理论的基础[M]. 邓方, 译. 北京：社会科学文献出版社, 1990.

[129]周旭亮. 非营利组织第三次分配的财税激励制度研究[D]. 山东大学, 2010.

[130]周松, 非营利组织的人力资源管理与开发研究[D]. 南京理工大学, 2004: 3.

[131]朱莉・费希尔. 非营利组织与第三世界的政治发展[M]. 邓国胜, 赵秀梅, 译. 北京: 社会科学文献出版社, 2002: 46.

[132]郑也夫, 彭泗清. 中国社会中的信任[M]. 北京: 中国城市出版社, 2003 : 2.

[133]曾维和. 非营利组织治理中的综合监督机制探讨[J]. 兰州学刊. 2004, (3): 198-200.